Titelfoto: Ehemaliges DKW Werk - Halle 23 © Pascal Cziborra 2005

Die Außenlager des KZ Flossenbürg
Eine Buchreihe des Lorbeer Verlags

Dieses Werk einschließlich aller seiner Teile ist urheberrechtlich geschützt. Die Vervielfältigung und Verbreitung bedürfen der schriftlichen Zustimmung des Autors oder des Verlages.

© by Lorbeer Verlag 2016

ISBN 978-3-938969-43-4

KZ Zschopau

Sprung in die Freiheit

Pascal Cziborra

Lorbeer - Verlag
Bielefeld 2016

Inhaltsverzeichnis

Einleitung

Teil 1 - Das Lager Zschopau
Von der Entstehung bis zur Auflösung

Teil 2: Personen im Lagerumfeld
Wachpersonal, Belegschaft und Bevölkerung

Teil 3: Stationen der Deportation
Häftlingsüberstellungen und Transporte

Teil 4: Statistik, Daten, Diagramme
Forschungsstand und Datenbasis

Geleitwort

Mit etwa 100 Außenlagern und Kommandos sowie über 100.000 Häftlingen im Laufe seines Bestehens, gehörte das Konzentrationslager Flossenbürg - 1938 in der Oberpfalz nahe der tschechischen Grenze gegründet - zu den großen KZ des nationalsozialistischen Lagersystems [1].

Mehr als 16.000 der Häftlinge waren Frauen und Mädchen, davon die gute Hälfte Jüdinnen, die entweder ab September 1944 unter die Verwaltung des KZ Flossenbürg gestellt worden waren oder nach und nach aus anderen Konzentrationslagern den KZ-Komplex Flossenbürg erreichten, um in dessen Einzugsbereich Zwangsarbeit für die deutsche Rüstungswirtschaft zu verrichten. Gerade das Kapitel dieser Außenlager, insbesondere für Frauen, wurde bislang kaum mit ausreichend wissenschaftlichem Ansatz aufgearbeitet und allgemein zugänglich gemacht.

Die Buchreihe „Die Außenlager des KZ Flossenbürg“ trägt dazu bei, dieses Manko der Geschichtsschreibung zu beseitigen.

Vor Ihnen liegt die erweiterte zweite Auflage des zweiten Bandes dieser Editionsreihe, deren Hauptziele die Klärung der einzelnen Häftlingsschicksale, die zukünftige Unterstützung der Erinnerungsarbeit und Bildung vor Ort sowie die Anregung der internationalen wissenschaftlichen Aufarbeitung des Holocaust sind.

In intensiver Forschungsarbeit wurden zahlreiche Dokumente zur Auswertung zusammengetragen, die die Ereignisse im Außenlager Zschopau im DKW-Werk der Auto Union AG von verschiedenen Perspektiven her beleuchten sollen. Anhand diverser Quellen lässt sich die Geschichte des Lagerstandortes detailliert nachvollziehen und es konnten die meisten Häftlinge identifiziert und ihre Schicksale geklärt werden. Vielleicht ist es möglich, in Zukunft auch noch die letzten Rätsel zu Herkunft und Verbleib der Häftlinge zu lösen. Hinweise nehmen Autor und Verlag entgegen.

---

[1] Vgl. Peter Heigl & Toni Siegert

Die Hauptquellen dieser Wahrheitssuche

Die in diesem Band vorliegenden Häftlingsaussagen stammen hauptsächlich aus Vernehmungsprotokollen der Zentralen Stelle der Landesjustizverwaltungen zur Aufklärung nationalsozialistischer Verbrechen in Ludwigsburg. Die Ermittlungsakten sind ein wichtiger Bestand des Bundesarchivs. Zudem wurden wo immer möglich weitere Zeitzeugenberichte in schriftlicher und mündlicher Form herangezogen, um die damaligen Geschehnisse zu erhellen. Aufgrund der schweren Zugänglichkeit, weniger wegen der Sprachbarrieren, blieben die 34 Interviews[2] der von Steven Spielberg initiierten Shoah Visual History Foundation inhaltlich ungenutzt. Lediglich online einsehbare biografische Daten und Deportationsstationen wurden abgeglichen.
Für die Erhebung einer Opferstatistik und die Erstellung der Häftlingsseiten, wurden in aufwendiger Einzelanalyse die Flossenbürger Häftlingsregister mit der Theresienstädter Datenbank und den Daten entsprechender Gedenkbücher und Bücher über die Deportationen aus betroffenen Ländern abgeglichen. Zudem erfolgten Rücksprachen mit Archiven und Gedenkstätten und Erkundigungen bei diversen Organisationen. Bei unsicheren, bzw. mehrdeutigen Daten werden die möglichen Varianten mit angegeben. Zudem wurden zum Zwecke dokumentarischer Bestätigung und Feststellung der Überlieferungsqualität Selbstzeugnisse ehemaliger Häftlinge gesammelt. Bereits 1945 entstanden sechs Protokolle für die DEGOB[3], ein ungarisches Hilfskomitee für Deportierte, denen aufschlussreiche Schilderungen ehemaliger Zschopauer Häftlinge zu entnehmen sind. Außerdem konnten die Autobiografien „Le Temoignage Ordinaire D'Une Juive Polonaise" von Féla Brajtberg-Fajnzylber, „Tant Que Je Vivrai" von Frania Eisenbach Haverland, „From Tragedy to Triumph" von Mira Szalmuk, „Boriska's Prophecy"

---

[2] SVHF: 451, 1785, 3827, 3854, 4741, 6310, 7222, 11962, 12667, 13593, 14093, 17435, 18562, 22780, 23991, 31005, 31055, 31474, 32485, 33327, 33583, 34806, 37619, 37975, 39241, 39314, 39334, 40266, 40557, 42519, 45325, 51087, 51658, 51815

[3] Deportáltakat Gondozó Országos Bizottság.
Ungarisches Hilfskomitee für Deportierte.

von Alice Dunn Adler, „A Red Polka-Dotted Dress“ von Shirley Berger Gottesman, sowie „My leap to freedom“ bzw. „J’ai sauté du train“ von Odette Spingarn mit in die Analysen einbezogen werden.

Die Geschichte der Auto Union AG wurde in erster Linie in den entsprechenden Beständen im Sächsischen Staatsarchiv Chemnitz recherchiert und mit Daten aus geeigneter Literatur ergänzt.

Die ausgewählten Dokumente sollen die wirtschaftlichen Entscheidungsprozesse über den Häftlingseinsatz transparenter machen und die Normalität aufzeigen, mit der damals zu Planungszwecken über die Errichtung von KZ-Lagern korrespondiert wurde.

Einen ungewöhnlichen Weg geht diese Edition mit der Nennung des Wachpersonals und der Aufarbeitung seiner Geschichte. Hierzu wurden verschiedenste Archivalien herangezogen, u.a. Dokumente aus der überlieferten Lagerkorrespondenz aber auch juristische Vernehmungsprotokolle aus dem Staatsarchiv Chemnitz. Auch wurden einzelne Gespräche mit ehemaligen Aufseherinnen geführt, die allerdings in Situationen stattfanden, in denen sie nicht aufgezeichnet werden konnten, weshalb sie nur aus Notizen und der inhaltlichen Erinnerung wiedergegeben werden können.

Ein besonderer Dank gilt auch dem Zschopauer Carsten Beier, der die Publikation durch sein Fotoarchiv und dokumentarische Arbeiten zu den jüdischen Zschopauer Geschäftsleuten mit viel Engagement unterstützte.

Weitere Fotos stammen aus den Fotoarchiven des United States Holocaust Memorial Museum (USHMM) und der zentralen Gedenkstätte Yad Vashem in Israel. Einige Bilder liegen nur in schwacher Qualität vor, sollen aber, um einen Eindruck zu vermitteln, hier trotzdem gezeigt werden.

Prolog: Die Vertreibung der Zschopauer Juden

Auch in Zschopau lebten jüdische Mitbürger, die arg unter Hitlers Diktatur und dem Antisemitismus in der Bevölkerung zu leiden hatten. So wurde im Novemberpogrom 1938 das am Neumarkt gelegene Konfektionsgeschäft der Familie Motulsky völlig demoliert und die Inhaber, die wie die jüdischen Eheleute Messerschmidt und Hirsch zu den etablierten Kaufleuten Zschopaus gehörten, kurze Zeit später zur endgültigen Geschäftsaufgabe gezwungen. Anfang des Jahres 1939 werden die Motulskys enteignet und erhalten folgende Bescheinigung:

26. Januar 1939
P/B.

B e s c h e i n i g u n g .

Herrn Emil David Israel M o t u l s k i in Zschopau wird hiermit bescheinigt, daß sein Geschäftshaus in Zschopau, in dem sich auch seine Wohnung befindet, in arischen Besitz übergeht. Die von ihm bewohnte Wohnung muß frei werden für die neuen Geschäftsinhaber. In Zschopau besteht infolge Wohnungsmangel keine Möglichkeit, eine andere Wohnung zu finden.

Der Bürgermeister.

Nachdem die Motulskys damit nicht nur ihre Erwerbsgrundlage, sondern auch ihre Wohnung verloren haben, sind sie gezwungen Zschopau zu verlassen und werden in einem sogenannten „Judenhaus“, Zschopauer Str. 74 in Chemnitz einquartiert. Von hier wird zumindest ein Teil der Familie 1942 über Leipzig ins Ghetto Belzyce deportiert. Emil David Motulsky stirbt im selben Jahr im KZ Majdanek [?] – seine Frau Elfriede 1943 in Lublin.

FS1:
Oben links:
Geschäftshaus
Emil Motulsky
am Neumarkt

Oben rechts:
Emil Motulsky
mit Kindern

Mitte:
Die Motulskys
im Geschäft
vor 1938

Unten:
Die Familie
Motulsky in
Zschopau
1931/32

Fotoquelle:
SVHF 19241

Der jüngste Sohn Ludwig, geboren am 26. Juni 1928 wurde am 10. Mai 1942 mit seinen Eltern nach Belzyce deportiert. Bei Nitsche und Röcher *Juden in Chemnitz* gilt er, wie seine Eltern, die ums Leben kamen, als verschollen. Der älteste Sohn Werner und beide Töchter überlebten jedoch den Holocaust. Sie werden im selbigen Buch in der Liste der Chemnitzer Deportierten nicht erwähnt und meldeten 1955, bzw. 1956 den Tod ihrer Eltern an die Gedenkstätte Yad Vashem. Ludwig bzw. Lutz ist als Opfer auf dem jeweiligen Gedenkblatt der Mutter vermerkt. Die in Hebräisch ausgefüllten Formulare deuten auf eine Emigration nach Palästina hin. Der 1920 geborene Sohn Mikha[4] hatte das KZ Buchenwald überlebt und wanderte anscheinend schon 1940 oder 1941 über Bulgarien nach Palästina aus. Die Leidenswege der Tochter Steffie, später Naomi Album[5] und ihrer älteren Schwester Gerda, später Rahel Berger, sind unbekannt. Für den angeblich im KZ Belzec umgekommenen Ludwig Motulsky [Motulski: siehe Gedenkblätter & Gedenksteine; aber vgl. Firmenschriftzug und Ladenwerbung] und seine Eltern, die möglicherweise aus dem Ghetto später nach Auschwitz deportiert worden waren, wurden am 03.11.2009 Stolpersteine des Künstlers Gunter Demnig vor dem ehemaligen Wohn- und Geschäftshaus der Familie, Lange Straße 19, verlegt. 2007 verlegte man für Ludwig bereits einen in Chemnitz, Zschopauer Str. 74 [vgl. Transportliste: 74 / Gedenkblätter: 174]. Möge die Familie einen würdigen Platz der Erinnerung innerhalb der Stadtgeschichte Zschopaus finden. Selbiges gilt natürlich auch für die anderen Zschopauer Juden. So hatten Isaak Isidor[6] *01.05.1858 und Agnes[7] Messerschmidt, geborene Primo *24.02.1868, aus Berlin in Zschopau 1902 ebenfalls ein Modegeschäft eröffnet, in das ihr Schwiegersohn Alfred Hirsch *25.03.1897 ab 1928 als Teilhaber einstieg und wohl infolge der antijüdischen Gesetzgebung der Nationalsozialisten 1938 kurz nachdem er es im Mai

---

[4] Werner Motulsky: späterer Name in Israel Mikha Motulski Miron vgl. Interview 19241 SVHF *23.04.1920 Zschopau. Er überlebte Buchenwald

[5] Späterer Name in Israel Naomi Album. *06.08.1926 Zschopau

[6] Bereits 1907 verstorben und auf dem jüdischen Friedhof Chemnitz bestattet.

[7] Bereits 1937 verstorben und auf dem jüdischen Friedhof Chemnitz bestattet.

auf seinen eigenen Namen umschreiben hatte lassen, Ende Juni aufgeben musste.

> „Ob die Geschäftsaufgabe durch Alfred Hirsch eine Folge des Todes seiner Schwiegermutter Agnes war oder bereits aus politischen Gründen geschah, ist fraglich. Fest steht, dass die Familie seit 1935 nicht mehr frei über ihr Haus verfügen durfte. Die Schwestern Erna Karmann und Charlotte Hirsch werden schließlich 1939 gezwungen ihr Elternhaus zu verkaufen.“ [8]

Neuer Eigentümer wurde Rudolph Ritter, der das Ladenlokal seit Juni 1938 gemietet hatte und dessen Frau Gertraud das Geschäft bis 1996 betrieb. Die Zschopauer Alfred Hirsch und Hans Heinrich Schirokauer[9] *14.09.1892, sowie Emil und Werner Motulsky wurden im Zuge der Reichspogromnacht, wo auch die Wohnungsfenster der Hirschs im ersten Stock ihres Geschäftshauses eingeworfen worden waren, am 10. November 1938 verhaftet und in das Konzentrationslager Buchenwald eingeliefert, aus dem sie bis Januar 1939 aber wieder frei kamen. Nach seiner Entlassung aus dem KZ verzog Alfred Hirsch im Jahr 1939 mit seiner Frau Charlotte von Chemnitz nach Berlin, wo sie mit dem 22. Osttransport nach Riga deportiert wurden. Hier sollen sie sofort nach Ankunft am 29. Oktober 1942 einer Vernichtungsaktion zum Opfer gefallen sein.[10] Am 8. Mai 2013 wurde für das Ehepaar Hirsch vor seinem ehemaligen Geschäfts- und Wohnhaus Ludwig-Würkert-Str. 2, vormals Albertstraße 2, im Rahmen einer Gedenkveranstaltung Stolpersteine des Künstlers Gunter Demnig verlegt. Mögen diese Bürger der Stadt Zschopau nicht in Vergessenheit geraten:

---

[8] Vgl. Carsten Beier in Zschopauer Stadtkurier 04/2013

[9] Ein Kaufmännischer Angesteller bzw. Sportlehrer, der 1937 in einer Beziehung mit einer arischen Frau lebte. Es gelang ihm 1938 aber nicht nach Tschechien oder Jugoslawien zu emigrieren. 1939 verließ er die Stadt. Über sein Kriegsschicksal ist nichts bekannt.

[10] Vgl. Carsten Beier in Zschopauer Stadtkurier 04/2013

Alfred Hirsch
*25.03.1897 Graudenz
✡ 29.10.1942 Riga[11]

Charlotte Hirsch
geb. Messerschmidt
*04.03.1899 Berlin
✡ 29.10.1942 Riga[12]

Emil David Motulsky
*08.06.1887 in Angerburg Ostpreußen
✡ 10.05.1942 Belzyce - Majdanek[13]

Rosa Elfriede Motulsky
geb. Luchtenstein
*15.01.1892 Wurzen
✡ 1943 Lublin[14]

Ludwig Lutz Motulsky
*26.06.1928 Zschopau
✡ 1943 Belzec[15]

---

[11] YV Item ID: 11523115
[12] YV Item ID: 4105127, 11523260
[13] Gedenkbuch Bundesarchiv Koblenz S. 2465
Yad Vashem: YY Item ID: 948935, 733357
[14] Yad Vashem Pages of Testimony 23.05.1955/28.01.1956 vgl. Stolpersteine
[15] Vgl. YV Item ID: 889660, 8608439, 8841782, 7869654 vgl. Stolperstein

FS2: Die Geschäftshäuser Motulsky u. Messerschmidt

Obwohl die Motulskys im Januar 1939 enteignet und aus Zschopau vertrieben wurden, erinnerte am 15. Juni 1940 immer noch der Schriftzug über dem Ladenlokal an seine ehemaligen jüdischen Eigentümer.

Teil 1: Das Lager Zschopau

Von der Entstehung bis zur Auflösung

a) Vorgeschichte und Anbahnung

Nahezu in der gesamten deutschen Rüstungsindustrie wurden Zwangsarbeiter, in den späteren Kriegsjahren in zunehmendem Maße außerdem KZ-Häftlinge, eingesetzt. Dies gilt auch für den sächsischen Automobilkonzern Auto Union AG, Chemnitz. Während in den Standorten Horch-Werke Zwickau und Wanderer Werke Siegmar-Schönau (Chemnitz) *männliche* Häftlinge zum Einsatz kamen, die ebenfalls der Verwaltung des KZ Flossenbürg unterstanden, sollten im DKW Werk Zschopau im Herbst 1944 *weibliche* Häftlinge das Soll des Kräftebedarfs ausgleichen. Der Zuweisung dieser Häftlinge ging eine monatelange Planungs- und Vorbereitungsphase voraus. Ausgangspunkt für die Erwägung eines Häftlingseinsatzes war auch hier der allgemeine Arbeitskräftemangel, der sich 1944 vielerorts zuspitzte. Das Protokoll der Werksleitersitzung der Auto Union am 27. Juli 1944 gibt einen erschütternden Einblick, unter welchen Gesichtspunkten hier auf höchster Konzernebene der Häftlingseinsatz diskutiert wurde. Unter Punkt 5 der Tagesordnung. Arbeitseinsatzfragen b) heißt es:

> „Herr Leggewie gab anschließend Bericht über den Einsatz von KZ-Häftlingen. Er wies darauf hin, daß dies die letzte Gelegenheit ist, um die Werke hinsichtlich ihres Kräftebedarfs zu befriedigen. Allen Anschein nach wird weder mit einem Zufluß von Ost- noch Westarbeitern zu rechnen sein. Aus der deutschen Wirtschaft sind in den letzten Wochen in verstärkten Maße – soweit Arbeitskräfte überhaupt noch zugewiesen werden – n u r Frauen – und davon wieder vorwiegend Halbtagsfrauen – den Werken gestellt worden. Herr Leggewie ging noch auf die Vorteile des Einsatzes von KZ-Häftlingen ein :
>
> 12-stündige Arbeitszeit
> kein Urlaub
> keine Freizeit durch Arztbesuche in der Stadt
> keine Ausfallzeit durch den Besuch von Spezialärzten

In diesem Zusammenhang wurden die Werke davon verständigt, daß wir statt der ursprünglich vorgesehenen rund 2000 Häftlinge auf Veranlassung des Haupausschusses Kraftfahrzeuge 3200 Häftlinge ansetzen müssen. Herr Dr. Richter wies darauf hin, daß versucht werden soll, eine möglichst geringe Anzahl von durch den Einsatz der KZ-Häftlinge frei werdenden ausländischen Arbeitskräften an die Zulieferindustrie abzugeben. Hierüber werden noch Verhandlungen mit den zuständigen Behördenstellen in Berlin geführt."[16]

Moralische oder praktische Bedenken werden laut Protokoll nicht geäußert. Die Nennung konkreter Häftlingszahlen lässt darauf schließen, dass der Häftlingseinsatz für den Konzern wohl bereits im Juli 1944 beschlossene Sache ist, und entsprechende Kontingente beantragt waren. Auch für die Tochterfirma Deutsche Kühl- und Kraftmaschinen GmbH Scharfenstein sollen in Oederan und Wilischthal KZ-Häftlinge zum Einsatz kommen und nehmen nach monatelanger Planung im September bzw. Oktober 1944 ihre Arbeit auf. Während in Zwickau bei der Auto Union ebenfalls schon im September die ersten KZ-Häftlinge eintrafen, bereitete die Planung und Errichtung des KZ-Lagers in Zschopau einige Schwierigkeiten. Zunächst hatte man hier beabsichtigt ein Barackenlager zu errichten, was sich kriegsbedingt jedoch nicht mehr schnell genug realisieren lässt. Seit spätestens Ende September wurden daher Alternativen entwickelt. Statt des Massivbarackenlagers wurden Umbaumaßnahmen zur Unterbringung der Häftlinge in der Halle 23 des DKW Werks vorbereitet. Mindestens zwei nahezu identische Kostenvoranschläge sind überliefert. In der Begründung des ersten Kostenvoranschlags vom 28.9.1944 zur Unterbringung für rund 410 KZ Häftlinge führt man an:

„Nach eingehender Prüfung ist es Werk DKW nur möglich die eingestellten K.Z.-Häftlinge im Dachgeschoß der Halle 23 unterzubringen. Hier können für max. 414 Betten und für 397 Häftlinge Sitzplätze geschaffen werden. Für die Schaffung der erforderlichen Schlaf-, Wohn, und Diensträume der deutschen Wachmannschaften und des SS-Lagerführers, muß die große

[16] StAC 31050 AU 587 Protokoll datiert auf den 21.8.1944

Mannschaftsbaracke unseres Gemeinschaftslagers „Dreieck" in dem jetzt Ostarbeiter untergebracht sind, vollkommen geräumt, ausgebaut und neu eingerichtet werden. Die gesamt erforderlichen Arbeiten und Anschaffungen, sind aus dem Kostenvoranschlag zu ersehen. Mit den Arbeiten haben wir bereits begonnen, denn die Häftlinge sollen uns ab 25.10.1944 zur Verfügung gestellt werden, bis dorthin ist auch die Wachmannschaft von dem Ausbildungslager zurück. Wir wollen versuchen, daß die Termine nicht mehr als unbedingt erforderlich überschritten werden. Wir bitten daher umgehend den Freigabe-Antrag zu genehmigen."[17]

Die angesprochene weibliche Wachmannschaft war kurz zuvor unter den meist dienstverpflichteten Belegschaftsmitgliedern größtenteils zwangsrekrutiert worden, und trat am 1. Oktober im Flossenbürger Außenlager Holleischen ihren dreiwöchigen Ausbildungslehrgang an. Die Überstellung der Häftlinge war also ursprünglich für Ende Oktober geplant.
Durch Verzögerungen bei der Genehmigung der notwendigen baulichen Maßnahmen und deren Durchführung, wird später jedoch bezüglich der Häftlingszuweisung für Zschopau um zwei Monate Aufschub gebeten. Selbst der hier zitierte Kostenvoranschlag vom 28. September wird in nahezu unveränderter Form erst am 21. Oktober von der Bauabteilung der Auto-Union in Chemnitz als *„Kostenüberschlag zur Einrichtung eines Lagers zur Unterbringung von rund 500 KZ-Häftlingen und der dazugehörigen Wachmannschaften im Werk DKW Zschopau"* [18] genehmigt, und vom zuständigen Architekten unterzeichnet nach Zschopau zurück geschickt. Darin wird außerdem auf zwei Zeichnungen, die schon im ersten Kostenvoranschlag erwähnt werden, hingewiesen. Es heißt:

„Ausbau des Dachgeschosses Halle 23 zum Einrichten der Unterkunftsräume für KZ-Häftlinge nach Zeichnung Nr. PE 1996 [...]
Umbau einer bestehenden Mannschaftsbaracke zur Unterbringung der Wachmannschaften nach Zeichnung PE 2001"[19]

---

[17] StAC 31050 AU 170 Zschopau, den 28.9.1944
[18] StAC 31050 AU 170 Chemnitz, am 21. Okt. 1944
[19] StAC 31050 AU 170

Die erwähnten Zeichnungen, die sicher sehr aufschlussreich wären, befanden sich zur Zeit des Archivbesuches leider nicht in den entsprechenden Akten und gelten derzeit als verschollen. Es ist aber nicht auszuschließen, dass sie in den umfangreichen Archivbeständen der Auto Union in Zukunft noch auftauchen könnten.

Wie die Dokumente zeigen, genoss der Ausbau des Dachgeschosses der Halle 23 also im September und Oktober 1944 deutlichen Vorrang gegenüber dem Bau des Massivbarackenlagers, und scheint aus Sicht der Firmenleitung die einzige Möglichkeit, eine zeitnahe Unterbringung der angeforderten KZ-Häftlinge zu gewährleisten.

Während man von Seiten der Betriebsleitung die neuen Arbeitskräfte sehnlichst erwartet, und sich fieberhaft auf deren Ankunft vorbereitet, befinden sich diese mehrheitlich bereits im KZ Auschwitz-Birkenau. Mindestens jede Zehnte von den späteren Zschopauer Häftlingsfrauen arbeitete im Lagerabschnitt B II g, nahe der Krematorien beim Sortieren mitgebrachten Gepäcks.

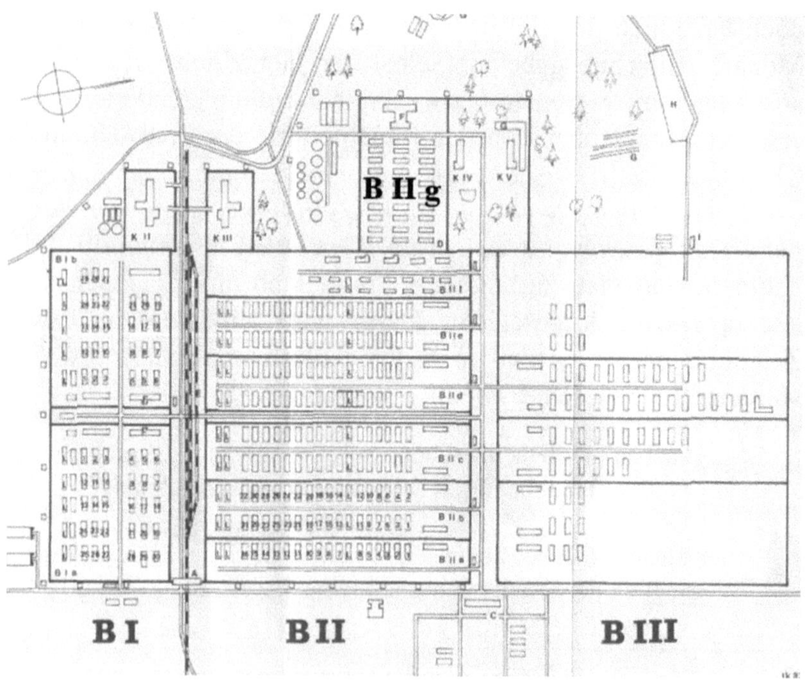

P1: Bebauungsplan Birkenau

FS3: Auschwitz-Album: Mai 1944 USHMM #77396

Sortierkommando: Mai 1944 USHMM #77399

Effektenlager Auschwitz: Mai 1944 USHMM #77391

Magazin-Baracke 5: Mai 1944 USHMM #77397

Berg aus Schuhen der Deportierten USHMM #77394

Berg aus Töpfen und Gefäßen USHMM #77395

Das Auschwitz-Album wurde am Kriegsende von Lilly Jacob-Zelmanovic Meier gefunden. Es war zu Präsentationszwecken der SS entstanden. Heute ist es im Besitz Yad Vashems.

b) Von „Kanada II“ nach Zschopau
Das Sortierkommando im Effektenlager Birkenau

Ein Teil der späteren Zschopauer KZ-Häftlinge gehörte im KZ Auschwitz-Birkenau zu dem Kommando, das die Kleidung und das Gepäck tausender vergaster Menschen sortierte. Sie wurden ständig mit dem Schicksal ihrer jüdischen Glaubensgeschwister, sowie dem Tod ihrer eigenen Angehörigen, die die Erstselektion nicht überstanden hatten, konfrontiert. Diese Frauen und Mädchen hatten dadurch bereits während ihrer eigenen Haft einen relativ genauen Überblick über das Ausmaß des Völkermordes und die nahezu täglichen Vergasungen. Psychisch befanden sich viele dieser Häftlinge in einer moralischen Zwickmühle. Einen außergewöhnlich detaillierten Bericht über ihren Aufenthalt in Auschwitz liefert die 25-jährige Alice G. am 3. August 1945 nach ihrer Rückkehr in Ungarn:

> „Man brachte uns in einen Block, wo ich drei Tage mit meiner Schwester zusammen war, danach trennte man mich auch von ihr. Ich kam zu einem einigermaßen guten Ort. Unseren Arbeitsplatz nannte man „Brezsinka“[20]. Die Arbeit war nicht schwer, wir mussten die von uns Juden mitgebrachten Gepäckstücke aufmachen und sortieren. Am Arbeitsplatz hat uns nur ein Drahtzaun vom Krematorium getrennt, also hatte meine Einteilung eine sehr schlimme Seite. Wir kriegten wegen des Leichengeruches oft tagelang keinen einzigen Bissen hinunter. Wenn wir den Rauch und die Flammen sahen, mussten wir immerzu daran denken, welcher unserer Lieben dort auf der anderen Seite wohl gerade brennt, oder in Flammen steht. Wir sahen, wie man junge, gutgebaute Jungs, die ihre Kräfte verloren, aber noch am Leben waren, mitnahm. Die Armen wussten selbst nicht einmal wohin, und wir durften auch nichts sagen, denn einerseits spielten wir mit unserem Leben, zweitens, hätten wir ihnen auch dann nicht mehr helfen können, wenn wir sie über ihr bevorstehendes Schicksal aufgeklärt hätten. So gingen sie zumindest nichtsahnend ihrem

---

[20] Bei dem Begriff handelt es sich wohl um eine Abwandlung der polnischen Bezeichnung *Brzezinka* für den Ort Birkenau. Er ist keine spezifische Bezeichnung für das Sortierkommando oder dessen Arbeitsstelle, wird aber von etlichen ehemaligen Häftlingen fälschlicherweise so interpretiert.

Schicksal entgegen. Als Züge ankamen, gingen die Alten sofort in die Gaskammer, wo sie nie wieder herauskamen, nur ihre Kleider gelangten zwecks Sortierung zu uns. Die Schuhe waren bereits zusammengebunden, man kann sich vorstellen, wie unser seelischer Zustand hier war. Ich stand am Rande des Wahnsinns, wie ich es dennoch aushielt, darüber wundere ich mich am meisten. Unser Leben bestand aus ständiger Spannung. Einmal hat ein Mädchen von uns einem am Krematorium arbeitenden Jungen ein Paket mit frischer Unterwäsche hinübergeschmissen. Ein SS-Mann bemerkte es, allerdings sah er nicht wer das Paket schmiss. Daraufhin erhielt ein jüdischer Junge, der am Brunnen stand, 200 Peitschenhiebe, weil er nicht verraten wollte, für wen das Paket bestimmt war. Die Strafe hat ihm so zugesetzt, dass er anschließend einen Monat lang liegen musste. Die Aufregung unter uns war selbstverständlich sehr groß. Das ganze Lager wurde zusammengerufen, alle Tages- und Nachtschichtler. Man hat uns dermaßen bedroht und verhört, dass die Täterin, das polnische Mädchen sich vorne hinstellte und ihr schreckliches Verbrechen zugab. Sie musste sich auf der Stelle hinknien, man schnitt ihr vor uns allen die Haare ab, und hielt eine lange Rede darüber, dass das das letzte Mal ist, dass ein Mädchen mit solch einer kleinen Strafe davonkommt, dass man ihr die Haare abschneidet und sie zur Verrichtung von Schwerstarbeit geschickt wird. Sollte so etwas allerdings noch einmal vorkommen, dann würde die betreffende Person nicht zur Schwerstarbeit, sondern wir wüssten schon sehr wohl wohin geschickt. Aber wenn jemand immer noch nicht verstand, dann sagte man uns das, und zwar: dann wird man in den Rauch geschickt. Und dies alles für ein paar Stücke sauberer Unterwäsche. Ständig hörten wir die herzzerreißenden Schreie, die Stimmen werden mich mein Leben lang verfolgen. Einer unserer Vorarbeiter sagte einmal: ‚Wozu arbeiten, wir werden alle gleich enden. Nicht nur die schwachen und alten Neuankömmlinge kommen ins Krematorium, sondern auch die Häftlinge.' Er ging recht in seiner Annahme, denn oft erhielten wir Häftlingskleider aus dem Krematorium, in deren Taschen noch Brot mit Margarine als Proviant für den Weg zu finden war. Auf diese Weise schwindelte man den Armen vor, dass sie zum Arbeiten eingeteilt wurden, damit sie nicht erfahren, wohin sie gebracht werden. Dies erzählten wir auch den Deutschen, dass wir keinen Sinn mehr darin sehen weiterzuarbeiten, wenn uns das gleiche Schicksal erwarte. Darauf antwortete man uns, dass wir beruhigt sein können, denn nur die ‚deutschen' Zigeuner würden verbrannt, weil sie Widerstand leisteten. Diesen Unglückseligen spielte man ebenfalls übel mit. Man hat wilde Hunde auf sie gehetzt, die ihnen die Kleider vom Leibe rissen inklusive ihres Fleisches[21]. Danach wurden sie vergast und im Krematorium verbrannt[22]. Hier erfuhren wir alles was Schrecken in Auschwitz heißt. Wir erfuhren auch, welches Schicksal die Jungen ereilte, die im Krematorium die Leichen verbrannten. Die Armen wurden wegen der furchtbaren Arbeit zu Tieren, denn es gab welche unter ihnen, die die eigenen Familienmitglieder, vielleicht die Eltern, Geschwister etc. verbrennen mussten. Diese Jungen durften insgesamt drei Monate[23] dort arbeiten, danach wurden sie abgelöst, und dann kamen sie dran. Als ihre Zeit vorbei war, wurden sie angezogen und alle 400 in den Wald gebracht, unter dem Vorwand, dass sie jetzt draußen arbeiten müssen. Dort erhielten sie die Kugeln[24]. Das war sehr nobel an der ganzen Sache, dass sie nicht so endeten, wie die, die sie verbrannten. Das war die große Belohnung. Als die eine Gruppe abgelöst wurde, schien sie zu erfahren, was auf sie zukommt. Sie übergossen das Krematorium und die eigenen Betten, sogar auch die Gaskammer mit Petroleum, besorgten sich sogar Waffen, und als sie zum Zählappell gerufen wurden, zündeten sie alles an. Ich war nicht dabei, hatte gerade Nachtdienst, und da es Tag war,

[21] Vgl. Aussage Berta B. Seite 82

[22] Diese Schilderungen beziehen sich wahrscheinlich auf die Liquidierung des Familienlagers für Zigeuner am 2. August 1944. Alle noch in Birkenau verbliebenen 2897 Sinti und Roma, mehrheitlich vom reichsdeutschen Gebiet, sollten in den Gaskammern vernichtet werden. Als ihnen ihr bevorstehendes Schicksal bewusst wurde, setzten sich einige zur Wehr. Auf diese wurden dann wohl Hunde gehetzt oder sie wurden erschossen. Laut Danuta Czech wurden die Leichen in den Verbrennungsgruben beim Krematorium verbrannt.

[23] Diese Zeitspanne kann nicht als Regel bestätigt werden.

[24] Die Angabe bezieht sich wahrscheinlich auf die 200 Häftlinge des etwa 400 Häftlinge zählenden Sonderkommandos, die wegen des Fluchtversuches einiger Kameraden, selektiert, und am 24. Februar 1944 nach Majdanek deportiert und dort erschossen worden waren. Die verbliebenen Häftlinge des Sonderkommandos erhielten im April 1944 Gewissheit über das Schicksal dieser Gruppe, als 19 russische Kriegsgefangene und der deutsche Kapo Karl Konvoent aus Majdanek in Auschwitz eintrafen, die teilweise Kleidungsstücke der Ermordeten trugen. *Vgl. Zeugen aus der Todeszone S. 212f.*

schlief ich. Aber aus den Erzählungen meiner Kameraden wurde ich informiert. Als bereits alles brannte, fing man an, auf die Deutschen zu schießen, man blies Alarm. Die Deutschen kamen angerannt, sie waren leider zu viele und zu gut mit Waffen ausgerüstet. Innerhalb kurzer Zeit haben sie all die Armen vernichtet. Einer hat es zwar geschafft wegzulaufen, aber die Deutschen ließen keine Ruhe, bis sie auch ihn hatten und erschossen. So traurig endete der Versuch einiger mutiger Menschen, um sich für die Qualen und die ihrer Familien Genugtuung zu verschaffen, diese Schurken-Henker! Da dieses abgebrannte Krematorium später nicht aufgebaut wurde, war die Heldenhaftigkeit unserer Märtyrer vielleicht doch nicht für umsonst[25]. Es wurde demontiert, eines Tages, als es dort schon ziemlich matschig war, mussten wir auch dahin, um den Hof zu asphaltieren. Leider bin ich nicht imstande alles zu erzählen, ich kann nur sagen, dass alles was heute sogar mir als unmöglich erscheint, wahr ist. Es kann sein, dass sich dies alles als unmöglich anhört, ich wundere mich nämlich nicht, wenn normale und wohlgesinnte Menschen behaupten, wenn sie so etwas hören, dass dies nur eine Ausgeburt meiner gequälten Phantasie sei. Ich glaube allerdings, dass meine Aussagen durch viele andere bekräftigt werden. So lebte ich 6-7 Tage (sic![26]) hier, und ich muss zugeben, dass ich zum Schluss selbst immer mehr abstumpfte, ich war ja schon immer sehr empfindlich mit den Nerven. Wir alle wurden eigentlich entmenscht, natürlich nicht alle auf gleiche Weise. Unsere Abgestumpftheit wurde von den Deutschen mit allen Mitteln gefördert, sie versuchten sogar oft uns alles recht zu machen. Dann, wenn es im Krematorium noch lichterloh brannte, und unsere Lieben gerade verbrannt wurden, dann veranstaltetet man für uns wundervolle Konzerte, mit französischen Musikern in sehr schönen Uniformen, kreideweißen Kleidern mit roten Streifen auf der Hose. Sie präsentierten ein wunderschönes Programm. Auch ein 15jähriger Junge, ein kleiner Pfeifkünstler trat bei solchen Anlässen auf. Selbst wir mussten auch auftreten, und ein richtiges Programm zusammenstellen. Es gab talentierte Mädchen unter uns, die unser

[25] Diese Schilderungen beziehen sich auf den Aufstand des Sonderkommandos vom 7. Oktober 1944. Die Häftlinge setzen dabei das Krematorium IV in Brand. Die Revolte wurde von der SS blutig niedergeschlagen.

[26] Hier sind wohl Monate gemeint.

Leben in Reimen zusammenfassten. Natürlich durften sie nur von der guten Seite unseres Schicksals singen. Wir alle mussten immer mitsingen, ob wir Lust hatten oder nicht, denn wir schafften es nicht immer unseren schrecklichen Herzschmerz auf diese künstliche Weise zu lindern, wir spürten ja, dass es schrecklich ist, was wir tun, so nah am Tod. Es gab Tänzerinnen aus den Niederlanden, die in wunderschönen Kleidern ihre Kunst vorführten. Jeder konnte talentiert wie er war auftreten, während die Flammen des Schornsteins in die Höhe schossen und immer wieder Schreie die herrliche Musik übertrafen, um uns stets daran zu erinnern, was neben uns passiert. Musik, Tanzen und Singen trotz allem. Bei solchen Anlässen brachten unsere SS-Leute auch noch Gäste mit: SS-Leute aus anderen Lagern, denen die Produktionen, vorgeführt von Juden verschiedener Nationalitäten, sehr gut gefielen. Man kann sich ja vorstellen, wie viele talentierte es unter all den europäischen Juden gab.

Während unseres Aufenthaltes konnten wir uns leider davon überzeugen, dass die Menschen nicht nur in Krematorien verbrannt wurden, sondern auch noch extra, wenn die Krematorien die vielen Toten nicht mehr schafften. Wir erfuhren, dass man dann die Toten in einer Reihe hinlegte, auf sie eine Reihe Holz stapelte, über das ganze dann eine Flüssigkeit goss, und so die Opfer verbrannte. Selbst bei meiner Ankunft, sah ich das[27]. Da wollten wir auf keinen Fall in den Baderaum hinein, aber man sagte uns: was wir wohl glauben mögen, dass man im 20. Jahrhundert noch Menschen verbrenne. Das wäre nur Müll, was wir sähen. Wir würden hier arbeiten und leben. Hier konnte ich mich davon überzeugen, wie man uns anlog und schamlos abstritt, was wir bereits sahen! Ich könnte noch lange Zeit über die schrecklichen Geschehnisse berichten, über alles was wir hier sahen, allerdings sind auch die Erinnerungen schrecklich."[28]

Etliche weitere Frauen, spätere Zschopauer Häftlinge, können die meisten von Alice G. eindrucksvoll beschriebenen Vorfälle bestätigen. So schildert Eszter S. am 30. Juni 1945 nach ihrer Rückkehr in Budapest:

---

[27] Vgl. Zeugen aus der Todeszone S.184ff.

[28] DEGOB 3177 Alice G.

„Einmal nach vier Wochen kurz vor Tagesanbruch gab es plötzlich einen Appell, und Dr. Mengele der Lagerarzt selektierte uns aus. Er wählte die Jüngsten aus, 100 Personen und brachte sie dann ca. 5 km vom Lager weg, zum sogenannten „Brezsinka"[29], d.h. zum Baden zwecks Arbeit. Die Arbeit bestand hier aus dem Aussortieren der Kleider und Pakete der einzelnen Transporte. Man war dort dermaßen streng mit uns, dass als ich z.B. einer meiner hungrigen Kameradinnen Brot reichte, man mir die Haare als Strafe noch am selben Tag abschnitt. Hier waren wir ebenfalls in Blocks untergebracht, mit ca. 1000 Menschen[30], allerdings hatten wir hier mehr Platz. Auch die Verpflegung war ganz gut. Wir standen morgens um halb fünf auf, danach folgte der Appell. Anschließend wurde bis 6 Uhr abends gearbeitet. Es gab ein sogenanntes Sonderkommando, welches aus 350[31] Männern bestand. Sie arbeiteten im Krematorium und wurden alle 6 Monate[32] abgelöst. Das Schicksal eines abgelösten Kommandos bestand aus der Gaskammer. Einmal hat so ein abgelöstes Kommando insgeheim vereinbart das Krematorium zu sprengen Ihr Leiter (der Kapo) hat sie allerdings angezeigt, worauf man sie in ein anderes Lager brachte, ca. 8 km weiter entfernt. Man sagte ihnen, dass sie nach Ungarn kämen, wo sie arbeiten werden. Man brachte sie in ein Kleidermagazin, um sie für den Transport anzukleiden. Stattdessen wurde der Raum mit Gas gefüllt und alle kamen dort ums Leben.[33] Es sah so aus, dass die Frauen, die auf „Brezsinka"[34] arbeiteten, ebenfalls zum Sonderkommando gehören werden, aber zum Glück wurden wir

[29] Auch hier handelt es sich wohl um die polnische Bezeichnung *Brzezinka* für Birkenau. Die geschilderte Selektion könnte daher im Stammlager Auschwitz I stattgefunden haben, oder die Entfernungsangabe ist unstimmig.

[30] Diese Angabe konnte dokumentarisch belegt werden. Laut APMO D-AuII-3a/17b, p.355b, vol.1/8 sind 1046 Frauen dort untergebracht.

[31] Die Anzahl der Häftlinge des Sonderkommandos schwankte. Die angegebene Größenordnung ist aber stimmig.

[32] Diese Zeitspanne kann nicht als Regel bestätigt werden. Vgl. Alice G.

[33] Diese Schilderung bezieht sich auf ein Ereignis am 23. September 1944. 200 ausgewählte Sonderkommando-Häftlinge wurden von Birkenau in das nordwestlich vom Stammlager Auschwitz liegende Effektenlager Kanada I gebracht und dort in der Kammer, welche zur Desinfektion der Kleidung diente, vergast. Vgl. Zeugen aus der Todeszone. S. 219ff.

[34] Auch hier wird der polnische Begriff für Birkenau irrtümlicherweise als Bezeichnung für den Lagerabschnitt B II g angesehen.

vorher abtransportiert. Das war die Tagesschicht. Die abgelöste Nachtschicht hatte ebenfalls das Krematorium als Schicksal, doch noch bevor sie vergast werden konnten, gelang es ihnen die eine Gaskammer zu sprengen. Danach versuchten sie zu fliehen, aber die SS erschoss sie fast alle mit Maschinengewehren. Nur einigen ist die Flucht gelungen[35].“[36]

Auch Lenke H. gehörte zu den Frauen in B II g und kann am 27. Juli 1945 nach ihrer Rückkehr in Ungarn ebenfalls einige der geschilderten Vorfälle bestätigen:

> „Ich kam am dritten Tag ins Lager A, am vierten Tag brachte man mich zum Arbeiten nach „Brezsinka“[37]. Hier sortierten wir die Kleider und sonstigen Sachen, der in den Krematorien verbrannten Menschen. Wir hatten es sehr gut, konnten uns reichlich Essen und Kleidung besorgen. Auch behandelte man uns gut, nur die Männer wurden geschlagen. Allerdings hatte es eine furchtbare Wirkung auf uns, dass das Krematorium immer vor uns lag, und wir ständig den Rauch sahen. Die Polen betonten immer wieder taktlos: ‚Seht ihr, dort werden eure Mütter und Geschwister verbrannt.’ Egal wie gut es uns erging, dachten wir stets nur daran, und baten daher den Hauptscharführer um unsere Versetzung. Einige gutmütige slowakische Mädchen sagten allerdings sofort, dass wir nichts unüberlegtes tun sollten, denn diejenigen, die hier arbeiten, werden nicht selektiert, können sich sogar Sachen besorgen, und wir hätten es hier unvergleichbar besser als die anderen, vielleicht werden wir auf diese Weise unser Leben retten können. Hier arbeiteten wir in einem schrecklichen Zustand bis zum 21. November, als man eines Abends 100 Mädchen auswählte, und uns nach Zschopau brachte. Wir kamen dort nach einer dreitägigen Fahrt an.“[38]

Auch innerhalb der Ludwigsburger Ermittlungen werden Ende der 1960er Jahre ungarische Frauen vernommen, die zumindest einen Teil ihrer Zeit in Auschwitz im Effektenlager B II g, das

---

[35] Aufstand des Sonderkommandos am 7. Oktober 1944. Vgl. Zeugen aus der Todeszone. S. 258ff.
[36] DEGOB 193 Eszter S.
[37] eigentlich Birkenau, hier ist der Lagerabschnitt B II g „Kanada II“ gemeint
[38] DEGOB 1667 Lenke H.

im Häftlingsjargon „Kanada“ genannt wurde, verbracht hatten. So gibt Rose R. zu Protokoll:

> „In Auschwitz habe ich zum Sortierkommando gehört. Wir mussten die Kleider der Menschen, die in die Gaskammern geschickt wurden, für den Transport nach Deutschland sortieren.“[39]

Außerdem macht Hela S. am 9. April 1969 ähnlich, wie die kurz nach Kriegsende in Budapest vernommenen Kameradinnen, nach Tötungshandlungen befragt, folgende Angaben:

> „Ich kam in den Lagerabschnitt „B“ des Lagers Birkenau. Ich blieb in Birkenau bis etwa November 1944, musste beim Sortieren der den ankommenden Häftlingen entnommenen Habe arbeiten. Wir arbeiteten in der Nähe eines der Krematorien. Im Herbst 1944 habe ich die Erschießung eines Sonderkommandos gesehen. Etwa 100-150[40] junge, gesunde jüdische Männer wurden erschossen. Ich kann mich auf genaue Bezeichnung der Entfernung aus der ich die Erschießung gesehen habe nicht einlassen, doch die Entfernung war nicht größer als der Raum eines Wohnhauses. Einige Männer, die für die Erschießung aufgestellt worden sind, versuchten sich bei unserer Arbeitsgruppe unter angehäufter Wäsche zu verstecken. Die SS-Mannschaften haben sie dort gefunden und zur Erschießung vorbereiteten Gruppe zurückgeführt. Das SS-Erschießungskommando zählte etwa 10 Mann. Befragt, weiß ich nicht die zur Erschießung gebrauchte Waffengattung zu bezeichnen, ich kenne mich in Schusswaffen nicht aus. Ich habe keinen von den SS-Tätern und von den Opfern beim Namen gekannt.“[41]

[39] Barch, B 162 / 3854, S. 167 VP Rose R.

[40] Auch diese Aussage bezieht sich auf die niedergeschlagene Revolte vom 7. Oktober 1944. Zur Strafe wurde jeder dritte ergriffene Sonderkommando-Häftling per Genickschuss getötet. Von den 324 in den Krematorien III und IV eingesetzten Häftlingen überlebten nur 44 den Aufstand und die anschließende Strafaktion. Vgl. Zeugen aus der Todeszone S. 274f.

[41] Barch, B 162 / 3854, S. 218 VP Hela S.

Auch Sara W. und ihre Tochter könnten Zeugen dieser Vorfälle geworden sein. Sara W. gibt am 12. August 1969 in New York zu Protokoll:

> „Ich bin mit meiner Tochter [...], die jetzt mit mir zusammen wohnt, in das Lager Birkenau gekommen. Von dort kamen wir nach Bresinka[42], zur Arbeit beim Krematorium, bei den Gaskammern. Wir haben Kleider sortiert. Im November 1944 sind wir in das Lager Zschopau gebracht worden. [...] Wir kamen zusammen mit einem Transport von 400[43] Muselmännern aus Krakau-Plaszow. Diese Muselmänner[44] waren auch Frauen."[45]

Während alle bisher angeführten Berichte von „ungarischen" Jüdinnen stammen, konnten auch zwei Berichte von ehemaligen Zschopauer Häftlingen anderer Nationalität gefunden werden. Auch sie waren in Auschwitz im Arbeitskommando B II g eingesetzt. So berichtet die Französin Odette Spingarn:

> „Meine Mutter kam mit mir in das Lager Birkenau. Sie ist am 24. Mai 1944 an Ruhr gestorben. Nachdem ich in Birkenau bis Juni gearbeitet hatte, schickte man mich nach Briginski[46], einem Nebenbetrieb von ‚Canada', um die Kleidung aus Ungarn deportierter Juden, die ununterbrochen von Juni bis Oktober in Auschwitz eintrafen, zu sortieren."[47]

Es ist wahrscheinlich, dass auch die anderen Zschopauer Französinnen dieses Kommando durchliefen. Möglicherweise auch all die Frauen jener Nationen, die nur als einzelne Personen in der Zschopauer Häftlingszwangsgemeinschaft vertreten waren. Aber auch die aus Piotrkow stammende Féla Brajtberg-Fajnzylber und ihre Tochter Sarah haben sich im Lagerabschnitt B II g aufgehalten. Féla Brajtberg-Fajnzylber erwähnt:

---

[42] eigentlich Auschwitz-Birkenau, hier ist der Lagerabschnitt B II g gemeint
[43] Die Zusammensetzung wird noch an anderer Stelle zu diskutieren sein.
[44] SS-/Häftlingsjargon für schwache, kranke & psychisch gebrochene Häftlinge
[45] Barch, B 162 / 3854, S. 170 VP Sara W.
[46] Auch in diesem Bericht ist Birkenau und seine verzerrte polnische Entsprechung unterschiedlich konnotiert
[47] Odette Spingarn zitiert in Zschopauer Wochenblatt vom 26.01.2000
Vgl. My Leap to Freedom S.51ff.: Weil, Kassis, Sommer, Romanin, Naudin

„Während ich in Auschwitz war, haben einige Männer revoltiert. Das muß Anfang 1944[48] gewesen sein. Es gab vier Krematorien, sie haben davon zwei zerstört. Sie sind aufgegriffen und erschossen worden. Nur einem ist es gelungen erfolgreich zu entkommen. Er hat sich als Frau verkleidet und hat sich in unseren Block[49] geflüchtet.“[50]

Was aus diesem Mann letztlich wurde, ob die Tarnung aufflog oder nicht, lässt sie offen. Es klingt jedoch danach, als wäre er auf diese Weise tatsächlich der Erschießung entkommen.
Insgesamt sollen nur 44 Häftlinge von Krematorium IV den Aufstand überlebt haben. Die Geschichte der Revolte des Sonderkommandos kann in aller Ausführlichkeit im Buch *Zeugen aus der Todeszone* von Eric Friedler, Barbara Siebert und Andreas Kilian nachgelesen werden. Die Zeugenberichte der späteren Zschopauer Frauen aus „Kanada II“, die teilweise die Niederschlagung des Aufstandes hautnah mitverfolgen mussten, blieben darin aber bislang unberücksichtigt.

Etwa sechs Wochen nach diesen Ereignissen, wählte man auch in „Kanada II“ Frauen für den Zschopauer Arbeitstransport aus. Diese Selektion im Lagerabschnitt B II g beschreibt Féla Brajtberg-Fajnzylber folgendermaßen:

---

[48] Die Zeitangaben bei Féla Brajtberg-Fajnzylber sind größtenteils verschoben und verzerrt. Das erwähnte Erlebnis bezieht sich ebenfalls auf den Aufstand vom 7. Oktober 1944. Vermutlich soll es „début 1945“ heißen, da sie Anfang 1944 noch gar nicht in Auschwitz war.

[49] Möglicherweise handelte es sich um einen griechischen Häftling. In *Zeugen aus der Todeszone* heißt es: „Lediglich einem griechischen Juden gelang die Flucht unter dem nicht geladenen Stacheldrahtzaun in das benachbarte Effektenlager, wo er sich in Sortierbaracke 14 versteckte. Da er jedoch von Häftlingen des Kanada-Kommandos beobachtet wurde, teilten diese den Vorfall ihrem SS-Kommandoführer mit, der den Flüchtling stellte und ihn am Lagertor einem auf dem Krematoriumsgelände eingesetzten SS-Posten übergab.“ S. 273 Dieser Bericht passt auch zur Aussage der Hela S., die jedoch von mehreren Männern spricht, die versuchten sich unter den Wäschebergen zu verstecken. Ob es sich hier um denselben oder um verschiedene Vorfälle handelt, blieb bislang ungeklärt.

[50] Féla Brajtberg-Fajnzylber. Le Temoignage Ordinaire d’une Juive Polonaise S.66 Übersetzung Pascal Cziborra

„Es war ein Tag wie jeder andere. Gegen vier oder fünf Uhr morgens sind wir auf den Platz gerufen worden. Dort gab es eine Selektion. Ich habe die laufenden Arbeiten genutzt, um mich mit meiner Tochter in einem Loch zu verstecken. Die Selektion fand in einer kleinen Baracke nahe dem Krematorium statt. Nach einem kurzen Moment bin ich dort gewesen und habe durch ein kleines Fenster hinein geguckt. Eine Frau hat mir gesagt: ‚Es ist vorbei, die Selektion ist beendet, Mengele ist weggegangen'. Dann habe ich mich ausgezogen, um wie die anderen zu sein, Sarah auch, und die Frauen halfen uns durch das kleine Fenster. Es war leicht, ich wog nur dreiunddreißig Kilo. Wir haben uns unter die Frauengruppe gemischt, die nicht für das Krematorium ausgewählt worden war. Es waren vielleicht achthundert oder tausend[51]. Aber genau in diesem Moment kommt Mengele zurück. Er war wütend und schrie: ‚Was haben Sie mir da geliefert? Das taugt nichts, es sind Muselmänner. Wählen Sie mir bessere aus.' Dann habe ich meine Tochter zu den Frauen gedrängt, die schon die zwei Selektionen überstanden hatten, und um eine Ablenkung zu schaffen, ließ ich zu, dass Mengele an der Schnur zog, die ich um die Taille auf der bloßen Haut trug. Die Kordel schnitt mir ins Fleisch, aber ich gab keinen Laut von mir. Zwischendurch war es meiner Tochter gelungen, in der Gruppe der definitiv ausgesonderten Frauen unterzutauchen. Kurz danach haben wir erfahren, dass das Krematorium nicht mehr funktionierte[52], und dass die Arbeitsunfähigen vor Ort erschossen wurden. Jetzt, da die Selektion beendet war, verteilte man an uns saubere Kleidung. Eine SS-Gruppe, das Gewehr geschultert, hat uns mit ihren Hunden bis zum Bahnhof eskortiert. Wir waren vielleicht vierhundert Frauen, die sie gezwungen haben, sich in die Waggons zu zwängen. Als sie uns zählten, bemerkten sie, dass eine zu viel war. Es war meine Tochter. Sie haben noch einmal gezählt, aber sie haben nichts gefunden. Die Frauen wussten es, aber niemand hat etwas gesagt, niemand hat uns denunziert."[53]

---

[51] Sollten diese Zahlen annähernd richtig sein, fand die Selektion wohl unter allen im Lagerabschnitt B II g arbeitenden Frauen statt.

[52] Laut Danuta Czech werden Anfang November 1944 in Auschwitz Vergasungen mittels Zyklon B eingestellt. Selektierte Häftlinge werden in der Gaskammer oder auf dem Gelände des Krematoriums V erschossen. S. 921

[53] Féla Brajtberg-Fajnzylber. S. 67f. Übersetzung Cziborra/Leppien

Auch Alice G. äußert sich indirekt zur Selektion der für Zschopau bestimmten Häftlinge. Sie berichtet:

> „Nachdem wir hier [Sortierkommando Birkenau] bereits 6 Monate gearbeitet hatten, verlangte man 100 Frauen für einen Transport. Ich kam auch dazu. Natürlich sagte man uns damals, daß wir in einen anderen Block kommen würden, denn die Wahrheit konnte man uns ja nicht verraten. Wir mussten tatsächlich in eine andere Baracke, von wo man uns abschließend mit 400 Mädchen einwaggonierte und nach einer dreitägigen Fahrt nach Zschopau brachte.“[54]

Damit setzt sich nach übereinstimmenden Häftlingsberichten der Transport nach Zschopau aus 100 Frauen des Sortierkommandos aus dem Lagerabschnitt B II g zusammen und 400 anderen Frauen, die nicht alle, wie Sara W. beschreibt, zuvor das KZ Krakau-Plaszow durchliefen, sondern nur zum Teil. Es konnten nämlich etliche Dokumente gefunden werden, die sowohl einen Aufenthalt in Krakau-Plaszow als auch in B II g ausschließen. Viele dieser Frauen wurden in Auschwitz in diversen Arbeitskommandos, so z. B. in der Schneiderei oder beim Straßenbau eingesetzt. Die Frauen aus Krakau-Plaszow hingegen, dürften erst kurz vor ihrem Weitertransport nach Zschopau im KZ Auschwitz eingetroffen sein.
Die Nationalitäten der Frauen aus „Kanada II“ umfassten möglicherweise das gesamte spätere Zschopauer Nationalitäten-Spektrum. Bei den Frauen aus Krakau-Plaszow handelte es sich hauptsächlich um polnische und ungarische Jüdinnen. Letztere waren meist zunächst von Ungarn nach Auschwitz deportiert und anschließend in einen Arbeitstransport nach Plaszow eingereiht worden. Nachdem sie nach Auschwitz zurückgekehrt waren, gelangten sie in den Zschopauer Arbeitstransport. Vor allem ungarische Jüdinnen dürften zu der Gruppe gehört haben, die weder in Plaszow noch in B II g waren. Sehr wahrscheinlich wurden sie aber gemeinsam selektiert und gehörten der Gruppe an, in deren Block die selektierten Frauen aus B II g vor dem gemeinsamen Abtransport untergebracht wurden.

[54] DEGOB 3177 Alice G.

Gegen die erinnerte Zusammensetzung des Zschopauer Transportes im Verhältnis von 100 : 400 sprechen jedoch Auschwitzer Dokumente, die am 18. November eine Überstellung von 50 Jüdinnen in das KL Flossenbürg, Nebenlager Zschopau[55], und am 22. November 450 weibliche Häftlinge als in das KL Flossenbürg, Arbeitskommando Zschopau überstellt[56], erwähnen. Demnach wurden also 50 oder 100 Frauen in B II g selektiert und zu den übrigen, für den Zschopauer Transport ausgesonderten Frauen, in deren Block gebracht. Am 22. November werden diese 500 Frauen gemeinsam dann per Zug nach Zschopau transportiert. Die zeitliche Dimension der Fahrt stark verkürzend schreibt Féla Brajtberg-Fajnzylber:

> „Der Zug rollte die ganze Nacht. Wir hatten nichts zu essen. Ein oder zwei Mal hat der Konvoi für die Bedürfnisse angehalten. Am Morgen hat der Zug in einem Bahnhof gehalten: Zschopau. Es war eine ganz kleine Stadt im Herzen Deutschlands, in Sachsen. Dort gab es Fabriken.“[57]

c) Ankunft des Häftlingstransportes

Vom Auschwitzer Transportkommando begleitet, erreichten die 500 Häftlinge nach dreitägiger Fahrt, am 25. November 1944 Zschopau. Knapp 60% der Frauen und Mädchen stammten aus Ungarn, ein gutes Viertel aus Polen. Zweiundzwanzig Frauen kamen aus Frankreich, elf aus der Slowakei. Acht italienische, sieben griechische, sieben holländische, fünf belgische, vier jugoslawische, drei reichsdeutsche und zwei tschechische Jüdinnen komplettierten die Häftlingszwangsgemeinschaft. In den Flossenbürger Nummernbüchern ist für diesen Transport das Überstellungsdatum 21.11.1944 notiert. Die tatsächliche Übernahme vom Transportkommando Auschwitz am 25. November, ist aber sowohl einem Schreiben[58] des ersten Kommandoführers

---

[55] APMO, D-AuII-3a/93, FL Stärkemeldung
APMO, D-AuII-3/4 Notizbuch ‚Lagerstärke' Vgl. Danuta Czech

[56] APMO, D-AuII-3/4 Notizbuch ‚Lagerstärke' Vgl. Danuta Czech

[57] Féla Brajtberg-Fajnzylber. S.68 Übersetzung Cziborra/Leppien

[58] Schreiben vom 27.12.1944 an die Kommandantur des Hauptlagers.

SS-Oberscharführer Happel, als auch den in Häftlingsberichten genannten Selektionszeitpunkt und der Transportdauer, sowie den Aussagen einer ehemaligen Aufseherin zu entnehmen, und kann daher als sicher gelten. Die Ankunft war etwa einen Monat später als ursprünglich geplant, aber immerhin einen Monat früher als wegen Bitte um Aufschub erwartet. Die eigentliche Häftlingsunterkunft war daher noch nicht bezugsfertig. Aus diesem Grund mussten provisorische Unterkünfte organisiert werden. Ein noch nicht näher bestimmbarer Teil der Häftlinge wurde vorläufig mitten in der Stadt Zschopau, in der Turnhalle der Volksschule[59] untergebracht; der andere Teil der Zschopauer Häftlinge in Wilischthal, wo bereits für die DKK Scharfenstein, einer Tochterfirma der Auto Union, ein Außenlager des KZ Flossenbürg existierte. Diese provisorische Unterbringung wird in den meisten Häftlingsberichten bzw. Vernehmungsprotokollen auch erwähnt.

I. Provisorische Unterbringung in der Zschopauer Turnhalle

Über die Unterkunft in der Zschopauer Schule existieren deutlich mehr Nennungen als für die vorübergehende Unterbringung in Wilischthal. So schildert Judith H.:

> „Zu Beginn wurden wir für ganz kurze Zeit in einem Schulgebäude untergebracht, dann kamen wir in das Fabrikgebäude, in dem wir arbeiteten, und bezogen die oberste Etage als Schlafräume.“[60]

Relativ konforme Äußerungen machen auch folgende fünf ehemalige Häftlinge. Genia K.:

> „Wir wurden zuerst provisorisch in einem Gebäude, das auf (sic!) eine Schule aussah untergebracht, nach etwa 2 Wochen wurden wir direkt im Fabrikobjekte in der obersten Etage

---

Barch, B 162 / 3854, S. 288

[59] später Martin-Andersen-Nexö-Schule

[60] Barch, B 162 / 3854, S. 226 VP Judith H.

untergebracht. Wie hoch dieses Gebäude war, weiß ich nicht mehr."[61]

Pnina F.:

> „Nach vorübergehender Unterbringung in einem Schulgebäude kamen wir in eine Riesenhalle in der obersten Etage der Fabrik – Auto-Union in der wir arbeiteten."[62]

Chaja S.:

> „Nach vorübergehender Unterbringung in einem Schulgebäude wurden wir in die oberste Etage der Fabrik gebracht, in der wir zur Arbeit eingesetzt wurden."[63]

Hela S.:

> „Wir wohnten zuerst in einem Hause in Zschopau, zu einem späteren Zeitpunkt wurden wir in das Fabrikgebäude, in dem wir arbeiteten, überführt und in der oberen Etage untergebracht."[64]

Eszter S.:

> „Zunächst wurden wir in einer Schule untergebracht, allerdings nur vorübergehend, denn mittlerweile räumten wir eine ehemalige Automobilfabrik auf, und wurden dorthin verlagert. [...] Bis zum Arbeitsplatz mussten wir ca. 3 km zurücklegen. Wir arbeiteten in einer Automobilfabrik."[65]

Auch Dora I. gehörte zu der Gruppe, die zunächst mitten in Zschopau untergebracht wurde:

> „Zu Beginn wurden wir auf einige Tage in einem Schulgebäude einquartiert, dann kamen wir in das Fabrikgebäude, in dem wir gearbeitet hatten und wohnten auf der oberen Etage.

---

[61] Barch, B 162 / 3854, S. 244 VP Genia K.
[62] Barch, B 162 / 3854, S. 246 VP Pnina F.
[63] Barch, B 162 / 3854, S. 248 VP Chaja S.
[64] Barch, B 162 / 3854, S. 219 VP Hela S.
[65] DEGOB 193 Eszter S.

> Die erste Zeit, bis wir außerhalb (sic!) des Fabrikobjektes schliefen, gingen wir in die Fabrik zu Fuß – der Weg war etwa 4-5 km lang gewesen. Das Werk hieß Auto-Union, ich hatte kleine Maschinenteile geschliffen und wie mir damals gesagt wurde, waren diese Teile für Motorfahrräder (sic!) bestimmt.“[66]

Sabina R. berichtet:

> „Etwa im November 1944 wurde ich mit einer Gruppe von 500 Frauenhäftlingen verschiedener Nationalitäten von Auschwitz nach Zschopau überstellt. Der Transport wurde in 5 Viehwaggons durchgeführt. In Zschopau angekommen hatten wir dort kein Lager vorgefunden. Wir waren die ersten Häftlingsfrauen in Zschopau. Auch nach unserer Ankunft kamen keine weiteren Frauen in unser Lager. Die ersten etwa vier Wochen waren wir vorübergehend in der Ortschaft untergebracht und mussten einige Kilometer täglich zu Fuß zur Arbeit. Dann wurden wir im Gebäude der Fabrik im oberen Stockwerk untergebracht. Geschlafen haben wir auf 3-etagenhohen Pritschen“[67]

Am Ende ihrer Vernehmung berichtigt Sabina R. jedoch:

> „die Zahl der Waggons auf der Fahrt von Auschwitz nach Zschopau war höher als 5.“[68]

Konkrete Vergleichsangaben gibt es in den anderen Berichten nicht. Wann genau die Häftlinge ihre Unterkunft im DKW Werk beziehen konnten, ist derzeit noch nicht bekannt. Möglicherweise wurden beide Häftlingsgruppen nicht zum gleichen Zeitpunkt ins Werk überführt. Dies könnte die Zahl 335 erklären, mit der das Zschopauer Lager der Auto Union, bei Martin Weinmann als Erstbelegung geführt wird. Diese Zahl könnte bedeuten, dass die 500 Häftlinge in eine 335 und eine 165 Personen starke Gruppe auf die zwei provisorischen Unterkünfte aufgeteilt wurden. Da nicht bekannt ist, aus welcher Quelle die

---

[66] Barch, B 162 / 3854, S. 222 VP Dora I.
[67] Barch, B 162 / 3854, S. 214 VP Sabina R.
[68] Barch, B 162 / 3854, S. 215 VP Sabina R.

Angabe über die 335 Personen stammt, muss dies aber reine Vermutung bleiben. Auch innerhalb der betriebseigenen Akten der Auto Union existieren merkwürdige Zahlenangaben bezüglich des KZ-Lagers. So werden nach Eintreffen des Transportes aus Auschwitz zunächst nur 425 Häftlinge als Zugang im Lohnempfängerbestand vermerkt und später für den Zeitraum vom 21.12.1944 bis zum 20.01.1945 ein erneuter Zugang von 36 weiblichen KZ-Häftlingen notiert[69]. Die daraus resultierende Summe von 461 Häftlingen bleibt in den Firmenakten bezüglich des Mencheneinsatzes dann bis zur Auflösung des Lagers konstant. Auch hier ist das Zustandekommen der Angaben nicht belegbar und erscheint auf den ersten Blick wenig plausibel, insbesondere da im Forderungsnachweis Nr. Flo. 812 über den Häftlingseinsatz für den Monat Dezember eine deutlich größere Zahl an eingesetzten KZ-Arbeitskräften abgerechnet wird.

II. Provisorische Unterbringung in Wilischthal

Die vorläufige Einquartierung im Lager Wilischthal wird von deutlich weniger vernommenen Häftlingen erwähnt. Dies könnte ein Indiz dafür sein, dass hier eine kleinere Gruppe untergebracht wurde.

Chaja H.:

> „Die ersten 2-3 Wochen wurden wir in Wilischthal oder ähnlich provisorisch untergebracht, dann kamen wir nach Zschopau ins Fabrikgebäude, in dem wir das oberste Stockwerk bezogen."[70]

Feigl S:

> „Nach einer dreitägigen Fahrt kamen wir in Wilischthal an. Wir arbeiteten in einer Autofabrik. [...] Bis zu unserem Arbeitsplatz mussten wir ca. 3-4 km zu Fuß gehen."[71]

---

[69] StAC 32050 AU 763

[70] Barch, B 162 / 3854, S. 216 VP Chaja H.

[71] DEGOB 1277 Feigl S.

Rosa S.:

> „In Zschopau angekommen wurden wir vorerst an einer provisorischen Stelle in einem kleinen benachbarten Orte, dessen Name meinem Gedächtnisse entglitt, untergebracht. Nach etwa 2-3 Wochen wurden wir direkt in die Fabrikobjekte, in denen wir zum Arbeitsdienst gebraucht wurden, überstellt. Dies war in einem Waldgebäude – getarnt- gebaut. Das Werk hieß Auto-Union und wir erzeugten dort Flugzeugteile [...] Wir waren alle in einem Riesenraume im Fabrikgebäude – ich glaube in der höchsten Etage – einquartiert. Wie viele Stockwerke es im Gebäude gab, weiß ich nicht mehr."[72]

III. Aussagen ohne direkte örtliche Zuordnungsmöglichkeit

Einige weitere Dokumente bestätigen zwar eine provisorische Unterbringung, können aber nicht direkt einem der beiden Standorte zugeordnet werden. So äußert Aliza S.:

> „In Zschopau angekommen wurden wir zuerst in einer provisorischen Ubikation untergebracht, wo wir nur auf faulendem Stroh liegen mussten und unser Weg zur Arbeit war etliche Kilometer lang. Nach einigen Wochen wurden wir direkt in das Fabrikgebäude überstellt, wo wir die oberste Etage bewohnten Wir lebten in einem einzigen riesigen Raume."[73]

Riwka L.:

> „In Zschopau wurden wir alle 500 in einem Raume, in einem, wie ich glaube Holzgebäude[74], untergebracht. Wie die Ortschaft Zschopau aussah weiß ich nicht, denn ich ging immer mit Begleitung und in Gruppe – zur Arbeit. Wir arbeiteten in einem Werk für Flugzeugteile, das Werk dessen Firma ich nicht mehr gedenke, war außerhalb der Ortschaft, wir mussten etwa 4 km zur Arbeit marschieren. Im Werk waren keine

---

[72] Barch, B 162 / 3853, S. 47 VP Rosa S.

[73] Barch, B 162 / 3853, S. 56 VP Aliza S.

[74] Diese vermeintliche Erinnerung täuscht.

anderen Häftlinge eingesetzt. Wir arbeiteten alle im selben Werke."[75]

In diesem Protokoll deutet zwar einiges auf die Unterbringung innerhalb Zschopaus hin, es ist letztlich aber nicht ganz sicher. Auch der Bericht von Rose R. ist bezüglich der Erstunterkunft nicht eindeutig. Sie gibt zu Protokoll:

> „Wir wurden zunächst in einiger Entfernung von der Fabrik untergebracht und marschierten jeden Tag hin und zurück. Ich erinnere mich noch deutlich, dass wir durch Schnee marschiert sind. Die Fabrik lag außerhalb der Stadt, mitten im Wald. Wir haben dort irgendwelche Einzelteile hergestellt. Später wurde ein Lager im oberen Stockwerk der Fabrik eingerichtet. Wir schliefen dort in einem großen Saal. Von dort wurden wir von deutschen Aufseherinnen zur Arbeit hinuntergeführt und auch wieder zurückgebracht."[76]

IV. Resümee

Nachdem die Häftlinge selbst bei den Räumarbeiten zur Entstehung ihrer neuen Unterkunft ihren Beitrag leisten mussten, ist man wohl spätestens nach einem Monat in der Lage sie umzuquartieren. So ist dem Protokoll der Vertrauensratssitzung am 27.12.1944 im Werk DKW, folgende Einschätzung zu entnehmen. Darin heißt es:

> „Betreffs des Arbeitseinsatzes wurde besonders auf die 500 weibl. Kl-Häftlinge hingewiesen. Ursprünglich war für deren Ankunft aufgrund der verspäteten Fertigstellung von Unterbringungsmöglichkeiten u.dgl. der 20.12. vorgesehen. Die Zuweisung erfolgte jedoch bereits am 20.11., so daß diverse Sondermaßnahmen getroffen werden mußten, um die Kl-Häftlinge provisorisch unterzubringen. Diese Aktion ist in allen Punkten als geglückt anzusehen und die Kl-Häftlinge sind bereits weitgehend im Arbeitsprozess eingegliedert. Die sich dadurch ergebende Freistellung von Arbeitskräften, die die bisherigen

[75] Barch, B 162 / 3853, S. 45 VP Riwka(Regina) L.

[76] Barch, B 162 / 3854, S. 165 VP Rose R.

> Plätze, an denen jetzt Kl-Häftlinge eingesetzt sind, einnahmen, wird in dem gleichen Turnus, in dem die völlige Anlernung der Kl-Häftlinge erfolgt, vorgenommen."[77]

Damit scheint die turbulente Anfangsphase der Errichtung des firmeneigenen KZ-Lagers für die Konzernspitze erfolgreich abgeschlossen und man geht zur Tagesordnung über. Vom ursprünglichen Plan ein eigenes KZ-Barackenlager zur Unterbringung von Arbeitskräften zu errichten, den man parallel verfolgt hatte, sieht man kurze Zeit später endgültig ab. Ein Schreiben der Bauabteilung Qu/St vom 13. Januar 1945 lautet:

> „Massivbarackenlager in Zschopau
>
> Wir haben in Zschopau für das Werk DKW ein Massivbarackenlager geplant und mit dem Bau desselben begonnen. Die Arbeiten gehen aber äußerst schleppend voran, da wir weder die erforderlichen Baustoffe, noch die zur Heranschaffung derselben erforderlichen Eilbauzettel bzw. den Kraftstoff erhalten und außerdem wir nur sehr wenig Arbeitskräfte einsetzen können, weil diese laufend, infolge der mangelnden Dringlichkeitsstufe, dauernd wieder abgezogen werden. Fertiggestellt ist bisher zu 80% lediglich das Küchen- und Betriebsgebäude. Es ist also nicht damit zu rechnen, dass in absehbarer Zeit das gesamte Lager für 570 Mann erstellt werden kann. Unsere Fragestellung geht dahin, ob überhaupt eine dringende Notwendigkeit noch besteht, das Lager im Laufe dieses Jahres fertigzustellen."[78]

In einem zweiten Schreiben vom selben Tag wird diese Frage augenscheinlich beantwortet und der gesamte Sachverhalt in ähnlicher Weise dargestellt. Es heißt:

> „KZ-Lager in Zschopau
>
> Das Werk DKW-Zschopau hat (ohne Bauabteilung) einen Antrag gestellt auf Errichtung eines KZ-Barackenlagers auf einem vom Staatsforst zu erwerbenden Gelände, anschließend an das Werk DKW-Zschopau. Für diesen Antrag wurde zu-

[77] StAC 31050 AU 4942 Vertrauensratsitzung 8/44 Blatt 1

[78] StAC 31050 AU 3867 Schreiben der Bauabteilung vom 13.01.1945

nächst eine Bausumme von 65.000 RM angegeben, die nach Hinweis durch die Bauabteilung, daß dieser Betrag bei weitem nicht ausreichen würde, auf 265.000 RM erhöht wurde. Das Gelände müßte wie bemerkt, vom Staatsforst erworben werden. Die Staatsforstverwaltung macht den Verkauf davon abhängig, daß die baupolizeiliche Genehmigung zur Errichtung des Lagers erteilt wird.
Es ist unter den jetzigen Verhältnissen ausgeschlossen, daß wir dieses Lager errichten können, denn fertige Baracken werden wie bekannt, schon seit langer Zeit nicht mehr zugeteilt. Sie müßten also in Massivbauweise erstellt werden. Auch die hierzu erforderlichen Betonfertigteile können zur Zeit nicht mehr geliefert werden, sodaß wir auf eine reine Backsteinbauweise angewiesen wären. Zwar ist das Barackenlager unter IV/ IVa A 211 (M) in das Mindestbauprogramm aufgenommen, aber es erscheint unter ausgeführten Gründen trotzdem aussichtslos den Bau durchzuführen, denn wir erhalten weder die Kontingente, noch die Menschen, noch die Eilbauzettel, noch den Kraftstoff. Einfach, weil diese Dinge bei der OT-Oberbauleitung nicht mehr vorhanden sind. Wir halten es daher für richtig, daß eine entsprechende Erklärung unsererseits abgegeben wird, damit wir uns nicht den Vorwurf zuziehen, eine Baunummer zu besitzen, die uns belastet und deren Durchführung nicht unter den jetzigen Engpaßverhältnissen unbedingt erforderlich ist.
Die unbedingte Notwendigkeit scheint aber nicht mehr gegeben zu sein, da inzwischen die KZ-Häftlinge im Dachgeschoß der Halle 23 untergebracht sind und wir einen dementsprechenden Antrag auf Ausnahme vom Bauverbot auch bereits am 24. Oktober 1944 gestellt haben, der auch am 16. November genehmigt wurde und dessen Durchführung im Gange ist, allerdings wurde die Bausumme von 22.100 RM auf 14.000 RM vom Sparingenieur herabgesetzt."[79]

Beide Dokumente geben anschaulich Zeugnis über die kriegsbedingten unternehmerischen Probleme in den Jahren 1944/45, verdeutlichen aber auch die Selbstverständlichkeit, mit der über die Errichtung solcher Lager in Deutschland gesprochen und korrespondiert wurde. Bei einer derartigen Gegenwärtigkeit im alltäglichen Sprachgebrauch und der hohen Anzahl in irgend-

[79] StAC 31050 AU 3867 Schreiben der Bauabteilung vom 13.01.1945

einer Form Involvierten, lässt sich das verbreitete Wissen um die Existenz von KZ-Lagern nicht leugnen. Spätestens Ende 1944 dürfte auch in Zschopau jeder das wahre Schicksal der meisten nach Osten deportierten Juden zumindest geahnt haben.

d) Lage und Beschaffenheit des Lagers:

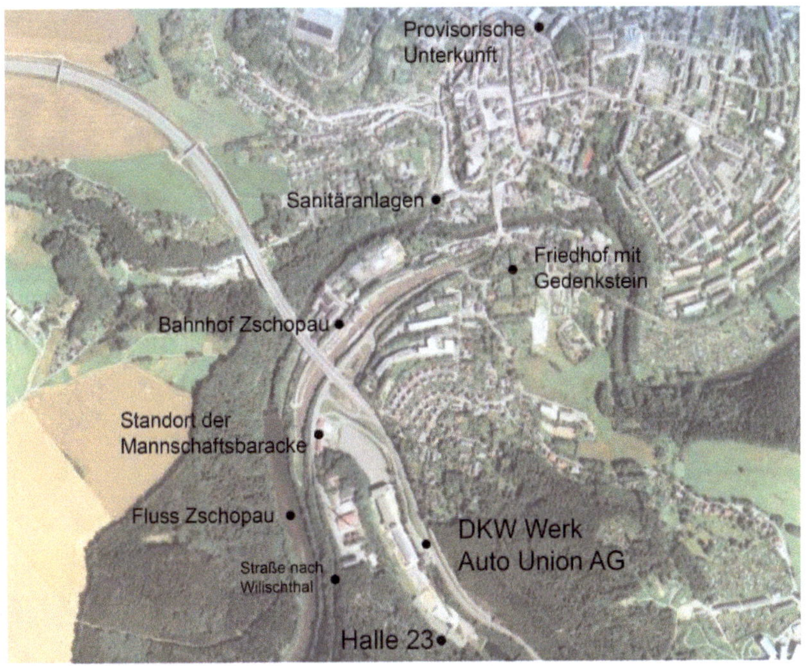

F1: Satellitenfoto von Zschopau ~ 2004

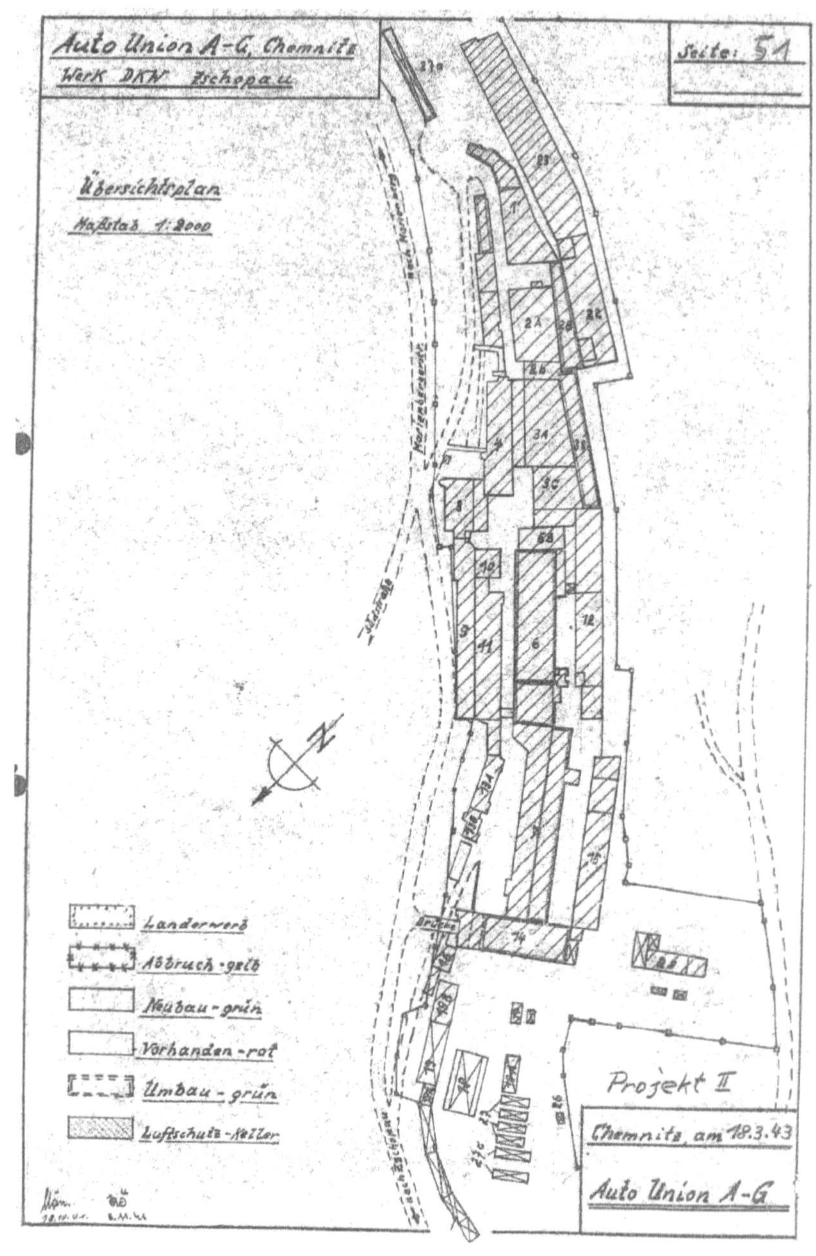

P2: Häftlingsunterkunft Halle 23
StAC 31050 AU 559

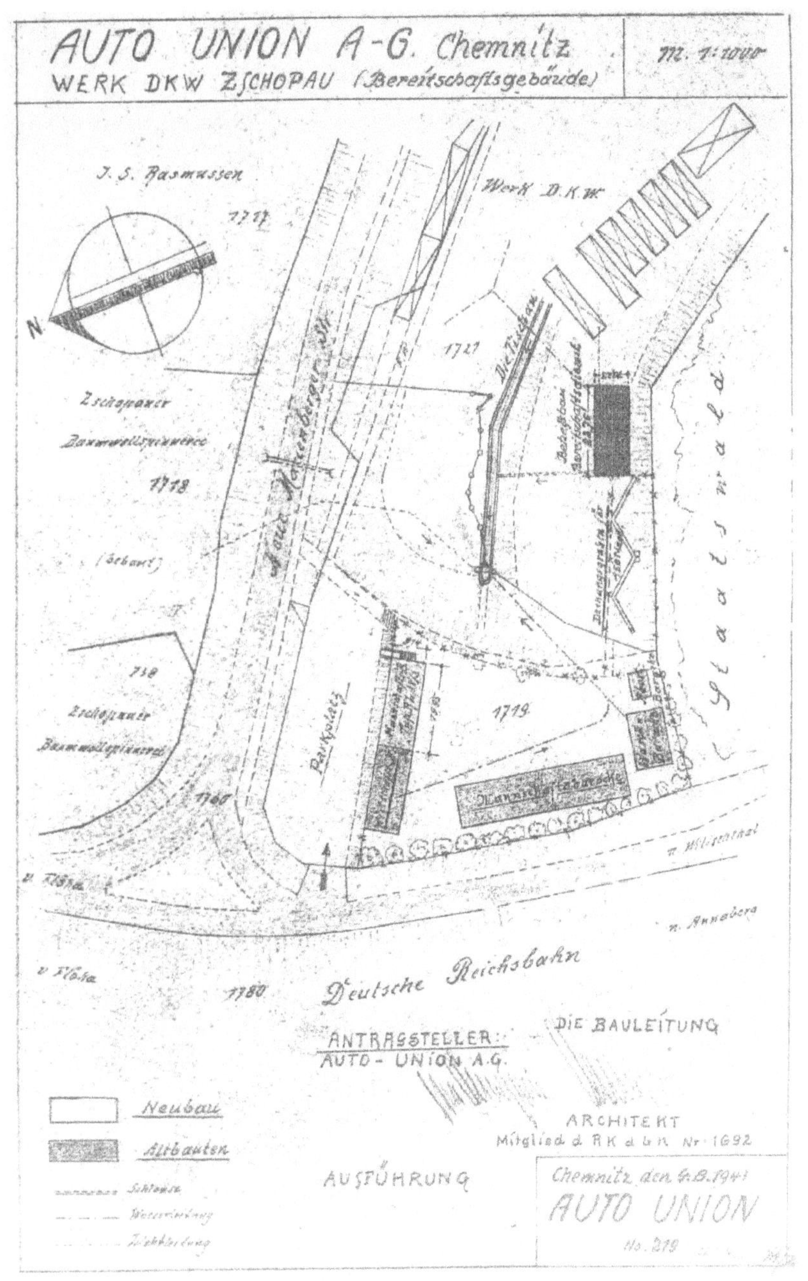

P3: Mannschaftsbaracke der Aufseherinnen

StAC 31050 AU 170

F2: DKW Werk Zschopau Hauptgebäude Halle 14

F3: Luftbild DKW Werk Zschopau

DKW Werk ohne Halle 22 und Halle 23, der späteren Häftlingsunterkunft. Diese Gebäude werden später auf dem Acker am linken Bildrand errichtet.

F4: Richtfest Halle 23 nach 1933
unter dem Slogan „Führer, wir halten dir die Treue“

F5: Richtfest Halle 23

F6: Blick auf Halle 22 und 23

F7: Talblick auf das Verwaltungsgebäude 8 und Halle 11

F8: Blick auf das Areal am „Dreieck“ ca. 1955
Im Vordergrund Gleisanlagen des Zschopauer Bahnhofs
Im Hintergrund das DKW-Werk an der Neuen Marienberger Str. im Tal der Tischau

F9: DKW-Werk Hauptgebäude 14

Die Hallen- und Gebäudebezeichnungen können mit dem Bebauungsplan P2 vom 18.03.1943 abgeglichen werden und dienen der besseren Orientierung.

I. Aufbau des Lagers

Die oberste Etage der Halle 23 diente im wesentlichen als Häftlingsunterkunft, die wohl in zwei große Bereiche, einem Schlafsaal für die Häftlinge, in dem in einer Ecke ein sogenanntes Krankenrevier eingerichtet war, und einen Tagesraum unterteilt war. Auf derselben Etage sollen sich laut Kostenvoranschlag eine Sanitäranlage mit 50-60 Waschplätzen, sowie eine Wachstube (Dienst- und Tagesraum) befunden haben. Die genaue Anordnung und Aufteilung der einzelnen Bereiche konnte nicht rekonstruiert werden, da die im Kostenvoranschlag angegebene Zeichnung PE 1996 sich nicht in den dazugehörigen Akten befand und im Chemnitzer Staatsarchiv nicht anderweitig ermittelt werden konnte. Ein zukünftiges Auftauchen der Zeichnung in den umfangreichen Aktenbeständen der Auto Union ist aber nicht auszuschließen.

Zum KZ-Lager gehörte zudem ein Wirtschaftsgebäude, das laut Schreiben vom 13. Januar 1945 bei Aufgabe des ursprünglichen Bauprojektes, der Errichtung eines KZ-Barackenlagers, zu diesem Zeitpunkt bereits zu 80% fertiggestellt war. Hierin befand sich wohl die Küche für die KZ-Häftlinge, die also zusätzlich zu bewachen war.

Zur Unterbringung der frisch ausgebildeten SS-Aufseherinnen wurden die Ostarbeiter aus der großen Mannschaftsbaracke am „Dreieck" ausquartiert und entsprechende Umbaumaßnahmen vorgenommen. Jeweils zwei Aufseherinnen bezogen eine Stube. Obwohl die meisten der Aufseherinnen aus Zschopau oder kleineren Nachbarorten stammten, waren sie angehalten in der Gemeinschaftsunterkunft zu nächtigen. Diese Maßnahme diente neben der Gewährleistung eines reibungslosen Dienstablaufes ganz sicher auch der Isolierung der jungen Aufseherinnen, um sie nicht dem Einfluss Dritter auszusetzen, sowie das Nachaußendringen von Interna zu verhindern. Ob es, wie dies für einige andere Außenlager des KZ Flossenbürg überliefert ist, auch sogenannte Heimschläfer gab, die weiterhin zuhause übernachteten, ist unbekannt.

II. Sicherung des Lagers

Die Sicherung der Häftlingsunterkunft im Zschopauer DKW-Werk - oberste Etage Halle 23 - wurde im wesentlichen durch nachträgliche Vergitterung der Fenster mit Stäben und Stacheldraht gewährleistet. Da die Häftlinge mehrheitlich im selben Gebäude arbeiteten, war kein Lager im klassischen Sinne zu bewachen, sondern das Wachpersonal hatte die Häftlinge während der Arbeit zu beaufsichtigen und mögliche Fluchtversuche vom Firmengelände zu verhindern. Die Mehrzahl der Häftlinge verließ die Halle nur bei Fliegeralarm, fürs Duschen in der Johannisstraße oder an ausgewählten Sonntagen für einen Ausgang in den Wald. Dies geschah natürlich stets unter entsprechender Bewachung. In ihrer raren Freizeit, saßen die Frauen daher gerne an den vergitterten Fenstern zur Neuen Marienberger Straße hin. Zusätzliche Wacheinrichtungen, wie z. B. Wachtürme, sind für das Zschopauer Lager insgesamt eher unwahrscheinlich, und werden von den Häftlingen, von Julie B. hier einmal abgesehen, nicht erinnert. Chaja S. gibt beispielsweise zu Protokoll:

> „Das Fabrikgebäude war durch einen gebauten Zaun – mit Stacheldraht oben – umfriedet, an Wachtürme erinnere ich mich nicht.“[80]

e) Allgemeine Lagerbedingungen in Zschopau

I. Kleidung

Für den Arbeitstransport wurden die Frauen in Auschwitz üblicherweise gebadet und erhielten ‚neue' Kleidungsstücke aus dem Effektenlager. Auch die Zschopauer Häftlinge dürften diese Prozedur durchlaufen haben, obwohl kaum explizite Aussagen hierüber überliefert sind. So erwähnt Féla Brajtberg-Fajnzylber lediglich das Verteilen sauberer Kleidung nach Beendigung der Selektion. Laut Alice Dunn Adler hat es die übliche Prozedur in

[80] Barch, B 162 / 3854, S. 248 VP Chaja S.

ihrem Fall jedoch gar nicht gegeben. In ihrer ‚Autobiografie' *Boriska's Prophecy*[81] schreibt sie:

> „Plötzlich fiel mir auf, dass niemand gezählt worden war. Uns war keine Arbeitskleidung gegeben worden. Wir waren vor unserer Abfahrt nicht entlaust worden. Man hatte uns keine Schals gegeben, die die meisten anderen erhalten hatten, als sie Auschwitz verließen."[82]

Damit steht ihre autobiografische Schilderung in deutlichem Kontrast zu den Aufzeichnungen Féla Brajtberg-Fajnzylbers, wonach saubere Kleidungsstücke ausgeteilt, und die für den Arbeitstransport bestimmten Frauen sogar zweimal durchgezählt wurden. Da Alice Dunn Adler in ihrer (Pseudo-)Autobiografie an etlichen Stellen nachweislich das Erlebte literarischen Veränderungen und Dramatisierungen unterzieht, sollte ihr Text als autobiografischer Roman aufgefasst werden, was seine Zitierfähigkeit als historisches Ego-Dokument doch stark in Frage stellt. Besonders bedauernswert ist hierbei nicht der fiktionale Anteil ihrer Aufzeichnungen an sich, d.h. also die Tatsache, dass Dunn Adlers sprachlich-künstlerisch durchaus ansprechende Publikation nicht vollkommen authentisch ist, sondern dass durch den Untertitel „A True Story of Survival and Renewal" - „Eine wahre Geschichte vom Überleben und Neuanfang" eine Authentizität suggeriert wird, der von Seiten der Autorin, vermutlich aus Vermarktungsgründen, und nicht wegen täuschender Erinnerungen, bewusst nicht entsprochen wird. Das Label Autobiografie, ist hier also genau genommen ein Etikettenschwindel. Zur Unterstützung des Spannungsbogens nimmt die Autorin die Verzerrung historischer Tatsachen leichtfertig in Kauf. Auf die entscheidendsten Verfremdungen des Zschopauer Geschehens wird noch an entsprechender Stelle hinzuweisen sein. Textpassagen aus *Boriska's Prophecy* sind also intensiver als andere Häftlingsberichte bezüglich ihrer Authentizität zu hinterfragen. Im Besonderen dann, wenn sich die Schilderungen

---

[81] Boriskas Prophezeiung

[82] Boriska's Prophecy. S. 103 Übersetzung Pascal Cziborra

nicht mit den Berichten der anderen ehemaligen Häftlinge decken.
Nach derzeitigem Kenntnisstand sollte also davon ausgegangen werden können, dass vor Abfahrt in Auschwitz saubere Zivil-Kleidung an die für Zschopau bestimmten Häftlinge ausgegeben wurde. Möglicherweise wurden nach der Ankunft bei der Auto Union zusätzliche Kleidungsstücke ausgehändigt. So schreibt Alice Dunn Adler über die Erstregistrierung in Zschopau:

> „Wenn ein Häftling den langen Tisch auf der einen Seite des Raums erreichte, wurde ihm befohlen auf eine Waage zu steigen. Dann, nach ein paar Fragen, machte ein Wachmann einige Notizen auf einem Formular. Overalls, ein Hemd und Leinenschuhe wurden ausgegeben und dem Häftling wurde sein Arbeitsplatz gezeigt."[83]

Vergleichsaussagen anderer ehemaliger Häftlinge liegen zu diesem Vorgang nicht vor. Es ist aber durchaus denkbar, dass die Auto Union AG den Häftlingen für ihre künftigen Aufgaben, die entsprechende Arbeitskleidung stellte. Dies tat man mit Sicherheit nicht aus humanitärem Mitgefühl, sondern um den Produktionsprozess, durch etwaige weite Kleider, die in Maschinen gezogen werden könnten, nicht zu gefährden.
Da die Häftlinge aber anscheinend immer noch über sehr unterschiedliche Kleidungsausstattungen verfügten, führte der Wunsch nach überlebenswichtiger, intakter, wärmender Kleidung, nicht selten auch zu Kameradendiebstählen. Féla Brajtberg-Fajnzylber berichtet:

> „Wir schliefen auf Pritschen, die wie der Ofen eines Bäckers waren. Man lag zu viert darin: ich, meine Tochter und noch zwei Frauen. Anfangs ließ ich meine Schuhe draußen. Ich hatte große Männerschuhe, zerrissene Schuhe. Eines Morgens, als ich aufgewacht bin, hatte ich keine Schuhe mehr, kein Kleid, nichts mehr. Danach habe ich immer mit meinen Schuhen geschlafen. Mit dem Brot ging das schlechter, man mußte sehr aufpassen."[84]

---

[83] Boriska's Prophecy. S.107 Übersetzung Pascal Cziborra
[84] Féla Brajtberg-Fajnzylber. S.70. Übersetzung Cziborra/Leppien

Am Ende des Zschopauer Aufenthaltes soll es laut Dunn Adler nochmals neue Kleidung gegeben haben. Sie schreibt:

> „Sie begannen uns auf den Hof zu treiben, um uns zu zählen, wonach man uns neue Kleidung gab. Ich erhielt ein Paar feste Leinenschuhe mit zusammengeknoteten Schnürsenkeln, eine lange blaue ausgebeulte Hose, und ein gestreiftes grünes Hemd mit langen Ärmeln. Außerdem bekam ich einen zweireihigen Herrenmantel, der einige Größen zu groß war, und dem zudem etliche Knöpfe fehlten. Aber er war warm und bequem, und ich war glücklich, ihn zu haben. Dann wurde uns befohlen, unsere alten Kleider wegzuwerfen und unsere Neuen anzuziehen. Dagegen protestierte niemand von uns, denn wir waren seit unserer Ankunft in der entfernten Vergangenheit gezwungen worden, unsere ehemalige Kleidung Tag und Nacht zu tragen, und sie war voller Flecken und stank.“[85]

Auch dieser Vorgang wird in den geprüften Dokumenten von keinem zweiten Häftling bestätigt. Ob bei der überstürzten Evakuierung tatsächlich Zeit für einen solchen Kleidungswechsel blieb, und aus welchem Grund er möglicherweise erfolgte, ist schwer zu beurteilen. Ausgeschlossen werden kann er aber bislang nicht. Um eine Flucht der Häftlinge zu erschweren, war zivile Häftlingskleidung in der Regel auf dem Rücken mit den fluoreszierenden Buchstaben FKL oder KL für (Frauen-)Konzentrationslager versehen. Für das Lager Zschopau bestätigen dies explizit Odette Spingarn [KL], Suzanne Leppien [KL] und Féla Brajtberg-Fajnzylber [FKL].

II. Verpflegung

Ein Glücksfall für die Beschreibung der Verpflegungsverhältnisse im Zschopauer Lager ist der detaillierte, den Kriegsereignissen zeitnahe Bericht der Lenke H. vom 27. Juli 1945. Sie gibt in Budapest zu Protokoll:

---

[85] Boriska's Prophecy. S. 124f. Übersetzung Pascal Cziborra

„Anfangs bekamen wir einigermaßen gute Kost: 2 ½ Kg Brot die Woche, mittags einen Teller Suppe, abends Kaffee, dienstags und freitags gab es Wurst, Marmelade oder Margarine, zu Weihnachten sogar Speck.[...]In der Fabrik arbeiteten auch französische, italienische und russische Häftlinge, von denen wir manchmal auch was zu essen bekommen konnten.[...] Zum Schluss wurde die Verpflegung schlechter, wir bekamen alle wenig zu essen, hungerten sehr, viele wurden schwach und krank.“ [86]

Damit beschreibt sie sehr differenziert die Entwicklung der Ernährungslage und nennt gleichzeitig Aufbesserungsmöglichkeiten der Häftlinge, die durch entsprechende Kontakte zu ausländischen Zwangsarbeitern, natürlich in begrenztem Maße, zu zusätzlichen Rationen kommen konnten. Auch Féla Brajtberg-Fajnzylber berichtet über solche Situationen (s.u.).
Bei der Essensausgabe waren die jüdischen Häftlinge teilweise selbst mitbeteiligt. So äußert Rose R.:

„Das Essen bekamen wir in Kesseln gebracht. Es wurde von den deutschen Frauen verteilt mit Hilfe einer jüdischen Frau aus der Slowakei. Sie war eine Art Lagerälteste[87], ihren Namen weiß ich nicht. Morgens bekamen wir ein Stück Brot und schwarzen Kaffee. Das Brot mussten wir für den ganzen Tag aufheben. Am Abend bekamen wir grüne Suppe mit ein paar Blättern darin.“[88]

Auch bei der Brotausgabe standen den Aufseherinnen junge Häftlingsmädchen zur Seite, die das Brot schnitten. Neben einem polnischen Mädchen namens Idka war es die als *ungarische Jüdin* registrierte, 16-jährige Rumänin Berta G., die sich in der Fabrik eine Augenverletzung zugezogen hatte.
Während Rose R. von der wahrscheinlicheren Tagesration Brot spricht, schreibt Féla Brajtberg-Fajnzylber gar von einer Wochenration, die den Häftlingen stets ausgehändigt wurde:

---

86 DEGOB 1667 Lenke H.

Vgl. Shirley Berger Gottesman: A Red Polka-Dotted Dress S.39f.

87 Hier dürfte die Tschechin Frieda Meinhart oder Ester Schwimmer(ova) aus Sosnowitz gemeint sein.

88 Barch, B 162 / 3854, S. 167 VP Rose R.

„Montags gab man uns ein Stück Brot für die ganze Woche. Für jeden Tag musste man ein kleines Stück aufbewahren. Es war schrecklich, weil Frauen versuchten, uns nachts zu bestehlen.“[89]

Aus diesem Grund gestaltete sich auch das Duschen in der Johannisstraße besonders schwierig, da der Brotvorrat dorthin nicht mitgenommen werden konnte und Mithäftlingen, denen man vertraute, überlassen werden mußte. Neben der Sorge um das Brot, gab es hin und wieder Gelegenheiten, in denen es jemand gut mit den Häftlingen meinte. Die Skurrilität und Problematik dieser Situationen schildert Féla Brajtberg-Fajnzylber in nüchterner Eindringlichkeit:

„Es gab viele Polen in dieser Fabrik. Sie arbeiteten im Untergeschoss. Man durfte nicht mit ihnen sprechen, sonst wurde man erschossen. Einmal habe ich mit einem Polen in der Küche gesprochen, wo ich den Mülleimer suchen ging. Der Pole brachte Kartoffeln. Dann habe ich ihn gefragt – ich hatte Angst – ob ich mir einige Kartoffeln nehmen könne. Er hat sich umgedreht und hat geantwortet: ‚Ich sehe nichts.' Ich habe mich bedient, aber die Frauen sahen mich und machten es mir nach. Sie haben sich alle auf die Wanne gestürzt, die umgefallen ist. Sie haben alles genommen. Es gab nichts mehr zu kochen. Ich weiß nicht, was mit diesem Polen passiert ist. Vielleicht hat man ihn erschossen. Die Kartoffeln haben wir roh gegessen. Sie schmeckten so gut. Wir haben sie sofort gegessen. Sarah wollte nichts davon, sie konnte das nicht essen. Sie sagte: ‚Eher sterbe ich, als das zu essen'. Dann habe ich alles verschlungen, sogar ihren Anteil. Es war so gut. So ist der Hunger.
Ein andermal hat mir ein Pole einen Apfel gegeben. Ich wusch mich im Waschbecken – wir hatten keine Duschen - während Männer ihre Arbeit machten. Wir waren ganz nackt, einfach so vor ihnen. Ich wusste nicht einmal, dass ich eine Frau war und mit einem Mann sprach. Ich habe mich nicht geniert. Ich war es gewöhnt. Wir gingen zweimal, dreimal pro Tag an den Deutschen vorüber. Sie amüsierten sich mit uns, sie betrachteten uns von allen Seiten, ließen uns drehen, drehten uns wie

[89] Féla Brajtberg-Fajnzylber. S. 70. Übersetzung Cziborra/Leppien

> Tiere um. Man war weder Frau noch Mann, man war gar nichts mehr. Wenn sie uns den Befehl gaben, uns auszuziehen, zogen wir uns aus. Man achtete gar nicht mehr darauf, man war es gewöhnt. An diesem Tag sprach ich mit diesem polnischen Gefangenen und er gab mir einen Apfel. Ich erinnere mich genau. Es war ein schöner, großer, roter Apfel wie dieser da. Ich habe gesagt: ‚Mein Gott, gibt es noch solche Früchte?'. Er hat ihn mir gegeben, indem er gesagt hat: ‚Da, nimm das, es ist für dich, aber versteck es, es darf niemand sehen.' Ich wusste nicht, wo ich ihn verstecken sollte, ich war ganz nackt. Dann habe ich ihn dort hingesteckt, unter meinem Arm. Wenn man etwas zu Essen fand, musste man es verstecken, denn man konnte es uns stehlen, und ich musste immer etwas für meine Tochter aufbewahren."[90]

Die Art und Weise, wie die ehemaligen Zschopauer Häftlinge über das Essen sprechen, macht deutlich, welchen Stellenwert die Nahrungsaufnahme in ihrem Überlebenskampf gewonnen hatte. So gibt Rosa S. zu Protokoll:

> „Wir hatten auf Schichten gearbeitet – bei sehr schwacher Verpflegung. Wir waren physisch ganz erschöpft und durch die Lebensbedingungen entmenschlicht. Wir kümmerten uns nur um irgendwie den Hunger zu stillen und nur zu ruhen."[91]

Trotz der generellen Ernährungslage, war es, laut Aussage einer ehemaligen Aufseherin, der Wunsch einiger Häftlinge an den Tagen des Pessachfestes[92] zu fasten. Die Lagerälteste vereinbarte dazu mit der Oberaufseherin Stein, dass die ihnen zustehenden Nahrungsrationen aufbewahrt und nach Pessach an sie ausgegeben würden. Dieser Wunsch wurde den Jüdinnen gewährt. Die Aufseherin schließt ihre Schilderungen diesbezüglich mit den Worten: *„niemand hat Krawall gemacht. Sie haben sich auch dafür bedankt."* [93] Das Tolerieren dieses religiösen Brauches zeugt doch von einem weitestgehend respektvollen Umgang seitens der meisten Aufseherinnen gegenüber den jüdi-

---

[90] Féla Brajtberg-Fajnzylber. S.69f. Übersetzung Cziborra/Leppien
[91] Barch, B 162 / 3853, S. 48 VP Rosa S.
[92] Oft als jüdisches Osterfest bezeichnet. [Ursprung: Auszug aus Ägypten]
[93] Gesprächsnotiz Privatarchiv Cziborra

schen Häftlingen im Zschopauer Lager. Nur einzelne Aufseherinnen waren besonders streng und den Häftlingen feindlich gesonnen.
Ilona Ormos, die 1964 an die Stätte ihrer Gefangenschaft besuchsweise zurückkehrt, erinnert sich an eine weitere Besonderheit zum Osterfest 1945. An ihren Maschinen versteckt fanden die Häftlinge kleine Päckchen mit Kuchen.

> „Es war ein schwarzer Kuchenteig und eine geringe Zuckerauflage, aber für uns war es ein Zeichen tiefer Menschlichkeit in der Nacht der Gefangenschaft."[94]

Solche Lichtblicke im Ernährungsalltag dürfen allerdings nicht darüber hinwegtäuschen, dass sich die Verpflegungslage in den letzten Kriegsmonaten beinahe kontinuierlich verschlechterte. Wenn Feigl S. also für das Lager Zschopau zu dem Urteil kommt: *„Die Kost war etwas besser als in Auschwitz."* [95] , kann dieser Vergleich wohl nur für die erste Zeit in Zschopau Gültigkeit haben. Neben der bereits angeführten Lenke H. bestätigt das auch Eszter S.. Nachdem sie zunächst angibt: *„Die Verpflegung war ziemlich normal"*, präzisiert sie kurz darauf:

> „Viele wurden krank, die meisten hatten Lungenprobleme oder litten an Entkräftung. Wir bekamen nämlich nur einen Monat lang gute Kost, während der weiteren 5 Monate bekamen wir immer weniger zu essen. Man kann sagen, daß wir in den letzten zwei Monaten kaum etwas zu essen bekamen. Zuletzt gab man uns ein kleines Stück Brot für den ganzen Tag, man mußte sich damit abfinden, obwohl wir von morgens bis abends arbeiteten."[96]

Die daraus resultierende lebensbedrohliche Unterernährung der Häftlinge lässt sich insbesondere durch das Vernehmungsprotokoll der damals 47-jährigen Julie B. belegen. Sie gibt zur Niederschrift:

---

[94] Ilona Ormos zitiert in Scheinwerfer, 1. Sept.-Ausgabe 1964. S.2
[95] DEGOB 1277 Feigl S.
[96] DEGOB 193 Eszter S.

„Zur Verpflegung möchte ich nur sagen, daß mein persönliches Gewicht auf 28 kg herabgesunken war, so daß sich wohl jeder weitere Kommentar erübrigt.“ [97]

Auch Féla Brajtberg-Fajnzylber macht eine konkrete Gewichtsangabe. Bereits in Auschwitz will sie nur noch 33 kg gewogen haben. Die Häftlinge treffen also bereits stark unterernährt in Zschopau ein. Die Angaben der Häftlinge lassen aber vermuten, dass in Zschopau ihr Gewicht bestenfalls konstant blieb, in den meisten Fällen wohl aber weiter sank. Sollten die Jüdinnen bei Ankunft in Zschopau, wie Alice Dunn Adler beschreibt, tatsächlich gewogen worden sein, so war zumindest dem SS-Personal in leitender Funktion, möglicherweise aber auch den Wirtschaftsvertretern, die prekäre Unterernährung der Häftlinge genauestens bekannt. Da keine entscheidenden Gegenmaßnahmen ergriffen wurden, ist das Risiko darauf zurückzuführender potenzieller Todesfälle billigend in Kauf genommen worden. Auch bei den später im Zschopauer Lager eingetretenen Sterbefällen dürfte die Unterernährung der Häftlinge eine wesentliche Rolle gespielt haben. [Die Gewichtsangaben können übertrieben sein.]

III. Einbindung in den Arbeitsprozess

Aufgrund des akuten Arbeitskräftemangels, setzt man seitens der Rüstungsindustrie große Hoffnungen auf den Häftlingseinsatz. Schnellstmöglich sollen sie angelernt werden und zum Einsatz kommen. Daher ist es kaum verwunderlich, dass die Zschopauer Häftlingsfrauen bereits am 29.11.1944 in einer tabellarischen Übersicht über Umschulungs- und Anlernungsmaßnahmen in der Auto Union aufscheinen. Für das Werk DKW wird darin eine laufende Schulungsmaßnahme für 500 Frauen mit dem Schulungsziel *„Zur Bedienung von Werkzeugmaschinen“* [98] aufgeführt. Hierbei kann es sich nur um die kurz zuvor eingetroffenen KZ-Häftlinge handeln. Gearbeitet wurde im Schichtdienst, den Feigl S. kurz nach dem Krieg folgendermaßen beschreibt:

[97] Barch, B 162 / 3853, S.102 VP Julie B.
[98] StAC 31050 AU 275

> „Wir arbeiteten in einer Autofabrik. Wir arbeiteten abwechselnd, eine Woche lang in Nachtschicht, in der nächsten Woche dann am Tag. Die Arbeit war wahrlich sehr schwer. Unsere Arbeitszeit betrug 11 Stunden.“ [99]

Ähnlich äußert sich Lenke H. am 27. Juli 1945:

> „Man teilte uns zum Arbeiten in eine Munitionsfabrik ein. Wir arbeiteten von 7 Uhr morgens bis 6 Uhr abends, hatten eine Stunde Mittagspause und eine halbe Stunde Frühstückspause.“ [100]

Auch Julie B. macht Angaben zur Arbeitszeit. Ihre Aussage scheint diesbezüglich aber etwas übertrieben. Mittags- und Frühstückspause bleiben völlig unberücksichtigt, auch die verbleibende Schlafzeit scheint von ihr zu stark geschmälert. Sie gibt zu Protokoll:

> „Zu den Verhältnissen möchte ich sagen, daß die Arbeitszeit täglich ununterbrochen 11-12 Stunden betrug. Anschließend war dann noch die Arbeit im Lager. Zum Schlafen standen mehr oder weniger nur 1-2 Stunden zur Verfügung.“ [101]

Die Arbeit in der Metallverarbeitung ist für die meisten Häftlinge völlig neu. Aufgrund des Arbeitermangels müssen die Frauen teilweise mehrere Maschinen gleichzeitig bedienen. Die Zuteilung und die Anzahl der zu bedienenden Maschinen wird laut Alice Dunn Adler nach Ankunft in Zschopau abhängig von der Bildung und Qualifikation der Häftlinge vorgenommen. Da sie in Budapest das Gymnasium besucht, und ihr eigenes Bekleidungsgeschäft besessen hatte, wird ihr auch in der Fabrik mehr Leistung abverlangt. Sie schreibt diesbezüglich:

> „Meine Bildung hatte ihn beeindruckt. Ich wurde zu meinem Arbeitsplatz geführt und informiert, dass ich fünf Maschinen gleichzeitig bedienen würde. Als wir alle vor Ort waren wurde uns kurz gezeigt, was wir machen sollten. Dann erhielten wir

[99] DEGOB 1277 Feigl S.
[100] DEGOB 1667 Lenke H.
[101] Barch, B 162 / 3853, S.102 VP Julie B.

unsere Vorgaben für den Tag und wurden mit unserer Arbeit allein gelassen. Die Maschinerie begann zu brummen. Die Hauptfunktion dieses Teils der Fabrik war es Löcher in das Metall von Flugzeugrädern zu machen, sie mit einer Stange zu testen, die präzise passen musste und sie für den Gebrauch freizugeben. Nicht die erwartete Menge abzuliefern, so wurde uns gesagt, würde wie Sabotage bestraft. Einen Rohling zu ruinieren bedeutete dasselbe"[102]

Auch Ilona Ormos, die in Ungarn nach dem Krieg Lehrerin für Mathematik und Physik wurde, gibt an, zahlreiche Maschinen gleichzeitig bedient zu haben. Es sollen sieben Fräsmaschinen gewesen sein.[103] Die Schilderungen Dunn Adlers bezüglich ihrer Anlernung sind also als wahrheitsgetreu einzustufen. Auch die Warnung vor Sabotage[104] und die Ahndung derartiger Verstöße gehörten zum Lageralltag.
Zur selben Arbeitsgruppe wie Alice Dunn Adler gehörte wohl auch Judith Hess. Sie berichtet:

„Meine Gruppe hieß laut ihrem Meister – Gruppe Mai. Ich habe in Räder Löcher mit einer Bohrmaschine gebohrt."[105]

Innerhalb des DKW-Werkes wurden die Häftlinge in verschiedenen Abteilungen eingesetzt und nach deren Leitern benannten Gruppen zugeteilt. Bestätigend gibt Dora I. zu Protokoll:

„In der Fabrik wurden wir in mehrere Gruppen geteilt, ich erinnere mich an Gruppen Hartwig und Mai, die laut Namen der Meister benannt waren. Ich gehörte zum Meister Hartwig."[106]

Im Rahmen der Recherchen wurden außerdem die Gruppen Pezold, Unger und Müller bekannt. Demnach gab es mindestens fünf verschiedene Arbeitsgruppen und Abteilungen, denen die Häftlinge zugeteilt waren. Je nach Persönlichkeit der Hand-

[102] Boryska's Prophecy. S.108 Übersetzung Pascal Cziborra
[103] Vgl. Scheinwerfer 1. Sept.-Ausgabe 1964 S. 1
[104] Vgl. S. 132 Aussage Féla Brajtberg-Fajnzylber
[105] Barch, B 162 / 3854, S. 226 VP Judith H.
[106] Barch, B 162 / 3854, S. 223 VP Dora I.

werksmeister und der den Gruppen zugeteilten Aufseherinnen, können sich die Häftlingserfahrungen deutlich voneinander unterscheiden. Die Arbeitsatmosphäre könnte enorm variiert haben. Konkrete Aussagen hierzu gibt es bezüglich Zschopau aber kaum. In den meisten protokollierten Häftlingsberichten beschränken sich die Zeuginnen auf kurze Äußerungen bezüglich der Arbeitsprozesse. Márta K. berichtet:

> "Es wurden Autos erzeugt. Wir mussten 50-60kg schwere Eisenstücke schleppen."[107]

Alice G. gibt zu Protokoll:

> "Wir stellten Tanks her, der Betrieb trug den Namen Auto-Union. Eigentlich verriet man uns gar nicht, was wir herstellten, allerdings mussten wir immer millimetergenau arbeiten."[108]

Aliza S. erwähnt:

> „Wir arbeiteten bei Produktion von Bestandteilen in DKW-Werken. Ich wusste nicht genau zu welchem Zwecke die durch uns erzeugten Teile dienten. Einige Male kamen hohe Wehrmachtsoffiziere die Arbeit zu besichtigen."[109]

Sara H. sagt aus:

> „Ich bearbeitete auf einer Schleifmaschine kleine Teile, ich glaube für Flugzeuge. In der Fabrik hatten wir zivile Meister, an Namen kann ich mich nicht erinnern."[110]

Sara W. schildert:

> „In Zschopau haben wir Teile für Motorräder für die SS gemacht. Es war auch eine Munitionsfabrik, es wurden Teile hergestellt. Es war jedenfalls eine Eisenfabrik. Der Name der

---

[107] DEGOB 794 Márta K.
[108] DEGOB 3177 Alice G.
[109] Barch, B 162 / 3853, S. 57 VP Aliza S.
[110] Barch, B 162 / 3854, S. 227 VP Sara H.

Fabrik war meiner Erinnerung ‚Hansen Schmitt'"[111] (sic!). Wir haben dort auch in der Nacht gearbeitet. Wir haben Nachtschicht und Tagschicht gehabt. Ich habe bei drei Maschinen gearbeitet. Sie haben uns die schwierigsten Maschinen zum Bedienen gegeben, weil wir dabei umkommen sollten[112]."[113]

Der falsch erinnerte Firmenname rührt wohl von der Bezeichnung einer weiteren Arbeitsgruppe, bzw. dem Namen des Einstellers Paul Johannes Schmidt, der Hans oder Hannes gerufen wurde, her. Die letzte Äußerung zeigt eine deutliche Überforderung am ungewohnten Arbeitsplatz an. Wie viele andere Häftlinge war Sara W. längst nicht mehr in der körperlichen Konstitution, die von ihr verlangten motorischen Fähigkeiten und die entsprechende Konzentration für die Produktionsvorgänge zu erbringen. Allein das dauerhafte Stehen an den Maschinen zwang die physisch stark geschwächten Häftlinge oft schon bis an ihre Leistungsgrenze. So betont Feigl S.:

„Während der Arbeit durften wir uns nicht einmal setzen. So arbeiteten wir bis April, zu diesem Zeitpunkt war die Front bereits ca. 30 km von uns entfernt"[114]

Auch Féla Brajtberg-Fajnzylber berichtet über ihre Schwierigkeiten einer Arbeit, die dauerhaft im Stehen zu verrichten war, nachzukommen.[115] Derartige Erwähnungen lassen auf die extrem schlechte Verfassung der Häftlinge schließen, für die die Arbeit bei der Auto-Union einer lebensgefährlichen Ausbeutung der letzten Kräfteressourcen gleichkam. Arbeitsunfälle sowie Häftlingstod waren über kurz oder lang vorprogrammiert.

---

[111] Vgl. S. 147

[112] Diese Deutung entspricht sicherlich nicht der Intention bei der Arbeitseinteilung. Die Häftlinge wurden meist wohl aus Unwissenheit uund ohne Berücksichtigung ihrer körperlichen Verfassung schlicht überfordert.

[113] Barch, B 162 / 3854, S.170, VP Sara W.

[114] DEGOB 1277 Feigl S.

[115] Vgl. S. 131f. Aussage Féla Brajtberg-Fajnzylber

IV. Hygiene

Die hygienischen Bedingungen im Lager Zschopau waren vergleichsweise gut. Die Unterkunftsverhältnisse im oberen Stockwerk eines Steingebäudes mit entsprechenden Waschplätzen boten hierfür nicht die schlechtesten Voraussetzungen. So berichtet Lenke H. kurz nach dem Krieg:

> "Unsere Unterbringung war sehr gut. Wir konnten uns normal waschen, wohnten im Fabrikgebäude, wo jeder seine eigene Pritsche hatte.“ [116]

Feigl S. bestätigt:

> „Unser Lager war sauber, die Liegeplätze ordentlich.“ [117]

Um Seuchen zu verhindern, vor denen sich auch das Wachpersonal fürchtete, traf man in Zschopau vorbeugende Maßnahmen und legte relativ viel Wert auf Hygiene. Etwa einmal pro Woche wurden dazu die Häftlinge gruppenweise zur Zweigniederlassung der Mafrasa Textilwerke in die Johannisstraße in Zschopau zur Körperpflege geführt, wo man über eine entsprechende Anzahl von Duschen verfügen konnte. Innerhalb des Lagers der Auto Union standen laut Kostenvoranschlag als Sanitäranlagen für etwa 250 Frauen pro Schicht immerhin 50-60 Waschplätze zur Verfügung. Odette Spingarn spricht in ihrem Erinnerungsbericht von 20 Wasserhähnen, was an sich noch keinen direkten Widerspruch darstellt. Die Möglichkeiten, die da jeder einzelnen zur Körperpflege blieben, waren in jedem Fall arg begrenzt und mit heutigen Ansprüchen kaum zu vergleichen. In Relation zu manch anderem Lager insbesondere Auschwitz, war Zschopau für die Häftlinge aber schon ein Fortschritt. Für das Duschen außerhalb des Lagers existieren drei Schilderungen. Féla Brajtberg-Fajnzylber berichtet:

> „Einmal pro Woche führte man uns zum Bad in die Stadt. Da nicht alle gemeinsam dort hingingen, gab man einander das

[116] DEGOB 1667 Lenke H.
[117] DEGOB 1277 Feigl S.

übrige Brot zum Aufbewahren. Die Frauen fassten zu mir Vertrauen. Wenn eine Frau mir ihr Brot ließ, das Stück, das sie für die ganze Woche hatte, wusste sie, dass ich es nicht anrühren würde, nicht einmal einen kleinen Krümel. Ich wusste, sie hätte nichts mehr zu essen, wenn ich es antastete. Ich nahm das Brot von drei oder vier Frauen, nicht mehr, weil ich Angst hatte angegriffen zu werden, und versteckte es unter meinem Bett."[118]

Der Bericht zeigt deutlich die praktischen Probleme im Häftlingsalltag, in dem selbst das Duschbad außerhalb der Unterkünfte zu einer Überlebensfrage werden konnte. Häftlingsfreundschaften und Netzwerke waren - wie man sieht - immens wichtig. Der reine Vorgang des Badens wird da fast zur Nebensächlichkeit, ist aber für die Ungezieferbekämpfung und Seuchenvorbeugung im Lager nicht zu unterschätzen.
Neben Féla Brajtberg-Fajnzylber ist es Chaja H., die den wöchentlichen Turnus der Badeaktion bestätigen kann:

> „Einmal wöchentlich wurden wir außerhalb der Fabrikobjekte zum Baden geführt [...]."[119]

Pnina F. spricht sich jedoch gegen eine derartige Regelmäßigkeit aus. Sie gibt zu Protokoll:

> „Nur ab und zu wurden wir zur körperlichen Säuberung außerhalb des Lagers geführt, sonst war es kaum möglich in unserer Behausung – uns täglich reinzuwaschen. Wir erhielten von der Lagerleitung Seife mit der Bezeichnung RIF[120]."[121]

---

118 Féla Brajtberg-Fajnzylber. S. 70. Übersetzung Cziborra/Leppien
119 Barch, B 162 / 3854, S. 216 VP Chaja H.
120 Prägung der Einheitsseife. RIF = Reichsstelle für industrielle Fette
Die konkrete Erwähnung ist möglicherweise eine implizite Anspielung auf die sogenannte Seifenlegende. Literaturempfehlung: Joachim Neander. Seife aus Judenfett: Zur Wirkungsgeschichte einer zeitgenössischen Sage. In: FABULA – Zeitschrift für Erzählforschung. Bd. 46 H. ¾ (2005), S. 241-256
121 Barch, B 162 / 3854, S. 246 VP Pnina F.

Dem Ungezieferbefall wurde man aber trotz aller Maßnahmen, nicht vollständig Herr. So gibt Julie B. am 10.04.1969 zu Protokoll:

> „Zur Sauberkeit kann man allgemein sagen, daß man vom Ungeziefer (Läuse und Wanzen) fast selbst aufgefressen wurde."[122]

Insbesondere während der Evakuierung, dürfte es wegen des engen Häftlingskontaktes und den erbärmlichen hygienischen Bedingungen zur erneuten Ausbreitung der Häftlingsplage gekommen sein. So berichtet Aliza S.:

> „Obwohl wir in Tschopau (sic!) auf Hygiene hielten und sauber waren, wurden wir in den Waggons rasch verlaust."[123]

V. Medizinische Versorgung

In den KZ-Außenlagern gab es in der Regel eine primitive Krankenstation, die *Revier* genannt wurde. In Zschopau übernahm eine vermutlich abgeteilte Ecke des Schlafraumes diese Funktion, in der arbeitsunfähige Häftlinge, oder deren akute Verletzungen, zeitweilig behandelt werden konnten.

> „Die Funktion des Lagerarztes versah eine ungarisch sprechende Häftlingsfrau."[124]

Sie soll schwarzhaarig und kleinen Wuchses gewesen sein und aus Budapest gestammt haben. Ihre Schwester habe die Funktion einer Pflegerin übernommen.[125] Die medizinische Versorgung der Häftlinge im Zschopauer KZ-Lager, war deutlich umfangreicher, als man eigentlich erwarten würde und ging über die lokale Behandlung durch die Häftlingsärztin deutlich hinaus. So gab es neben dem Besuch von Spezialärzten bei akuten gesundheitlichen Beeinträchtigungen einzelner Häftlinge, angeb-

[122] Barch, B 162 / 3853, S.102 VP Julie B.
[123] Barch, B 162 / 3853, S. 57 VP Aliza S.
[124] Barch, B 162 / 3854, S. 217 VP Chaja H.
[125] Vgl. Kapitel *Funktionshäftlinge*

lich sogar präventive Maßnahmen zur Seuchenbekämpfung. So berichtet Pnina F.:

> „Ich gedenke, dass wir einmal Impfung gegen Typhus bekamen. Die deutsche Pflegerin verabreichte die Spritzen ohne die Nadel auch nur einmal zu wechseln.“[126]

Diese vermeintliche[127] Typhusimpfung könnte unter Umständen einigen Häftlingen das Leben gerettet haben, ihre hygienischen Bedingungen widersprechen jedoch allen medizinischen Standards und könnten somit auch andere Infektionskrankheiten begünstigt haben. Die Maßnahme ist unter Berücksichtigung der Kriegswichtigkeit der Arbeitskräfte zu betrachten und kann möglicherweise als medizinischer Selbstschutz des Wachpersonals oder der Belegschaft bewertet werden. Sie könnte somit sowohl durch die SS-Lagerleitung, als auch – was wahrscheinlicher ist - seitens der Konzernleitung der Auto Union AG veranlasst worden sein. Auch Sara W. erinnert sich einer mysteriösen Typhusimpfung, die bereits während der provisorischen Unterbringung in Wilischthal verabreicht worden sei:

> „In Willstall (sic!) haben sie uns gleich nach der Ankunft eine Injektion in den Arm gegeben. Diese Injektion wurde uns von einer ungarischen Häftlingsärztin gegeben, ihren Namen habe ich vergessen. Sie lebt, sie wohnt hier in New York. In ihrer Nähe stand eine deutsche Aufseherin, deren Namen habe ich nicht gewußt. Man hat uns gesagt, daß die Injektion gegen Typhus war. In Wirklichkeit sollten wir aber getötet werden. Die Häftlinge sind mit der Injektion vergiftet worden. Am nächsten Tag waren die meisten Häftlinge tot. Im Laufe der nächsten acht Tage sind sie alle gestorben. Jeden Tag hat man weniger gezählt. Wer das Gift abgewischt hat, ist am Leben geblieben. Wer nicht abgewischt hat, ist gestorben. Ich habe das Gift gleich abgewischt. Meine Tochter hat nicht abgewischt, weil sie meinte, daß es gegen Typhus wäre. Sie ist nur knapp mit dem Leben davon gekommen. Ich habe bei der

---

[126] Barch, B 162 / 3854, S. 246 VP Pnina F.

[127] Was hier tatsächlich verabreicht wurde ist unsicher.

ungarischen Ärztin für sie geweint und gebettelt. Die Ärztin, die sie geimpft hat, hat sie dann ausgeheilt."[128]

Die vermeintliche Tötung der Häftlinge per Injektion ist völlig unplausibel und entbehrt jeden dokumentarischen Belegs. Laut Sara W. sollen nur 30-40 der 500 Häftlinge diese Aktion überlebt haben. Dies steht im völligen Widerspruch zu den nachweisbaren Zschopauer Überlebenden. Die Tötung der für den kriegswichtigen Arbeitseinsatz angeforderten Häftlinge wäre absolut widersinnig gewesen. Zudem sind auch verschiedene Details der Schilderung ziemlich zweifelhaft. So kann injiziertes Gift kaum äußerlich abgewischt werden. Zudem sollen die Toten einfach ins Wasser, demnach wohl in die Zschopau geworfen worden sein, ohne dass Sara W. selbst Zeugin dieser Vorgänge wurde. Über 450 Leichen auf diese Art und Weise verschwinden zu lassen ist absolut ausgeschlossen. Wie Sara W. zu diesem Horrorszenario kommt, gibt einige Fragen auf. Ihre sonstigen Schilderungen bezüglich Zschopau und Wilischthal sind durchaus detailliert und treffend.
Eine Verwechslung mit Ereignissen in einem anderen Lager sind nicht völlig auszuschließen. Wahrscheinlich mischen sich hier aber Fantasie und Erinnerung. Eine Absicht zur Falschaussage kann ihr nicht unterstellt werden.
Vermutlich erkrankte ihre Tochter tatsächlich nach einer Typhusimpfung in Wilischthal. Im Nachhinein wird diese Tatsache wohl als Tötungsabsicht interpretiert. Die beschriebenen zahlreichen Todesfälle können jedoch nicht belegt werden. Es spricht daher vieles dafür, dass dem Wachpersonal bzw. der Direktion der Auto Union einiges an der Arbeitsfähigkeit der übernommenen Häftlinge lag. Eine Typhusimpfung auch zum Schutze der eigenen Belegschaft leuchtet da vollkommen ein und bildet keinen Widerspruch zu den unternehmerischen Ausbeutungsabsichten der Rüstungsindustrie.

---

[128] Barch, B 162 / 3854, S. 170 VP Sara W.

A) Arbeitsunfälle als Symptom

Symptomatisch für die schlechte gesundheitliche Verfassung der Häftlinge ist eine allgemein beobachtbare Häufung von Arbeitsunfällen unter den eingesetzten Häftlingen. Auch in Zschopau machten Kreislaufschwäche, Fieber, Übermüdung oder auch Sehbeschwerden den unterernährten Jüdinnen arg zu schaffen. Das Risiko von Arbeitsunfällen stieg. Fehlende Sicherheitsvorkehrungen an den Maschinen führten meist gleich zu schwerwiegenderen Verletzungen. Klaffende Wunden und verstümmelte Finger waren unter den KZ-Häftlingen in der Rüstungsindustrie vorprogrammiert. Oft schließt sich einem solchen Unfall der Verdacht auf Sabotage an, der das ohnehin erlittene Leid durch weitere Strafen noch verstärkt. Neben Alice Dunn Adler, und Berta G., ist Sara W. ein weiteres Opfer eines Arbeitsunfalls. Sie berichtet:

> „Ich wurde eines Nachts von einer Art Sägemaschine in den Kopf getroffen. Ich war bei der Arbeit eingeschlafen. Mein Kopf blutete. Niemand hat sich um mich gekümmert. Ich habe mich selbst abgewischt. Dann ist der Deutsche gekommen, der Vormann, den Namen weiß ich nicht, er war Nazi, ein SS, und hat gesagt, wenn du durch die Maschine nicht umgekommen bist, mußt du leben bleiben. Er hat mir dann leichte Arbeit gegeben. Ich konnte mich hinsetzen und Rost abkratzen."[129]

Dieser Ausführung ist ein vierter Fall hinzuzufügen den Ilona Ormos 1964 bei ihrem Besuch in Zschopau schilderte, bei dem der ehemalige Betriebsarzt Dr. Reinecke, die Behandlung einer Jüdin, die an einer Fräsmaschine verunglückt war aus Prinzip verweigert haben soll. In den Fällen Alice Dunn Adler und Berta G. hingegen tat man seitens der Lagerleitung mehr für die verletzten Häftlinge, als Herr Leggewie bei der Planung des Häftlingseinsatzes erwarten ließ.

---

[129] Barch, B 162 / 3854, S.170f. VP Sara W.

B) Zum Augenarzt nach Chemnitz

Ganz offensichtlich wurden trotz Herrn Leggewies Ausführungen über den vorteilhaften Häftlingseinsatz[130] einige Zschopauer Häftlinge auch zu Spezialärzten gebracht. So berichtet Alice Dunn Adler sehr detailliert über einen Arztbesuch in Chemnitz, zu dem sie nach einem Arbeitsunfall, der aufgrund mangelnder Sehschärfe geschehen war, von einem Wachposten per regulärem Personenzug begleitet wurde. Dunn Adler schildert das Aufeinandertreffen mit dem Mediziner wie folgt:

> „'Guten Morgen,' sagte er auf Deutsch. ‚Ich habe Sie erwartet.' Seine Stimme war freundlich. Er schaute auf den Wachmann als er mir aufhalf. ‚Sie können mitkommen, wenn Sie müssen.' Der Arzt wartete die Antwort nicht ab. Er drehte sich einfach um und ging den Weg zurück, den er gekommen war. Der Wachmann folgte ihm und ich ging zuletzt. Ich wusste noch immer nicht, ob meine Augen oder meine Finger untersucht werden sollten. Ich bekam die Antwort, als ich dem Doktor und dem Wachmann in einen Raum folgte, der vom Gang abzweigte. Die Gerätschaften in dem Raum dienten einem Augenarzt.
> Der Wachmann stand bei der Tür, während der Arzt bei mir eine Augenuntersuchung durchführte. Ihm schien die Prozedur gleichgültig. Es gab dort keine Möglichkeit für mich zu fliehen. Der Arzt war vorsichtig. Als er fertig war, lächelte er und stand auf. Er streckte sich und nahm meine Hände in seine. Ich zuckte zusammen vor Schmerzen. ‚Was ist denn das?“ fragte er. Das war das erste was er sagte seit wir das Wartezimmer verlassen hatten. „Wir kommen gleich darauf zurück. Das wichtige zuerst. Ich werde erklären was mit Ihren Augen nicht in Ordnung ist.“[131]

Auch die Rumänin[132] Berta B. berichtet von dem Besuch eines Augenarztes nach einem Arbeitsunfall:

---

[130] Vgl. S. 15
[131] Boriska's Prophecy S.117f. Übersetzung Pascal Cziborra
[132] im Flossenbürger Nummernbuch als ungarische Jüdin registriert

„Wie ich schon sagte, musste ich hauptsächlich Schrauben herstellen und bedingt durch das grelle Licht und das Öl welches mir in die Augen spritzte, bekam ich eine schwere Augeninfektion. Ich hatte eine Woche lang sehr starke Schmerzen und konnte kaum sehen, aber ich traute mich nicht etwas zu sagen. Dann geschah das Wunder. Eine andere Frau beschwerte sich an meiner Stelle und anstatt dass mir etwas geschah, wurde ich bewacht von einer Aufseherin nach Leipzig (sic!) zum Augenarzt gebracht und musste dann mindestens an die drei Monate mit verbundenen Augen liegen. Ich kam nicht mehr an die Maschine zurück, da man uns dann nach Theresienstadt im April 1945 brachte, wo ich am 9. Mai 1945 durch die Russen befreit wurde als seelisch und körperlich völlig gebrochener Mensch."[133]

Auch bei dieser Schilderung, handelt es sich sehr wahrscheinlich um den Besuch eines Chemnitzer Augenarztes, auch wenn die Stadt Leipzig konkret genannt wird. Allein die Entfernung zwischen Zschopau und Leipzig spricht schon gegen eine solche Maßnahme und auch die generell schlechte geographische Erinnerungsqualität der Zeugin, lässt diese Aussage bezüglich des Ortes, als eine Verwechslung erscheinen. Die Nennung Leipzigs spricht daher für eine nahegelegene Großstadt und ist außerdem in korrigierenden Bezug zu vorhergegangenen Aussagen zu setzen. So verortet Berta B. das Lager Zschopau zunächst in der Nähe Münchens. Sie gibt zu Protokoll:

„Zu jener Zeit, November 1944, wurde das Konzentrationslager Auschwitz evakuiert und ich bin mit vielen Hunderten von anderen Frauen wiederum in einem Viehwaggontransport nach einem weiteren Zwangsarbeitslager in der Nähe von München (sic!) gekommen, welches zu Flossenbürg gehörte. Es war ein Außenkommando und der Ort hieß so ähnlich wie Schob oder Schobau, ich kann mich nicht genau erinnern. Jedenfalls war es ein Frauenlager und es befand sich dort eine große Munitionsfabrik, in welcher ich sodann arbeiten mußte und zwar hauptsächlich Schrauben herstellen."[134]

[133] Barch, B 162 / 3854, S. 138 VP Berta B.
[134] Barch, B 162 / 3854, S. 137 VP Berta B.

Während Berta B. im Flossenbürger Nummernbuch als ehemaliger Häftling des Lagers Zschopau nachgewiesen werden kann, sind die Ortsangaben *München* und *Leipzig* jedoch ganz augenscheinlich als falsch einzustufen. Sie verweisen lediglich noch auf Bayern und Sachsen, und damit nur noch grob auf die geographische Lage des Stamm- bzw. Außenlagers. Im Übrigen ist ihre Aussage aber als sehr plausibel und authentisch einzustufen. Damit wurden wohl mindestens zwei Zschopauer Häftlinge nach Chemnitz zu einer augenärztlichen Behandlung gebracht. Der praktizierende Augenarzt, der sich den Häftlingen gegenüber sehr menschlich benahm, ist bislang namentlich nicht bekannt. Hinweise sind erwüscht.

C) Zahnbehandlung in Wilischthal

Nach übereinstimmenden Häftlingsberichten fand die Zahnbehandlung der Zschopauer Häftlinge für gewöhnlich wohl im Krankenrevier des benachbarten Flossenbürger Außenlagers in Wilischthal statt. So berichtet Genia K.:

> „Es kam vor, dass Häftlingsfrauen zum Zähneziehen, bis sich mehrere Leidende ansammelten, nach Wilischthal begleitet worden sind.“[135]

Eine der Jüdinnen, die diese Erfahrung machten, war die damals 50-jährige Ester S.. Sie gibt zu Protokoll:

> „Gelegentlich einer schweren Zahnentzündung wurde ich von einem SS-Wachmann durch die Ortschaft Zschopau in eine andere Fabrik geführt, wo ebenfalls Frauen inhaftiert waren. Männer habe ich dort nicht gesehen. Mit einer einfachen Zange wurden mir dort drei Zähne durch eine Insassin, die die Aufsicht über das dortige Krankenrevier hatte, gezogen. Diese Frau behandelte mich sonst aber gut, was sehr zur Verwunderung der dortigen weiblichen Häftlinge führte, die mir die

[135] Barch, B 162 / 3854, S. 245 VP Genia K.

Frau als grausam und sadistisch beschrieben. Ich wurde dann ebenfalls unter Bewachung in die Fabrik zurückgebracht.“[136]

Auch Féla Brajtberg-Fajnzylber berichtet über Vorkommnisse, die in das Bild eines grausamen Revier-Zahnarztes passen könnten. Sie schreibt:

> „Einmal hatte ich große Zahnschmerzen. Ohrenschmerzen, Kopfschmerzen; ich war völlig krank, ich konnte nicht mehr arbeiten. Die Aufseherin sah, dass es mir gar nicht gut ging. Sie machte die Sanfte: ‚Kommen Sie, wir gehen zum Zahnarzt.' Mir ging es so schlecht, dass ich ihr folgte. Und wissen Sie, was der Zahnarzt mit mir gemacht hat? Er hat mir vier schöne Zähne herausgerissen, denen überhaupt nichts fehlte. Um mich zu quälen, ohne Betäubung, ohne irgendetwas. Und ich habe geschrieen, geschrieen und er hat gesagt: ‚Das sind Schmerzen, was?'
> Als ich zurückgekehrt bin, habe ich allen anderen gesagt: ‚Sagt nicht, dass Ihr unter Zahnschmerzen leidet. Seht, was er mit mir gemacht hat!' Seitdem hat niemand mehr Zahnschmerzen gehabt. Man hat nichts mehr gesagt.
> Nach dem Krieg, als ich mich in Bergen-Belsen aufgehalten habe, mußte ich mir eine Brücke machen lassen. Dabei hatte ich doch so schöne Zähne, großartige Zähne.“[137]

Ob Féla Brajtberg-Fajnzylbers Zahnarzt in Wirklichkeit eine Zahnärztin war, kann nicht genau beantwortet werden. Eventuell wurden in einigen Fällen auch zivile Ärzte oder Betriebsärzte hinzugezogen. Auch kann bislang nicht explizit gesagt werden, wer in Wilischthal die Zahnbehandlung vornahm. Die Revierärztin hieß Gabriele Heller und kam aus Budapest. Ob das Zähneziehen gelegentlich als Strafe verhängt wurde oder ob Zähne aufgrund Medikamentenmangels oder aufgrund Anweisung der Wilischthaler Oberaufseherin ohne Betäubung gezogen werden mussten, ist ebenfalls unsicher. Das Bild was sich aus den vorliegenden Aussagen über die Zahnbehandlung der Häftlinge ergibt, ist daher schwierig zu interpretieren. Da scheinbar einige Zahnbehandlungen auch positiv verliefen, muss davon ausge-

---

[136] Barch, B 162 / 3854, S. 154 VP Ester S.
[137] Féla Brajtberg-Fajnzylber. S. 71. Übersetzung Cziborra/Leppien

gangen werden, dass die Gesundheitsbelange der Zschopauer Häftlinge im Rahmen kriegsbedingter Möglichkeiten durchaus ernst genommen wurden. In anderen Lagern wurden die Häftlinge mit derartigen Problemen oft sich selbst überlassen. Facharztbesuche von Häftlingen wie im Zschopauer Lager sind nach jetzigem Kenntnisstand jedoch eine ausgesprochene Seltenheit für das nationalsozialistische Lagersystem und können nicht als Standardversorgung angesehen werden.

f) Männliche KZ-Häftlinge in Zschopau

Während der Ludwigsburger Ermittlungen wurde auch ein männlicher jüdischer Häftling bekannt, der nach eigenen Angaben eine Zeitlang im Ort Zschopau zu Zwangsarbeit herangezogen wurde. Dieser Bernard Herskovits *01.02.1910 gibt in seiner Entschädigungsakte an:

> „Ich verblieb im KZ Auschwitz bis Ende Juli 1944 und wurde dann mit einer kleinen Gruppe von Häftlingen in das ZAL Schopau bei Dresden verbracht. Ich wurde dort – ich weiß selber nicht warum – in einem französischen Lager untergebracht und mußte in einer Munitionsfabrik in Schopau Zwangsarbeiten verrichten. Ich mußte auf meiner gestreiften Häftlingskleidung ein Judenabzeichen tragen. Ich verblieb im ZAL Schopau bis März 1945 und wurde dann mit einem Evakuierungstransport nach Theresienstadt verschickt, wo ich am 5. Mai 1945 von den Russen befreit wurde...“[138]

Befanden sich also auch männliche KZ-Häftlinge aus Auschwitz in Zschopau? Wer kann Angaben zu diesen jüdischen Häftlingen in einem französischen Lager machen? Auch im Interview 22631 der Shoah Visual History Foundation mit Jacob Stern, *08.03.1913, einem polnischen Juden aus Lodz, wird neben den Lagerorten Zwickau und Hohenstein-Ernstthal, Zschopau genannt. Er gehörte demnach zu den Kommandos der Auto Union und arbeitete eventuell vorübergehend auch in Zschopau.

---

[138] Barch, B 162 / 3853, S. 72 nach ES 7126

g) Dezember 44. Weihnachten und der Jahreswechsel 44/45

Für den Monat Dezember ist der Flossenbürger Forderungsnachweis Nr. Flo. 812[139] vom 1. Januar 1945 erhalten geblieben, der den Arbeitseinsatz der Häftlinge bei der Auto Union AG DKW-Werke, Zschopau und die Vergütungsansprüche durch die Verwaltung des KZ Flossenbürg dokumentiert. Es werden 11.503 Hilfsarbeitertagesbeschäftigungen zu je 4 Reichsmark mit 15.492 seitens der Auto Union verauslagten Häftlingsverpflegungen zu 65 Pfennigen verrechnet. Die daraus resultierenden 35.942,20 Reichsmark waren bis zum 20. Januar 1945 auf das Konto der Verwaltung des KL Flossenbürg zu überweisen. Aus der Einzelaufstellung geht hervor, dass am 1. Dezember 496, d.h. also nahezu alle Häftlinge, am 29. Dezember nur noch 453 Häftlinge als Hilfsarbeiter abgerechnet werden. Über den gesamten Monat gesehen gibt es also eine eindeutig sinkende Tendenz, die wohl auf den sich kontinuierlich verschlechternden Gesundheitszustand der Häftlinge zurückzuführen ist. Die Adventssonntage, inklusive Heilig Abend, der 1944 auf den 4. Advent fiel, sowie die zwei Weihnachtsfeiertage waren laut Abrechnung für alle Häftlinge frei. An Silvester mussten nur die 64 Häftlinge arbeiten, die bei dringlichen Fertigungen benötigt wurden.
Über die Arbeitsplanung zum Jahreswechsel gibt zusätzlich das Protokoll der Vertrauensratssitzung vom 27.12.1944 im Werk DKW Aufschluss. Hierin heißt es:

> „Während der Feiertage zum Jahreswechsel wird Werk DKW – wie schon festgelegt – wie folgt arbeiten: am 30.12. arbeitet der gesamte Betrieb voll; am 31.12 arbeiten nur die Pumpen-Fertigung 19-1151 sowie die eingesetzte Sondergruppe zur Fertigstellung der unkomplett abgestellten K[raft]räder. Außerdem die Kl-Häftlinge mit dem dazu notwendigen Aufsichts- und Unterweisungs-Personal. Da die Möglichkeit besteht, das Programm der Junkers-Pumpe 1151 schon bis 30.12. zu erfüllen, arbeitet die Pumpen-Montage selbstverständlich am 31.12. nicht. Am 1.1. arbeiten nur Kl-Häftlinge

[139] Barch, NS 4 / Flossenbürg 393

> in den dringlichsten Fertigungen mit dem dazu notwendigen Aufsichtspersonal."[140]

Da der Forderungsnachweis für den Monat Januar nicht überliefert ist, kann keine Aussage darüber getroffen werden, wie viele KZ-Häftlinge am 1. Januar 1945 im Werk DKW tatsächlich zum Einsatz kamen. Dass sie die einzigen waren, die an Neujahr überhaupt zur Feiertagsarbeit herangezogen wurden, unterstreicht die unternehmerischen Ausbeutungsabsichten, die bereits in der Anbahnungsphase von Herrn Leggewie bezüglich des Häftlingseinsatzes zum Ausdruck gebracht wurden. Laut Shirley Berger Gottesman wurden die Jüdinnen an den Weihnachtsfeiertagen in Zschopau auch zur Trümmerräumung und Reinigung ausgebombter Gebäude eingesetzt.[141]

h) Der Fall Grebler – Januar 1945

Laut Flossenbürger Nummernbuch gab es eine Häftlingsüberstellung aus dem Lager Zschopau ins Frauenkonzentrationslager Ravensbrück. Sie wird für den 16. Januar 1945 notiert. Wie die meisten anderen Veränderungsmeldungen wird diese Überstellung nicht rückdatiert. Tatsächlich erfolgte sie schon am 12. Januar. Ludwiga Grebler traf am 13. Januar 1945 in Ravensbrück ein und erhielt dort die Häftlingsnummer 97303. Bei diesem Vorgang kommt es zu einer falschen Namensmeldung, die dank entsprechender Korrespondenz von der erheblichen Fehleranfälligkeit der gesamten Häftlingsregistrierung zeugt. So heißt es in einer kleinen schriftlichen Meldung der Flossenbürger Verwaltung:

> „Arbeitseinsatz Flossenbürg, den 19.01.45.
>
> 1 Überstellung vom AL Zschoppau (sic!) nach dem FKL Ravensbrück am 12.1.1945
>
> Pol.Jüd. 61028 Grebler Ludwiga 6.6.22

[140] StAC 31050 AU 4942 Vertrauensratsitzung 8/44 Blatt 3
[141] Vgl. A Red Polka-Dotted Dress. S.40

> Anmerkung: Die Grebler wurde von Zschoppau als Brebler gemeldet."[142]

Abgesehen von der eigentümlichen Doppel-P-Variante des Lagerortes, mit der das Lager auch in den Nummernbüchern geführt wird, ist auch die Anmerkung bezüglich des Häftlingsnamens immer noch nicht ganz korrekt. Tatsächlich wurde Ludwiga Grebler mit dem Namen *Prebler* in Ravensbrück registriert. Als Haftgrund ist in einer Ravensbrücker Zugangsliste „politisch" und als Zusatzgrund: „Jüdin" angegeben. Über den Anlass der Überstellung Greblers existieren unter den ehemaligen Zschopauer Häftlingen verschiedene Varianten, die sich gegenseitig doch erheblich widersprechen und möglicherweise anderen Vorfällen zugeordnet werden müssen. So gibt Sidonia B. zu Protokoll:

> „Im Winter, genauer weiß ich den Zeitpunkt nicht anzuführen, erlitt eine junge Frau vom französischen Gebiete einen Nervenzusammenbruch. Sie hieß beim Vornamen NINA, sie hatte im Lager eine Schwester. Diese Nina hat mit einer eisernen Stange in der Lagerküche die Teller zerschlagen. Als nachher der Lagerführer – ein SS-Hauptscharführer ankam, ist Nina auf ihn gesprungen. Sie wurde völlig entkleidet und wir, alle, Lagerinsassinnen, mussten auf sie spucken – sie wurde für Kommunistin erklärt. Nina wurde dann vom Lager wegtransportiert, keiner von uns sah sie wieder. In der Arbeitsgruppe, in der Nina gearbeitet hat, war auch meine Schwester Cecilie R."[143]

Da es im beschriebenen Fall um eine Deportation vom Lager Zschopau in ein anderes Lager geht, liegt zunächst der Vergleich mit dem Fall Grebler nahe. Übereinstimmung gibt es immerhin im Detail, dass die Jüdin als politischer Häftling vom Lager entfernt wurde. Name und Nationalität können in erwähnter Kombination für das Lager Zschopau jedoch generell nicht nachgewiesen werden. Ob es sich hier also um einen anderen Fall oder tatsächlich um den Fall Grebler handelt, oder die

[142] CEGESOMA Brüssel Mikrofilm 14878
[143] Barch, B 162 / 3854, S. 221 VP Sidonia B.

Erinnerungen der Sidonia B. etliches durcheinander werfen, kann derzeit nicht abschließend beantwortet werden.
Auch Ester S. äußert sich bezüglich eines Lagerereignisses, das eine Rücküberstellung beinhaltet. Sie gibt zu Protokoll:

> „Ob von Zschopau aus Deportationen vorkamen, weiß ich nicht, bis auf den einen Fall, in dem zwei junge Frauen von Zschopau aus nach Auschwitz geschickt wurden. Diese müssen irgendwelche Gespräche geführt oder Bemerkungen gemacht haben, die zu einer Deportation führten, das sagte man damals."[144]

Ihre Aussage bezieht sich eindeutig auf ein Lagergerücht, dessen Stichhaltigkeit derzeit nicht genau bestimmt werden kann. Fest steht jedoch, dass außer dem Fall Grebler im Flossenbürger Nummernbuch keine weitere (Rück-)Überstellung aus dem Lager Zschopau dokumentiert ist. Da noch nicht alle Schicksale der ehemaligen Zschopauer Häftlinge geklärt sind, kann eine solche Rücküberstellung nicht völlig ausgeschlossen werden. In der Regel wurden derartige Überstellungen aber in den Nummernbüchern festgehalten. Allerdings gibt es auch im Zusammenhang mit Schwangeren für Zschopau Aussagen, die potenzielle Überstellungen ohne Dokumentation im Nummernbuch glaubhaft machen.
Ludwiga Grebler wurde am 15. April in Bergen Belsen befreit. Wann und über welche Stationen sie von Ravensbrück nach Bergen Belsen gelangte, konnte bislang nicht geklärt werden. Direkte Transporte von Ravensbrück nach Bergen Belsen fanden am 3. Februar, 27. Februar und 26. März statt. Ludwiga Grebler kam aus Krakau-Plaszow. Ein Kontakt zu ihren Nachkommen kam leider nicht zustande.

---

[144] Barch, B 162 / 3854, S. 154 VP Ester S.

i) Luftangriffe und Bombardierungen

I. Fliegerangriff vom 14. auf den 15. Februar

In Zusammenhang mit Fliegeralarmen und Bombardierungen des Zschopauer KZ-Lagers bei der Auto Union, ist den ehemaligen Häftlingen ein Ereignis besonders in Erinnerung geblieben. Da ihre Berichte zu diesem Vorfall sehr konkret und anschaulich sind, sollen sie vollständig angeführt werden. Genia K. berichtet:

> „Erinnerlich ist mir, daß wir bei einem Fliegerangriff unsre Behausung in der obersten Etage nicht verlassen durften. Eine Bombe schlug in der Nähe der Fabrik in die Kohlenniederlage ein. Es entstand ein Brand. Die Französinnen brachen die Tür auf und wir liefen heraus in den Wald. Bei dieser Gelegenheit flüchteten[145] zwei von uns, ihre Namen kann ich nicht anführen. Mir ist nicht bekannt, dass die Geflüchteten aufgegriffen wurden. Seit diesem Vorfalle wurden wir bei Fliegeralarm hinausgeführt."[146]

Außer der angedeuteten Flucht zweier Häftlinge, stimmen die Angaben der Vernommenen mit den Schilderungen der anderen ehemaligen Häftlinge überein. Bei Alice G. ist aber gerade die Tatsache, dass keine der Gefangenen geflohen war, Anlass, die Häftlinge auch bei künftigen Fliegeralarmen in den angrenzenden Wald zu lassen. Sie gibt 1945 in Budapest zu Protokoll:

> „Oft gab es Luftangriffe in unserer Nähe. Einmal als es bei uns Luftalarm gab, wurde eine Lagerstätte getroffen und entzündet, während wir oben im zweiten Stock eingesperrt waren. In unserer Verzweiflung stemmten wir die Tür auf und rannten unter fürchterlichem Geschrei davon. Da keiner von uns floh bestraften uns die Deutschen nicht. Von da an durften wir bei Luftangriffen in den Wald laufen, ob bei Tag oder Nacht. Auf diese Weise kamen wir dann auch an die frische

---

[145] dokumentarisch nicht belegbar; in den Nummernbüchern ist für das Lager Zschopau keine Flucht verzeichnet, vgl. auch Aussage Alice G.

[146] Barch, B 162 / 3854, S. 245 VP Genia K.

> Luft, denn ansonsten durften wir ja das Fabrikgelände nicht verlassen."[147]

In allgemeinerer Form bestätigen etliche weitere Häftlinge diesen Vorfall. Sara H.:

> „Beim ersten Fliegerangriff, bei dem die Fabrik beschädigt wurde, durften wir unsre Behausung nicht verlassen. In der Folgezeit wurde uns gestattet in den Wald zu laufen."[148]

Lenke H.:

> „Bei Fliegeralarm ließ man uns anfangs nicht in den Schutzraum, als dieser allerdings häufiger wurde, erlaubte man es uns in den nahegelegenen Wald zu laufen."[149]

Deutlich anschaulicher wird da Sabina R.:

> „Ich erlebte in Zschopau einige Male Fliegeralarm. Als der erste Angriff – etwa nach einem Monate unsres Aufenthaltes zur Entzündung der Kohlenvorräte in der Fabrik führte und wir – verschlossen in unsrem Stockwerk – die Tür ausbrachen und uns in Decken gehüllt, durch Flammen und Rauchqualm gerettet hatten, erhielten wir für die Zukunft die Erlaubnis beim Alarm die Behausung zu verlassen und in den Wald – wie Zivilarbeiter – Zuflucht zu suchen. Uns wurde angedroht, dass für eine Geflüchtete alle zur Verantwortung gezogen werden."[150]

In der Tat zeugt diese Erlaubnis von einem gewissen „zivilen" Vertrauensverhältnis zwischen Wachmannschaften und Häftlingen, gleichzeitig verdeutlich aber die Drohung des Wachpersonals, mit welchen Druckmitteln hier die Flucht von Häftlingen verhindert werden sollte. Rosa S. nennt indirekt sogar den konkreten Wortlaut einer solchen Drohung:

---

[147] DEGOB 3177 Alice G.
[148] Barch, B 162 / 3854, S. 228 VP Sara H.
[149] DEGOB 1667 Lenke H.
[150] Barch, B 162 / 3854, S. 214f. VP Sabina R.

> „Das Gelände wurde einige Male bombardiert, wie ich mich erinnere, immer beim Tageslicht (sic!). Zum ersten Mal wurden wir während des Angriffes im Werk eingeschlossen, alle anderen entliefen in Deckung im Walde. Dann wurden wir auch in den Wald herausgelassen, doch unsere Aufseherinnen versteckten sich in dem Schutzbunker, der nur für Deutsche bestimmt war. Uns wurde angedroht, für jede Geflüchete 10 zu erschießen."[151]

Der Wortlaut wird durch Féla Brajtberg-Fajnzylber bestätigt:

> „Die Luftalarme waren immer zahlreicher. Grundsätzlich hätten wir in den Wald fliehen sollen. Aber es war unmöglich zu entkommen. Wir hatten nicht nur die phosphoreszierenden Initialen FKL auf dem Rücken, sondern sie haben uns auch gedroht: ‚Für jeden Gefangenen, der flüchten wird, werden wir zehn andere erschießen.' "[152]

In einer Schadensaufstellung für den Fliegerangriff vom 14. Februar 1945, findet sich für das Werk DKW unter den Kosten für die Wiederinbetriebnahme folgender Posten: *„6 weibl. Hilfskräfte v. KZ-Lager"*. Sie werden mit einem Lohn von *„54,80"* in der Schadensbilanz[153] angesetzt. Selbiger Quelle ist auch ein Schaden am Barackenlager *Dreieck* zu entnehmen. Hier musste eine beschädigte Giebelwand instandgesetzt werden. Für die Reparatur der Gebäudeschäden des gesamten Werkes werden unter anderem ca. 250 qm Dachpappe und ca. 1700 qm Fensterglas veranschlagt. Auch ein *„durch Brandbomben beschädigter Lagerschuppen"* und *„durch Brand im Schuppen beschädigtes Material"* findet Erwähnung. Hierbei dürfte es sich um das in Häftlingsberichten beschriebene, in Brand geratene Kohlenlager handeln, bei dem es laut Zeugenberichten glühende Kohlen geregnet haben soll.[154] Während wohl die meisten Häftlinge in der Unterkunft eingesperrt waren, da das Werk wegen Stromausfalls nur eingeschränkt fertigen konnte, berichtet Ester S.:

---

[151] Barch, B 162 / 3853, S. 48 VP Rosa S.
[152] Féla Brajtberg-Fajnzylber. S. 72. Übersetzung Cziborra/Leppien
[153] StAC 31050 AU 3187
[154] Vgl. Carsten Beier. Wenn Häuser erzählen könnten.
In Zschopauer Stadtkurier vom 25.02.2015 S.17f.

> „Bei dem ersten schweren Bombenangriff auf Zschopau, der etwa Ende Januar oder Mitte Februar 1945 stattgefunden haben mag, wurden wir in einen nahe gelegenen Wald geführt, wo wir in Gräben Deckung nehmen mussten. Hier waren ukrainische Wachmänner."[155]

Diese Aussage dürfte sich wohl auf die Ereignisse nach dem Aufbrechen der Tür, oder aber auf eine Häftlingsgruppe beziehen, die beim 134. Fliegeralarm am 15.02.1945 gegen 0:15 Uhr in Nachtschicht gearbeitet hatte. Außerdem gibt Rose R. zu Protokoll:

> „Nachts war oft Fliegeralarm, manchmal zweimal in einer Nacht. [z.B. 13. auf den 14. Februar] Dann wurden wir in den Keller oder nach draußen in den Wald geführt. Einmal wurde die Fabrik ein wenig getroffen. Ein Teil des Dachs fehlte und die Fensterscheiben waren zerbrochen."[156]

Ihre Äußerungen bezüglich des Schadens verweisen ebenfalls auf den Angriff in der Nacht vom 14. auf den 15. Februar 1945. Das kriegswichtige DKW-Werk wurde dabei wegen der getarnten Lage in einem schmalen Tal allerdings von den Bombern weitestgehend verfehlt. Deren Ladung schlug am Zschopenberg in der DKW-Siedlung ein und tötete sieben Zivilisten. Vgl. F22

II. Fliegerangriff am 19.03.1945

Bei dem Luftangriff vom 19.03.1945 wurde die Turnhalle der Volksschule[157], in der ein Teil der Häftlinge zunächst provisorisch untergebracht war, völlig zerstört. Auch die Häuser Seminarstraße 2, Rudolf-Breitscheid-Straße 26, Gabelsbergerstraße 8, Brühl 2 und 4, Blumengasse 4, 6, 8 und 10, das Ziegeleiwohnhaus an der Schützenstraße, sowie das Wohnhaus im Schulhof (Bellevue) fielen dem Angriff ganz oder teilweise zum Opfer. Dabei wurden 16 Zschopauer Bürger getötet, darunter fünf Kinder.[158] Bereits im Februar waren 2 Kinder unter den Opfern.

---

[155] Barch, B 162 / 3854, S. 153f. VP Ester S.
[156] Barch, B 162 / 3854, S. 165f. VP Rose R.
[157] Später Martin-Andersen-Nexö-Schule
[158] Geschichte der Stadt Zschopau. S. 92 Vgl. Carsten Beier 03/2015

F10: Schulturnhalle & Hausmeisterhaus *Bellevue* [19.03.45]

F11: Die Turnhalle der Volksschule um 1900

F12: Fanfarenzug vor der Turnhalle [Brühl] im Jahr 1936. Spätere provisorische Häftlingsunterkunft

F13: Festumzug auf der Zschopaubrücke/Heimatfest Juli 1938

F14: Blick von der Zschopaubrücke aufs Schloss Wildeck

F15: Blick von der Zschopaubrücke auf das ehemalige Mafrasawerk Johannisstraße 58 - Mai 2006

F16: Johannisstraße 58 - Mai 2006
Hierhin führte man die Häftlinge zum wöchentlichen Duschbad.
[ehemaliges Mafrasa-Werk Zschopau]

j) Häftlingsschwangerschaften in Zschopau

Unter den Häftlingen in Zschopau befanden sich wohl auch mindestens zwei Schwangere. Eine von ihnen soll möglicherweise im Stammlager Flossenbürg entbunden haben. Das Kind der anderen soll kurz nach der Geburt getötet worden sein. Beide Schwangere sind bislang nicht eindeutig zu identifizieren und ihre Schicksale sind nur anhand der Berichte ihrer Kameradinnen zu rekonstruieren. Die detaillierteste Erinnerung diesbezüglich lieferte Genia K.. Sie gab am 26.11.1969 zu Protokoll:

> „Eine Leidensgefährtin die schwanger war, wurde zur Entbindung nach Flossenbürg genommen, und kehrte später, allerdings ohne Kind, nach Zschopau zurück. Heute ist ihr Familienname Felsen, lebt angeblich in Haifa. Sie stammte aus Tarnow. Eine andere beim Vornamen Magda, die die höchste und beleibteste von uns war, stammte aus Krakau, gebahr in der Fabrik bei der Maschine. Sie blieb dort am Leben, das Kind sollte – wie gesprochen wurde – durch eine Spritze getötet worden sein.“[159]

Laut dieser Aussage handelte es sich bei beiden Schwangeren um polnische Jüdinnen. Zum ersten Fall lässt sich sagen, dass eine solche Überstellung im Flossenbürger Nummernbuch und auch nicht anderweitig dokumentiert ist, was derartige Vorkommnisse jedoch nicht automatisch ausschließt.
Innerhalb der Ludwigsburger Ermittlungen wurde auch Pnina F., die vermeintliche Schwangere, die in Flossenbürg entbunden haben soll, befragt. Sie gab zu Protokoll:

> „Befragt auf Behandlung der Kranken weiß ich mich eines Vorfalles zu erinnern, als eine schwangere Häftlingsfrau, die auch vorher in Plaszow war, von Zschopau angeblich nach Flossenbürg überführt wurde, wo sie entbunden hatte. Nach der Befreiung habe ich gehört, dass sie am Leben blieb, doch das Kind soll getötet worden sein. Ihr Name ist mir nicht bekannt.“[160]

---

[159] Barch, B 162 / 3854, S. 245 VP Genia K.
[160] Barch, B 162 / 3854, S. 246 VP Pnina F.

Redet Pnina F. hier über ihr eigenes Schicksal in der dritten Person, um mögliche bohrende Nachfragen zu vermeiden, oder hat es ein Missverständnis zwischen Genia K. und Pnina F. gegeben und bei der betreffenden Schwangeren handelte es sich um einen dritten, namentlich unbekannten ehemaligen Häftling? Hinweise, die diesen Fall erhellen können, sind erbeten.
Der Vorfall könnte sich im Januar oder Februar 1945 ereignet haben, denn Aliza S. berichtet:

> „Etwa zwei Monate nach unsrer Ankunft nach Zschopau wurde eine schwangere Leidensgefährtin als solche entdeckt und sofort vom Lager entfernt. Niemand sah sie wieder. Etwas später entband eine Leidensgefährtin, die aus Polen stammte auf der Ubikation. Sie war so breit gebaut und beleibt, daß ihr Zustand verheimlicht bleiben konnte. Das Kind wurde getötet, die Mutter überlebte. Über nähere Umstände der Tötung weiß ich nichts Konkretes anzuführen.“[161]

Mit der *Entfernung* vom Lager, könnte die Überstellung nach Flossenbürg gemeint sein. Aber auch der Fall Grebler fällt in diese Zeit. Insbesondere kehrte sie tatsächlich nicht ins Lager zurück. Möglicherweise wird ihr Fall hier in Verbindung mit einer Schwangerschaft gebracht. Zu dem zweiten Fall einer Schwangeren und deren Entbindung im Lager Zschopau äußert sich auch Julie B.:

> „Mir ist in Erinnerung, daß ich einmal gehört habe, daß ein Kind unmittelbar nach der Geburt im Lager getötet wurde. Unter welchen Umständen dieses Kind oder von wem es getötet wurde, kann ich ebenfalls heute nicht mehr angeben. Auch nicht, von wem ich es seiner Zeit gehört habe. Von Zschopau selbst sind mir persönlich sonst keine Tötungsverbrechen bekannt.“[162]

Chaja H. gibt zu Protokoll:

> „Eine Leidensgefährtin, die aus Polen stammt, hatte nach etwa 2-3 Monaten unsres Aufenthaltes in Zschopau entbunden. Ich

---

[161] Barch, B 162 / 3853, S. 57 VP Aliza S.
[162] Barch, B 162 / 3853, S. 103 VP Julie B.

> weiß heute über den Vorfall nur, dass ihr das Kind entnommen wurde.“[163]

Rosa S. macht sogar konkrete Angaben zur Identität der zweiten Schwangeren:

> „Kurz vor der Auflösung des Lagers Zschopau hat eine Leidensgefährtin aus Krakow – namens Magda Rosenberg ein Kind geboren. Den Säugling hat man im Lager getötet, die Mutter überlebte den Krieg.“[164]

Dieser Vorfall dürfte sich also im März oder April 1945 ereignet haben. Der Name der vermeintlichen Schwangeren kann im Flossenbürger Nummernbuch nicht bestätigt werden. Es gab lediglich eine Malwina Rosenberg, die am 2. Januar 1915 in Zawoja geboren wurde, und mit ihrer jüngeren Schwester Hermina, einer Damenschneiderin, in Prokocim in der Schlossallee wohnte und als Hutmacherin bzw. Modistin (Gesellin) aus Krakau nach Auschwitz deportiert worden war.[165] Die Identität der zweiten Schwangeren, die laut zwei Kameradinnen auf den Vornamen Magda gehört haben soll, bleibt also ebenfalls ungewiss. Auch über die Tötung des Säuglings existieren verschiedene Aussagen. Eine erwähnte Variante ist die Tötung per Spritze. Sonst werden keine konkreten Angaben gemacht. Die Aussagen beziehen sich größtenteils auf das, was man sich im Lager über diesen Vorfall untereinander erzählte. Der tatsächlich Hergang könnte also durchaus erheblich abweichen. Auch eine ehemalige Aufseherin machte Angaben zu diesem Fall. Mit dem Einverständnis der Mutter, die fürchtete nach Ravensbrück überstellt zu werden, soll das Neugeborene nach Absprache mit der Oberaufseherin von der ungarischen Häftlingsärztin getötet worden sein. Die Leiche des Säuglings beerdigte man mit einer anderen Toten, die dieser Tage starb, ebenfalls auf dem Zschopauer Friedhof. Der Vorfall dürfte sich also im Zeitraum von Mitte März bis Anfang April ereignet haben. Bei Shirely Berger Gottesman heißt es weitestgehend bestätigend:

---

[163] Barch, B 162 / 3854, S. 217 VP Chaja H.
[164] Barch, B 162 / 3853, S. 47 VP Rosa S.
[165] USHMM “An den Beauftragten des Distriktschefs für die Stadt Krakau”

„Ähnlich zu dem was in Kanada II passierte, bekam eine Häftlingsfrau ein Baby während wir in der DKW-Fabrik arbeiteten. Ich weiß nicht wie sie schwanger geworden war. Die Ärztin brachte das Baby in den Raum in dem wir lebten. Zwei Mädchen nahmen das Kind mit in den Wald und begruben den winzigen Körper. Die Mutter war erschöpft und weinte; sie hatte bis zur letzten Minute in der Fabrik gearbeitet. Es war nicht möglich nicht zu arbeiten. Man hätte uns erledigt.“ [166]

k) Todesfälle in Zschopau

Die insgesamt harten Lebensbedingungen im Zschopauer Lager, insbesondere aufgrund eines durch Unterernährung geschwächten Immunsystems, kosten während seines knapp sechsmonatigen Bestehens fünf jüdischen Häftlingen das Leben. Aus Krakau-Plaszow und Auschwitz weitaus Entsetzlicheres gewohnt, berichtet Ester S.:

> „Die einzigen Sterbefälle, die ich in Zschopau miterlebte, waren durch Hunger und Entkräftung verursacht. Diese Häftlinge mussten wir dann begraben, nachdem sie in Papiertücher gewickelt worden waren.“[167]

Lediglich mit Wellpappe bedeckt wurden sie mit einem Tafelwagen auf den Zschopauer Friedhof gefahren und dort beerdigt. Trotz der fünf Todesfälle bleiben die Häftlingsaussagen diesbezüglich relativ unkonkret. Kein Opfer wird namentlich genannt. Die meisten der Häftlingsfrauen wissen wenn überhaupt nur von einem Sterbefall. So berichtet Chaja S.:

> „Erinnerlich ist mir ein Todesfall, ein Mädchen aus Transsilvanien, das noch drei Schwestern in Zschopau hatte, verstarb – in der Schlafhalle, in der eine Ecke – als Krankenrevier diente.“[168]

---

[166] Shirley Berger Gottesman. A Red Polka-Dotted Dress. S.41
[167] Barch, B 162 / 3854, S. 154 VP Ester S.
[168] Barch, B 162 / 3853, S. 249 VP Chaja S.

Hierbei handelt es sich aller Wahrscheinlichkeit nach um Sarolta David aus Bikszad. Ihre drei Schwestern konnten im Flossenbürger Nummernbuch und im Theresienstädter Datenbankprojekt nachgewiesen werden. Auch die regionale Lage Bicsads im heutigen Rumänien bestätigt die Äußerungen. Bei der Überführung zum Friedhof war aller Wahrscheinlichkeit nach die ehemalige Aufseherin Johanna Weber zugegen und versuchte den hinterbliebenen Schwestern Trost zuzusprechen. Die Schwestern der Toten mussten vermutlich auch das Grab ausheben. Das Geburtsdatum Sarolta Davids geht aus den Flossenbürger Nummernbüchern nicht hervor. Die Schwestern, bzw. mögliche Nachkommen seien gebeten, den hier beschriebenen Fall zu bestätigen und den Geburtstag, möglicherweise auch den genauen Todestag mitzuteilen. Im Flossenbürger Nummernbuch wird Sarolta David am 05.04.1945 als Todesfall abgemeldet. Die Meldung wird in der Regel nicht rückdatiert und wird durch den Postweg verzögert, meist einige Tage nach dem eigentlichen Sterbetag verzeichnet. Die zeitlichen Verschiebungen können recht unterschiedlich ausfallen. Vermutlich starb Sarolta David aber Ende März oder Anfang April 1945. Dokumente der Zschopauer Friedhofsverwaltung, denen genaueres zu entnehmen wäre, liegen bisher leider nicht vor. Auch auf den Fall David bezieht sich wohl die Aussage der Riwka L.:

> „Ich erinnere mich bloß eines Todesfalles, ein etwa 20-jähriges Mädchen, Tbc. veranlagt, aus Transsylvanien, erlag den Entbehrungen, denn die Verpflegung war sehr unzureichend, besonders nach Ablauf einiger Wochen im Lager.“[169]

Ähnlich wie Ester S. macht auch Riwka L. die schlechte Ernährungslage, bzw. deren negative Entwicklung, mit für den Tod des Mädchens verantwortlich. Auch die Aussage der Irene W. könnte sich auf den fünften Sterbefall im Zschopauer Lager beziehen. Sie gibt zu Protokoll:

> „Meines Wissens sind in Zschopau keine Tötungsverbrechen vorgekommen. Ich weiß nur, daß einmal ein Häftling gestorben ist. Das Mädchen war krank geworden und kurze Zeit

[169] Barch, B 162 / 3853, S. 45 VP Riwka(Regina) L.

danach gestorben. Ich weiß, daß sie auf dem Friedhof in Zschopau begraben worden ist, und daß einige von den SS-Aufseherinnen ihr das letzte Geleit gegeben haben.“[170]

Es ist jedoch nicht völlig auszuschließen, dass sich die Äußerung auf den Todesfall der Sala Adler bezieht. Die anderen drei Todesfälle kommen aufgrund des Alters der Verstorbenen eher nicht in Betracht.
Keinem konkreten Todesfall zuzuordnen ist die Aussage der Dora I.. Sie gibt zu Protokoll:

„Eine von uns starb an Schwindsucht [Tuberkulose], ihren Namen kann ich nicht anführen.“[171]

Während Ende der sechziger Jahre, die von der Ludwigsburger Stelle vernommenen Zeuginnen, sich mehrheitlich bestenfalls an einen Todesfall erinnern, der in ihrem Lagerumfeld passierte, oder von dem sie vom Hörensagen wussten, berichtet die ungarische Jüdin Eszter S. am 30. Juni 1945 in Übereinstimmung mit den im Flossenbürger Nummernbuch registrierten Todesfällen:

„Fünf meiner Kameraden starben an Herz- und Lungenproblemen im Krankenrevier[172].“[173]

Sie ist die einzige, von der ein Dokument mit einer solch treffenden Angabe überliefert ist. Möglicherweise hatte sie im Lager zu jemandem Kontakt, der im Zschopauer Krankenrevier arbeitete. Woher ihr konkretes Wissen stammt, geht aus der Quelle nicht hervor. Die genannten Todesursachen klingen ziemlich plausibel. Berta B. hingegen berichtet über grausige Häftlingstötungen, die für das Lager Zschopau anzuzweifeln sind:

„Die Aufsicht wurde von SS-Männern und Frauen geführt, wobei die Frauen, welche immer mit Bluthunden herumgingen, vielleicht noch grausamer als die Männer waren. Zur Belustigung wurden oft die Tiere auf uns gehetzt und eines Ta-

---

[170] Barch, B 162 / 3854, S. 270 VP Irene W.
[171] Barch, B 162 / 3854, S. 223 VP Dora I.
[172] wörtlich: Krankenhaus
[173] DEGOB 193 Ester S.

ges, als die Tiere nicht zurückgehalten waren, haben sie einige von uns völlig zerrissen. Wer dieses nicht selber miterlebt hat, kann sich wohl kaum ein richtiges Bild von dieser Grausamkeit machen. Wenn ich heute daran zurückdenke, überfällt mich dasselbe Grauen und Entsetzen wie damals. Ich glaubte damals, daß ich irrsinnig werden würde."[174]

In ihrem Vernehmungsprotokoll reiht sich diese Schilderung nahtlos in die Beschreibungen der Zschopauer Lagerbedingungen ein. Es ist jedoch davon auszugehen, dass Berta B. hier ein Erlebnis aus Auschwitz erinnert[175]. Vermutlich hat sie hier nicht mehr das „wir" der Zschopauer Häftlingszwangsgemeinschaft, sondern die verfolgten Juden als Ganzes vor Augen. Sollte es auch in Zschopau zu Häftlingsmisshandlungen durch abgerichtete Hunde gekommen sein, so ist jedenfalls der Ausgang, dass einige Häftlinge völlig zerrissen worden seien, anzuzweifeln. Nur in einem Fall starben in Zschopau zwei Häftlinge kurz nacheinander, vielleicht auch am selben Tag. Die gemeinsame Abmeldung der Sala Adler[176] und der Else Nejgebauer[177] am 20.03.1945 im Flossenbürger Nummernbuch, kann aber nicht automatisch als Indiz für den selben Todestag angesehen werden. Interessant an dem selben Abmeldedatum ist, dass Ester S. von der Überstellung zweier Frauen nach Auschwitz berichtet, die möglicherweise mit der gemeinsamen Todesnachricht in Verbindung gebracht werden könnte. Da die durch Eszter S. bestätigten fünf Todesfälle in Zschopau dann aber keinen Bestand mehr hätten, müsste die Aussage Ersterer auf den Fall Grebler, die nach Ravensbrück überstellt wurde, verweisen. Wie diese Abwägungen zeigen, wäre es nützlich, durch Kameradinnen oder Verwandte mehr über die Todesumstände der erwähnten Personen zu erfahren. Auch über die Todesfälle und Identitäten der polnischen Jüdinnen Sara Sohn[178] und Peska Glasberg[179] die am 03.01.1945 bzw. am 18. Januar 1945 in den

[174] Barch, B 162 / 3854, S. 138 VP Berta B.
[175] Vgl. S.16 Aussage Alice G.
[176] FloNo.: 60863 Polnische Jüdin *15.07.1925
[177] FloNo.: 61190 Slowakische Jüdin 10.08.1908
[178] *11.03.1914 FloNo.: 61270
[179] *30.11.1911 FloNo.: 61006

Nummernbüchern aus der Lagerstärke abgemeldet wurden, ist bis heute nahezu nichts bekannt. Möglicherweise schrieb sich erstere auch Sarah Sonn und stammte aus Lemberg (Lwow), wie ein Holzkreuz auf dem Zschopauer Friedhof 1949 andeutet. Sie scheint bereits am ersten Weihnachtsfeiertag 1944 in Zschopau verstorben zu sein. Ihr Tod wurde wie bei den Außenlagern des KZ Flossenbürg üblich mit etwas zeitlicher Verzögerung in den Lagerbüchern vermerkt. Woher die Hinweise zur angeblichen Identität der Jüdin stammen, ist unbekannt. Jeder zusätzliche Hinweis wäre hilfreich. Fotos der Gräber der anderen in Zschopau verstorbenen Jüdinnen liegen anscheinend nicht vor. Lediglich noch das Grab der im Außenlager Wilischthal verstorbenen französischen Jüdin wurde fotografiert. [180]

F17: Zschopauer Friedhof 1949
mit Gräbern russischer Kriegsgefangener

[180] Vgl. Pascal Cziborra. KZ Wilischthal S.57

l) Die Evakuierung

Am Abend des 13. Aprils 1945 wurden etwa 300[181] zusätzliche Frauen aus Wilischthal im Zschopauer KZ-Lager einquartiert. Die Front reichte bis auf wenige Kilometer an Chemnitz heran. Es herrschten chaotische Umstände. Suzanne Leppien schreibt in ihrem nach Kriegsende rekonstruierten Tagebuch:

> „Stromausfall für mehrere Stunden. Die Maschinen laufen wieder. Strom unterbrochen, Hauptscharführer, alles hinauf, Appell. Kein A[182]. Die Italiener im Hof. Wir bereiten uns vor – nichts. Die aus Wilischthal kommen an. Ich suche Charlotte. Nacht voller Lärm und Unordnung."[183]

Odette Spingarn schildert ergänzend:

> „Wir müssen unsere Betten mit ihnen teilen und sind nun 800 Frauen, die in einem Riesensaal herumwimmeln, sich um die 20 Wasserhähne streiten. Wir erwarten das Schlimmste."[184]

Am nächsten Morgen verlassen die Wilischthaler Häftlinge als separate Gruppe das Zschopauer Lager. Suzanne Leppien notiert für Samstag, den 14. April:

> „Die aus Wilischthal ziehen wieder ab. Man spricht von einem Aufbruch zu Fuß. Mittags lässt man unter dem Vorwand Alarm heruntergehen. Im Hof werden Brot und Wurst und ein ganzes Brot ausgegeben. Auf zum Bahnhof. Der Franzose sieht uns abziehen, alle Welt sieht uns abziehen. Bahnhof? Wilischthal, zusammengepfercht, wir essen, Szenen der SS-Frauen, [...]"[185]

Nachdem die Häftlinge zu Fuß nach Wilischthal geführt wurden, wurden sie also am dortigen Bahnhof gemeinsam mit den Wi-

---

[181] 301 Frauen. Eventuell gibt es im Flossenbürger Nummernbuch eine Überschneidung der Häftlingsnummern 58941 und 61159 siehe Fall Lütenberg
[182] steht möglicherweise für Appell oder Alarm
[183] Tagebuch Suzanne Leppien. Übersetzung Dr. Helmut Leppien
[184] Odette Spingarn. Übersetzung Gisela Dulon
In: ‚Ihrer Stimme Gehör geben' S.108
[185] Tagebuch Suzanne Leppien. Übersetzung Dr. Helmut Leppien

lischthaler Häftlingen in Güterwaggons verladen. Die Häftlingsberichte legen nahe, dass der Zug sowohl aus offenen, als auch aus geschlossenen Waggons bestanden hat. Der letzte Wagen war in jedem Fall ein geschlossener.

Über Zeitpunkt und Dauer der Evakuierung, sowie der Verpflegung für die Fahrt gibt es etliche, mitunter auch stark voneinander abweichende Angaben. Als sicher kann die Abfahrt am 14. April gelten, für die Ankunft in Theresienstadt ist wohl der 21. April 1945 anzusetzen. Der 22. April ist aber auch nicht ganz auszuschließen. Die Fahrt dauerte also 7 oder 8 volle Tage, was auch etliche ehemalige Häftlinge bestätigen. Nicht wenige Häftlinge werden von ihrem Zeitgefühl aber entscheidend getäuscht und schätzen die Dauer der Evakuierungsfahrt von *drei Tagen* bis *zu einigen Wochen* ein. So berichtet Chaja S.:

> „Wir wurden in Güterwaggons gesetzt, das SS-Personal vom Lager begleitete uns. Wir fuhren etwa 3 Tage, unterwegs wurden wir einmal aus den Waggons herausgelassen. Ich glaube das war in Leitmeritz. Damals bekamen wir auch Wasser und Brot. Auf der Fahrt wurde niemand umgebracht. Von Leitmeritz wurden wir nach Theresienstadt zu Fuß begleitet.“[186]

Abgesehen von der zeitlichen Dimension der Evakuierung hat Chaja S. den Gesamtablauf damit zwar nur grob, aber im wesentlichen korrekt beschrieben. Die Eigenheiten der gewählten Evakuierungsroute wären definitiv zu ergänzen und sind einem gesonderten Kapitel zu entnehmen. Auch bezüglich des Proviants und der Versorgung während der Fahrt sind andere Aussagen deutlich detaillierter. Die Aussage, dass niemand auf der Fahrt umgebracht wurde, bezieht sich auf aktive Tötungshandlungen, und wird von anderen Häftlingen bestätigt.[187] Für die begleitenden Wachmannschaften des Transportes ist dies ein Stück weit entlastend. Inwieweit einzelne Sterbefälle während der Evakuierung durch das Wachpersonal hätten verhindert werden können, lässt sich aufgrund der derzeitigen Datenbasis nicht beurteilen.

---

[186] Barch, B 162 / 3854, S. 249 VP Chaja S.

[187] Vgl. Abschnitt *Todesfälle während der Evakuierung*

I. Allgemeine Bedingungen während der Evakuierung

Vor der Abfahrt in Wilischthal war den Zschopauer Häftlingen Reiseproviant in Form eines halben Brotes ausgeteilt worden. So berichtet Feigl S.:

> „Dann, eines Tages, als wir noch zwecks Arbeit in die Fabrik mussten, erhielten wir den Befehl zum Aufbruch. Wir hörten auf zu arbeiten, nach dem Appell waggonierte man uns mit einem halben Brot ein. Das war unser Proviant für die nächsten 3 Tage, danach bekamen wir jeden Tag eine Scheibe Brot. Nach einer achttägigen Fahrt kamen wir in Theresienstadt an.“[188]

Auch Alice G. erinnert sich an dieses halbe Brot. Ihre erschütternden Erinnerungen geben tiefe Einblicke in das Evakuierungsgeschehen:

> „Sie konnten keine Lokomotive beschaffen, bis die Front ganz in unserer Nähe war. Da schafften sie es einen Zug zu besorgen und waggonierten uns ein. Wir fuhren 100 Leute zusammen in einem Waggon. Für die Fahrt erhielten wir insgesamt ein halbes Brot, allerdings waren wir so hungrig, dass wir es bereits am ersten Tag aufaßen, nichts ahnend, dass dies für die nächsten 8 Tage als Nahrung hätte reichen müssen. Im Zug gab es keine Toiletten. Es war so voll, dass wir weder stehen noch sitzen konnten, es war also schrecklich. Es sah so aus, als ob die Deutschen für uns den Hungertod bereithalten würden. Einige von uns waren bereits sehr geschwächt, besonders ich. Ich spürte keinen Hunger und auch keinen Durst mehr. Ich war dermaßen schwach, dass ich mir nicht einmal einen Platz besorgen konnte. Die Stärkeren haben uns von allen Seiten getreten. Viele von uns waren schon halbverrückt, schlugen mit den Holzschuhen so stark auf ihre Köpfe ein, dass Blut nur so herausströmte. Wenn wir unsere Begleiter um etwas Wasser baten, oder dass sie die Türe öffnen mögen, damit wir mehr Luft bekommen, lehnten sie das immer ohne wenn und aber ab, und antworteten dann wir hätten es nicht verdient, dass sie uns vor dem Feind wegbringen. Eines vormittags öffneten sie die Türen doch und sagten wir

[188] DEGOB 1277 Feigl S.

würden etwas bekommen, sollen aussteigen und uns in 5er Reihen aufstellen. Natürlich konnten wir kaum aussteigen, viele fielen einfach nur heraus und taten sich weh. Mit Hilfe der Stärkeren unter uns, konnten wir schließlich auch aussteigen, und bekamen nach langem Betteln ein halbes Glas Wasser. Ich konnte nicht alles trinken, da ich zu dem Zeitpunkt keinen Durst mehr verspürte, sondern wollte mit dem Rest meine Hände spülen, woraufhin ich zwei Ohrfeigen erhielt, so dass ich umfiel. Danach erlaubte man uns unsere menschlichen Bedürfnisse zu verrichten, wozu wir auf einen Hügel hinauf mussten. Wir waren so schwach, dass wir nicht laufen konnten, also fassten wir einander an der Hand und versuchten so die Steigung zu bewältigen. Daraufhin trat mich der SS-Leiter so stark, dass wir alle übereinander auf den Haufen fielen. Nach dieser erfrischenden Erholung setzten wir anschließend unseren Weg fort. Zu diesem Zeitpunkt waren wir in einem fürchterlichen seelischen Zustand, die Ungewissheit war nicht mehr zu ertragen.“[189]

Wie Alice G. nennt Pnina F. eine Waggonbelegung von 100 Personen und erinnert sich an eine Frau nahe dem Wahnsinn:

„Am 15. April 1945 (sic!) wurden wir in Waggons zu 100 Seelen eingepfercht. Wir fuhren 8 Tage – stehend – ohne Nahrung und Wasser. Während der Fliegerangriffe wurden wir nicht herausgelassen. In der Station Leitmeritz wurden die Waggons geöffnet. In meinem Waggon ist eine griechische Jüdin verrückt geworden. Wir wurden nach Theresienstadt eingeführt – am 22.4.1945“[190]

Auch Rose R. berichtet über mangelnde Verpflegung:

„Der Transport von Zschopau nach Theresienstadt war schrecklich. Wir wurden in geschlossenen Güterwagen transportiert. Ich meine, diese Reise dauerte einige Wochen (sic!). Man wusste offenbar nicht, wohin mit uns. Der Zug hielt sehr oft für lange Zeit an. Wir hatten Hunger, bekamen nichts zu essen, hatten viele Läuse und waren krank. Manchmal, wenn sie uns bei einem Zwischenaufenthalt herausließen, haben die

[189] DEGOB 3177 Alice G.

[190] Barch, B 162 / 3854, S. 246f. VP Pnina F.

Leute Gras von dem Bahnkörper gegessen. Ich kam völlig abgemagert in Theresienstadt an.“[191]

Abgesehen von kleineren Ungenauigkeiten in der Evakuierungsdauer bestätigt Rosa S. die katastrophale Ernährungslage, die dazu führte, dass die Häftlinge bei Gelegenheit selbst zum Gras an den Bahndämmen griffen:

> „Wir wurden in Güterwaggons eingepfercht und ungefähr 10 Tage ohne Nahrung gefahren (sic!). Ausgeladen wurden wir in einer Ortschaft vor Theresienstadt, in Theresienstadt wurde ich durch Sowjettruppen befreit. Am Wege von der Eisenbahn ins Lager Theresienstadt hatten wir vor Hunger Gras gegessen.“[192]

Auch Irene W. bezeugt kaum verpflegt worden zu sein:

> „Im April 1945 wurde das Lager Zschopau evakuiert. Wir wurden auf Viehwagen verladen und kamen nach ungefähr zwei Wochen (sic!) nach Theresienstadt. Diese Evakuierung ist mir noch in schrecklicher Erinnerung. Wir hatten kaum zu essen (ungefähr alle zwei bis drei Tage bekamen wir eine Kleinigkeit).“[193]

Der quälende Hunger und grausame Durst der Häftlinge führte bei einigen sogar zum Wunsch endlich zu sterben. Judith H. sagt aus:

> „Ende April 1945 (sic!) wurden wir alle Lagerinsassinnen in Güterwaggons eingepfercht und 8 Tage – bis Theresienstadt – gefahren. Der Weg war sehr schwer, ohne Wasser, auf äußerst schwacher Nahrung. Frauen schrieen man möge sie erschießen, sie können das nicht weiter ertragen. Keine von uns wurde auf der Fahrt getötet.“[194]

---

[191] Barch, B 162 / 3854, S. 167 VP Rose R.
[192] Barch, B 162 / 3854, S. 48 VP Rosa S.
[193] Barch, B 162 / 3854, S. 270 VP Irene W.
[194] Barch, B 162 / 3854, S. 226 VP Judith H.

Anderer Meinung bezüglich der letzten Aussage ist da einzig Aliza S.. Sie gibt zu Protokoll:

> "Wir wurden einwaggoniert - über 100 Personen in einem Viehwagen. Obwohl wir in Tschopau (sic!) auf Hygiene hielten und sauber waren, wurden wir in den Waggons rasch verlaust. Wir bekamen keine Nahrung auf der Fahrt. Erst nach der Befreiung habe ich erfahren, dass am Tage unsrer Einwaggonierung 10 Lagerinsassinen mit einer Aufseherin flüchteten, auf Flucht aufgegriffen und erschossen waren [...] nach einigen Tagen Fahrt, die uns zu Überzeugung brachte, dass man mit uns nicht recht wisse was zu tun, kamen wir in Theresienstadt an. Dort wurde ich durch Sowjettruppen befreit. Mit unsrem Zuge kamen auch jüdische Frauenhäftlinge vom Lager Wilischthal, das in der Nähe von Zschopau lag. Über Existenz dieses Lagers wusste ich schon in Zschopau, ich wurde hin einmal zur Zähnebehandlung gebracht."[195]

Die Erschießung von zehn geflohenen Häftlingen konnte bislang nicht bestätigt werden und scheint eher unwahrscheinlich. Die Flucht am Tag der Einwaggonierung verweist jedoch auf reale Geschehnisse, die im Kapitel *Sprung in die Freiheit* nachzulesen sind.

II. Die Evakuierungsroute

Wie in den Aussagen der Rose R. und Aliza S. bereits angedeutet, war anhand der Evakuierungsroute kein klarer Bestimmungsort erkennbar. Beide Häftlinge kommen daher zu dem Schluss, die Wachmannschaften wussten nicht recht, wohin sie die Häftlinge bringen sollten. Auch Riwka L. teilt diesen Eindruck. Sie gibt zu Protokoll:

> „Am 25. April 1945 (sic!) – als die Front herannahte – wurden wir in Eisenbahnwaggons hereingezwängt, dann eine Woche gefahren, fast ohne Nahrung ; Aus der Fahrtlinie war mir klar, daß die über uns entscheidende Behörde nicht recht weiß wo-

[195] Barch, B 162 / 3853, S. 57 VP Aliza S.

hin uns abzuladen. Schließlich wurden wir in Litomerice[196] abgeladen und nach Terezin[197] geführt. In Terezin wurde ich am 9.5.1945 durch Sowjettruppen befreit. Mich erreichte die Befreiung am Krankenlager, auf das ich sofort nach Ankunft gefesselt wurde."[198]

Die schlüssige Interpretation der Häftlinge bezieht sich dabei vor allem auf die letzte Wegstrecke der Evakuierung. Zunächst war diese recht klar über Scharfenstein, Wolkenstein, Annaberg, Buchholz, Bärenstein, Königswalde und Weipert [Vejprty] nach Süden ausgerichtet. Von dort schlug der Zug auf tschechischem Gebiet über Komotau [Chomutov] und Brüx [Most] bis nach Lobositz [Lovosice] eher östliche Richtungen ein.[199] Im Raum Lobositz dürfte der Zug hinsichtlich der Entladung der transportierten Häftlinge in Theresienstadt abgewiesen worden sein.
Nachdem die Ablieferung und Aufnahme der Häftlinge also beim ersten Versuch scheiterte, fuhr man entlang der Elbe tendenziell wieder in nördliche Richtung über Aussig [Usti] bis nach Bodenbach, wo die SS-Aufseherinnen aus ihrem Dienst entlassen wurden und die Heimkehr antraten, und setzte nach Tetschen [Decin] ans andere Elbufer über. Von dort fuhr man schließlich etliche Kilometer den Elbverlauf folgend in entgegengesetzter Himmelsrichtung nach Leitmeritz [Litomerice] zurück. Ob für diesen riesigen Umweg möglicherweise unpassierbare Streckenabschnitte und Brücken verantwortlich waren, ist ungeklärt Beim zweiten Einquartierungsversuch wurden die von den Strapazen der Fahrt gezeichneten jüdischen Frauen dann in Theresienstadt auch aufgenommen. Wer die Abweisung des Evakuierungszuges konkret zu verantworten hat, ist unbekannt.
Möglicherweise sollten die Häftlinge der Flossenbürger Außenlager nach Ansicht der zuständigen Theresienstädter Stellen ins bayerische Stammlager überstellt werden. Dort war aber die Evakuierung der eigenen Häftlinge in diesen Tagen bereits in vollem Gange. Am 20. April verließ die letzte Kolonne das

[196] Leitmeritz
[197] Theresienstadt
[198] Barch, B 162 / 3853, S. 46 Riwka(Regina) L.
[199] Vgl. Pascal Cziborra. KZ Wilischthal

Lager. Das KZ Flossenbürg wurde am 23. April 1945 befreit.[200] Zum Zeitpunkt der angeblichen Theresienstädter Abweisung, bestand also kaum noch eine Chance, die Flossenbürger Häftlinge ins Stammlager zu überführen. Genia K. berichtet:

> „Etwa in der ersten Dekade des Monats April 1945 wurden wir per Eisenbahn nach Theresienstadt evakuiert. Wir wurden nicht aufgenommen und mussten nach Flossenbürg. Die Frontsituation ermöglichte nicht mehr hinzugeraten und wir wurden zum zweiten Mal nach Theresienstadt gefahren. [...] Die Fahrt dauerte etwa eine Woche. Wir fuhren in Viehwaggons – sehr zusammengepfercht.“[201]

Welches alternative Ziel man im Sinn hatte, als der Zug in nördliche Richtung fuhr, lässt dieser Interpretationsansatz jedoch offen. Wie auch immer. Möglicherweise erkannte man aufgrund entgegenkommender Evakuierungszüge bald die Unmöglichkeit sich anderweitig der Häftlinge zu *entledigen* und schloss sich den zahlreichen Transporten an, die ab dem 20. April 1945 nach Theresienstadt strömten.

III. Todesfälle während der Evakuierung

Viel wurde bislang über die Todesfälle während der Evakuierungen seitens diverser Historiker, Institutionen und Verbänden spekuliert, der Schritt der Wahrheit durch intensive Forschung deutlich näher zu kommen, aber meist nicht gewagt. Mit der vorliegenden Publikation wurde der Kreis der möglichen Opfer der Zschopauer Evakuierung deutlich reduziert. Weniger als 30 ehemalige Zschopauer Häftlinge, sind während der Evakuierung nach Theresienstadt verstorben. Unter Berücksichtigung der zusammengetragenen Fakten ist realistisch von 5 bis 25 direkten Evakuierungsopfern[202] auszugehen. Diese Mädchen und Frauen starben aufgrund des akuten Versorgungsmangels auf Transport.

---

[200] Vgl. Der Ort des Terrors. Band 4

[201] Barch, B 162 / 3854, S. 245 VP Genia K.

[202] exklusive derjenigen, die nach Ankunft in Theresienstadt starben

Gezielten Tötungsaktionen fiel nach überseinstimmenden[203] Häftlingsaussagen niemand zum Opfer. So berichtet Hela S.:

> „Auf der Fahrt nach Theresienstadt wurde nicht getötet, es waren aber Todesfälle am Wege infolge Erschöpfung.“[204]

Ester S. bestätigt:

> „Auf dem Transport von Zschopau nach Theresienstadt habe ich ebenso wenig Tötungshandlungen gesehen wie in Theresienstadt selbst. Viele Häftlinge allerdings sind an Entkräftung und Hunger gestorben. Ich selbst wog bei der Befreiung noch 90 Pfund.“[205]

Konkrete Personenbeschreibungen der Opfer sind selten. Nicht ein Evakuierungsopfer wurde im Rahmen der Ludwigsburger Ermittlungen namentlich bekannt. Um den Toten angemessen zu gedenken, sollen sie endlich mit Hilfe einer breiteren Öffentlichkeit identifiziert werden. So sagt Dora I. mit leichter zeitlicher Fehleinschätzung aus:

> „Ende April 1945 wurden wir in Viehwaggons verladen – zu 100 Frauen in einen Waggon und nach Theresienstadt gefahren. Wir fuhren 8 Tage bei fast keiner Verpflegung. Auf der Fahrt verstarb ein etwa 16-jähriges blondes Mädchen aus Frankreich. Die Begleitmannschaften waren unsre Wachmannschaften und Aufseherinnen aus Zschopau. Mehrere von ihnen verschwanden während der Fahrt.“ [206]

Alle als französische Jüdinnen registrierten Frauen des Lagers wurden allerdings nachweislich befreit. Wer kann also Hinweise zum Tod eines blonden Mädchens geben? Möglicherweise ist die deutlich ältere Jacqueline Naudin gemeint, die fast starb.
Über weitere Todesfälle berichtet Sara W.. Da ihre Angaben diesbezüglich sehr konkret sind, bestehen hier die größte Hoffnungen auf Aufklärung. Sie gibt zu Protokoll:

---

[203] nur Aliza S. berichtet von der Erschießung 10 auf der Flucht ergriffener Häftlinge. Ihre Schilderungen sind eher unwahrscheinlich Vgl. S. 88

[204] Barch, B 162 / 3854, S. 219 VP Hela S.

[205] Barch, B 162 / 3854, S. 154f. VP Ester S.

[206] Barch, B 162 / 3854, S. 223 VP Dora I.

> „Dann haben sie uns einwaggoniert und nach Theresienstadt geschickt. Wir haben kein Essen und kein Trinken gehabt. Unterwegs sind in meinem Waggon zwei Menschen gestorben, ein Mädchen aus der Tschechoslowakei aus Veretzka oder Veretzki. Die andere Tote war eine Rabbinerfrau aus Debrecen (Ungarn). Die Beiden haben wir unterwegs auf Befehl einer Aufseherin in einem Feld begraben. Das war bei Leitmeritz in der Nähe von Theresienstadt. Wir waren drei Tage und drei Nächte [sic] nach Theresienstadt unterwegs.“[207]

Auch im Waggon der Genia K. verstarben zwei Ungarinnen. Ob es sich um denselben Waggon wie bei Sara W. oder um einen anderen handelte, ist unsicher. Sie äußert:

> „In meinem Waggon verstarben am Wege zwei Mädchen aus Ungarn. Vom Hörensagen war mir bekannt, dass auch in den anderen Waggons Frauen auf der Fahrt verstorben sind. Über Identität und Zahl der Opfer bin ich nicht in der Lage Genaueres anzuführen“[208]

Die Zahl und Art der Äußerungen bezüglich der Evakuierungstoten, lässt darauf schließen, dass es vergleichsweise wenige Sterbefälle auf diesem konkreten Transport gab. Lediglich die frühen Aussagen zwei ungarischer Jüdinnen suggerieren deutlich höhere Opferzahlen. So gibt Agnes M. nach Kriegsende in Budapest zu Protokoll:

> „Eines Tages wurde das ganze Lager geleert. 100 Frauen wurden in einen Waggon verfrachtet, und wir fuhren eine Woche lang ohne Essen. Diese Fahrt war grauenhaft. Viele sind im Waggon gestorben, und die Leichen blieben einfach weiter unter uns stehen, denn einen Platz gab es nur zum Stehen, eng nebeneinander, sie konnten nicht umfallen. Wir schliefen im Stehen. Einmal wachte ich auf, weil eine meiner Weggefährtinnen mich würgte, die arme Frau wurde verrückt. Als wir nach einer Woche Fahrt in Theresienstadt ankamen, waren wir so schwach, daß wir auf allen Vieren aus den Waggons kro-

[207] Barch, B 162 / 3854, S. 171 VP Sara W.
[208] Barch, B 162 / 3854, S. 245 VP Genia K.

> chen. Man brachte uns sofort ins Krankenhaus, wo uns am 08.05. die Befreiung erreichte."[209]

Márta K. wird noch konkreter und geht scheinbar gar von Hunderten Todesopfern aus. Sie gibt an:

> „Es kam nur die Hälfte von uns an unserem Bestimmungsort an. Hier in Theresienstadt war zwar Hunger, aber wir sahen keine Deutschen mehr und das war schon eine riesige seelische Erleichterung für uns."[210]

Eine derartige Sterblichkeit kann für den Evakuierungstransport der Lager Zschopau und Wilischthal jedoch ausgeschlossen werden. Wie viele und welche Frauen tatsächlich auf der Fahrt starben wäre anhand der Häftlingsliste in Teil 4 zu verifizieren.

m) Der Sprung in die Freiheit

Die Flucht von Häftlingen während der Evakuierungen und Todesmärsche ist in der chaotischen Endphase des Krieges keine Seltenheit. Das außergewöhnliche an der Flucht bei der Evakuierung des Zschopauer Lagers ist jedoch der mutige Sprung der Häftlinge aus dem fahrenden Zug und insbesondere die Aktivitäten des Widerstandes französischer Zwangsarbeiter im Zusammenspiel mit der deutschen Bevölkerung und einzelner SS-Aufseherinnen. In Zschopau bestand ein ganzes Netz an Bestrebungen den Jüdinnen zu helfen; Bemühungen die vielerorts ihresgleichen suchen. Eine Seltenheit ist auch die gute Dokumentationslage bezüglich der Geflohenen für das Lager Zschopau, die unter anderem auch dem Engagement von Dr. Hans Brenner zu verdanken ist, dessen Quellenbasis aber für diese Publikation entscheidend erweitert werden konnte und musste. Wer waren also die Zschopauer Häftlinge, die den Sprung in die Freiheit wagten? Wie kam es zu ihrer Flucht und wer half ihnen dabei?

---

[209] DEGOB 1807 Agnes M.

[210] DEGOB 794 Márta K.

Eine Evakuierung erfolgte meist ins Ungewisse. Fakt war jedoch der Zug entfernte sich von der Front, die sich in den letzten Tagen vor der Auflösung des Lagers Zschopau immer weiter genähert hatte. Die Evakuierung rückte die lang ersehnte Befreiung also wieder in zukünftige Ferne. Zudem bestanden aufgrund der Auschwitzer Vorerfahrungen der Zschopauer Häftlinge berechtigte Befürchtungen und Gerüchte, dass sie in ein Vernichtungslager transportiert würden. Auch etliche Aufseherinnen hielten das für wahrscheinlich und gaben einigen Häftlingen den Rat zu fliehen. *„Seht zu, dass ihr in so eine Lore kommt!“ „Haut ab, sobald sich eine Möglichkeit bietet!“*, lauteten nach einem Gespräch mit einer ehemaligen Aufseherin die Ratschläge, die vertrauten Häftlingen mit auf den Weg gegeben wurden. Den Aufseherinnen erschien eine Flucht aus den offenen Güterwaggons des gemischt zusammengestellten Zuges leichter machbar. Um dem vermeintlich sicheren Tod zu entgehen, blieb also auch nach Aufseherinnenmeinung anscheinend einzig die Flucht; nur der Sprung entkräfteter Frauen in eine lebensfeindliche Welt voller Gefahren.

Wenn sich also etliche Frauen für diesen Sprung entschieden, zeugt ihre Risikobereitschaft auch von der prekären Lebenssituation im Lager und dem zu befürchtenden Ende einer solchen Evakuierung. Dass es für die meisten übrigen Frauen des Transportes vergleichsweise glimpflich mit der Befreiung in Theresienstadt enden würde, konnten die flüchtigen Häftlinge und ganz offensichtlich auch die meisten Zschopauer Aufseherinnen nicht vorher absehen. Einige der Geflohenen hatten daher möglicherweise mehr Angst und Strapazen auszustehen, als wenn sie bei dem Transport geblieben wären. Ihr Mut wurde somit teilweise vom Schicksal bestraft, Gott sei Dank aber nicht mit dem Leben. So schildert die Ungarin Lenke H.:

> „Aus Zschopau mussten wir dann fliehen, weil die Amerikaner sich näherten. (Auch das erfuhren wir von italienischen Mithäftlingen[211].) Wir konnten nur zu Fuß weg, und kamen so nach Wilischthal, wo wir in einen Zug stiegen. 14 von uns besprachen sich allerdings zu fliehen. So geschah es auch. Als

[211] Kriegsgefangene bzw. Militärinternierte

> der Zug losfuhr, sprangen wir in einem unbewachten Moment aus dem Zug, doch da waren wir nur noch zu siebt, (die Anderen hatten nicht den Mut) und gingen in das benachbarte Dorf. Dort bekamen wir zu essen, und zogen dann weiter, bis wir dann schließlich am 8. Mai bei Leitmeritz auf die Russen trafen."[212]

Demnach ging Lenke H. mit einigen anderen, namentlich nicht genannten Häftlingen, zu Fuß bis nach Leitmeritz, das der Evakuierungszug wohl bereits am 21. April erreicht hatte. Sie und möglicherweise sechs weitere Häftlinge erreichten demnach zwei Wochen später als der Evakuierungstransport Theresienstadt. Lenke H. wurde im Theresienstädter Datenbankprojekt erfasst. Somit steht fest, dass mehr als sieben Häftlingen eine Flucht gelang.
Auch zur Gruppe der 14 Frauen, die beabsichtigten zu fliehen, gehörte Odette Spingarn aus Frankreich, von der mittlerweile eine Autobiografie mit Briefen ihrer geflüchteten Mithäftlinge vorliegt. Die Augenblicke kurz vor und kurz nach ihrem Sprung in die Freiheit beschreibt sie wie folgt:

> „Bevor ich sprang, rief ich meinen Kameraden zu: „Auf Wiedersehen, Ihr Lieben". Sie hatten eine Leiter gebildet, um mir zu helfen, mich durch das kleine Fenster im Viehwaggon zu zwängen. Der Zug rollte mit geringem Tempo durch die Nacht, der Wind schlug mir ins Gesicht. Während ich mich noch mit der rechten Hand festhielt, meinen Körper in Fahrtrichtung brachte, gab ich mir mit dem Fuß den Schwung, um über die Kiesfläche zu springen. Schnell stand ich auf, bewegte Beine und Arme: nichts gebrochen, nicht eine Schramme. In der linken Hand umklammerte ich meine kleine Tasche, darin war ein Stück Brot und mein Löffel. Gebannt starrte ich auf die roten Rücklichter des Zuges, der sich entfernte. Er schien seine Fahrt zu verlangsamen ... und hielt tatsächlich nach 100m. Ich werfe mich in den Graben neben den Gleisen. Die Angst schnürt mich ein, es ist aus, ein Wachposten muß mich erspäht haben. Denn es gab einen zwischen jedem Waggon, der auf einem Abtritt stand. Nun werden sie die Hunde loslassen, und davor habe ich am meisten Angst. Ich

[212] DEGOB 1667 Lenke H.

wage nicht mehr zu atmen und liege flach am Boden mit geschlossenen Augen. Kurze Befehle werden erteilt. Die hohlen Stimmen verklingen in der Nacht. Einige Minuten vergehen. Der Zug setzt sich wieder in Gang. Ich hebe meinen Kopf und verfolge mit meinem Blick das rote Licht, das bald in der Dunkelheit verschwindet. Ich bin frei."[213]

Nach dieser Vorwegnahme der Ereignisse zu Beginn ihrer Erzählung geht sie im Verlauf ihrer Schilderungen noch einmal genauer auf den Vorgang der Evakuierung und die Flucht ein. Sie schreibt:

> „Ein unheimlicher Abschied inmitten von Schreien, Schlägen. Die französischen Gefangenen, die in der unteren Etage der Fabrik arbeiten, drängen sich in einer Ecke des Hofes zusammen. Sie müssen das Ganze sehen – ohnmächtig und verwirrt. Eine von ihnen konnte uns zuraunen: ‚Die Alliierten sind in Chemnitz.' Chemnitz, 17 km! Ein Hoffnungsschimmer. Wenn nur der Zug nicht heute schon führe! Die Alliierten nähern sich von Westen. Die Russen von Osten kommen auch näher. Wenn sie sich träfen, würde es den Deutschen schlecht ergehen. Doch mittlerweile führt man uns gen Süden. Zur Tschechoslowakei. Wir sind zusammengedrängt im letzten Waggon des Zuges, wir – das sind 120 Frauen. Jemanden war es gelungen, die Platte vor dem Fenster abzuschrauben, damit wir etwas Luft bekamen. Und dann war da plötzlich der Gedanke, der sich von Mund zu Ohrmuschel fortbewegte und der Eingang fand bei unserer kleinen Bande von Belgierinnen und Französinnen, wozu sich auch noch Bianca, die Italienerin, und Alice, die Ungarin, gesellten. Wir 14 sind fest entschlossen, um jeden Preis die Flucht zu versuchen. Das Schwierigste würde sein, in der Dunkelheit des Waggons das Fenster zu erreichen. Ich muß die Länge des Waggongs durchqueren, indem ich über die gedrängt zusammengekauerten Körper meiner Mitgefangenen marschiere, die nicht verstehen, warum ich einen anderen Platz suche, und mir die Sache nicht erleichtern. Sie hocken in ihrem Elend, und ich störe sie noch! Um sich zu rächen, kratzen sie meine Knöchel, während ich langsam vorankomme. Dabei denke ich, dass jede Radumdre-

[213] Odette Spingarn. Übersetzung Gisela Dulon in: Ihrer Stimme Gehör geben. S. 107 vgl. My Leap to Freedom S.77f.

hung des Zuges mich weiter entfernt: Ich will bald springen. Endlich habe ich das Fenster zu fassen – hindurch, und ich springe: die Siebte! Ich bin frei!"[214]

Wie die Ungarin Lenke H., spricht also auch Odette Spingarn von einer 14-köpfigen Gruppe, die sich verabredete zu fliehen. In beiden Aussagen spielt die Zahl Sieben eine wichtige Rolle. Laut Lenke H. trauten sich nur sieben aus dem Zug zu springen. Wenn sie dies behauptet, muss ihre Gruppe entweder sieben Frauen gezählt haben, sie selbst als siebte gesprungen sein oder die zuletzt gesprungene müsste ihrer Gruppe angehört haben.
Die beiden letzteren Varianten scheiden wohl aus. Denn Odette Spingarn gibt ausdrücklich an, als siebte gesprungen zu sein. Ihre Schilderungen verdeutlichen jedoch, dass sie nicht zu den sechs Frauen gehörte, die sich möglicherweise nach ihrem Sprung um Lenke H. zusammenfanden und ins Nachbardorf, sowie später nach Leitmeritz gelangten. Odette H. schlug sich allein durch die Wälder. Gleiches gilt für etliche andere Häftlinge. Gab es also zwei verschiedene Gruppen von Flüchtigen? Sprangen vielleicht zunächst sieben und später weitere Häftlinge? Oder irren sich die Überlebenden möglicherweise bei ihren Zahlenangaben? All diese Fragen können leider noch nicht mit Bestimmtheit beantwortet werden. Fest steht jedoch, dass nach Odette Spingarn mindestens eine achte Frau, wahrscheinlich auch eine Neunte, gesprungen ist. Die Achte war Suzanne Leppien. Von ihr liegt ein nach Kriegsende rekonstruiertes Tagebuch ihrer Flucht vor, das freundlicherweise von ihrem mittlerweile verstorbenen Neffen Herrn Dr. Helmut Leppien übersetzt, und zur Verfügung gestellt wurde. Ihr Schreibstil ist assoziativ und macht deutlich, dass ihr Tagebuch in erster Linie für sie selbst als Erinnerungsstütze gedacht war. Es ist vorwiegend in Französisch, zu Teilen auch in Deutsch und Englisch verfasst. Es wird aber von durch Spingarn überlieferte Briefe vom 17. Juni und 22. August 1945 ergänzt und ihre Festnahme bei Annaberg, wo sie im Gefängnis auf Louise Fridman traf, bestätigt.

---

[214] Odette Spingarn. Übersetzung Gisela Dulon in: Ihrer Stimme Gehör geben. S. 108 vgl. My Leap to Freedom S.78ff.

Die Eintragung im „Tagebuch“ für den 14. April lautet:

> „Bahnhof. Offene Waggons, Waggon-Austausch. Trotz Schreie etc. komme ich zum Fenster; nachdem ich 7 anderen geholfen habe, springe ich“[215]

Diese Aussage deckt sich, trotz des völlig anderen Stils, mit dem Bericht Odette Spingarns. Demnach war es Suzanne Leppien, die für sieben vorangegangene Frauen eine Räuberleiter bildete. Wer ihr selbst aus dem Fenster zu kommen half, ist nicht genau überliefert. Möglicherweise war es Louise Fridmann. Auf sie scheint Suzanne Leppien während ihrer Flucht zu treffen, wenngleich dies aus ihren Aufzeichnungen nicht zweifelsfrei, jedoch aus Briefen, hervorgeht. Für den 15. April 1945 schreibt sie:

> „Die ganze Nacht gelaufen. Pause in einer Tannen-Baumschule. Eine halbe Stunde geschlafen im Wald. Zu nahe einem Dorf, zurück. K.L. vom Mantel gekratzt. Auf einem Baumstumpf Jäger. Durch zwei Dörfer. Am Skisprungstand geschlafen. Alarm. Bombardement. Eichhörnchen. Etwas weiter – Spaziergänger. Zu kalt. Erbitte Auskünfte, zwei alte Frauen. Ich werde festgenommen. Drei Löwen. Polizei, Gestapo. Fallschirmspringerin „weil ich Angst vorm Gas hatte.“ Militärgefängnis – die heben sie für mich auf.“[216]

Eindrucksvoll lassen sich Leppiens Schwierigkeiten und Ängste bei der Flucht aus ihren Aufzeichnungen herauslesen. Bei ihrer Festnahme bei Annaberg (vgl. Brief vom 17.06.1945) scheint sie sich als Fallschirmspringerin auszugeben und in ein Militärgefängnis eingeliefert zu werden. Für den 16. April notiert sie:

> „Essen. Zellenwechsel: ‚Suzanne, mein Schatz’ feste Überzeugung, daß ich erschossen werde. Alle Gedanken kreisen darum. ‚es ist trotzdem Scheiße, dass ich keine Bohnen mehr essen werde.’ Initialien, Spiritismus. Schwierigkeiten sich sauber zu halten.“[217]

---

[215] Tagebuch Suzanne Leppien. Übersetzung Leppien. Privatarchiv Cziborra
[216] Tagebuch Suzanne Leppien. Übersetzung Leppien. Privatarchiv Cziborra
[217] Tagebuch Suzanne Leppien. Übersetzung Leppien. Privatarchiv Cziborra

Die Todesangst ist auch in ihren kurzen Zeilen gegenwärtig. Alles Weitere lädt zu Vermutungen ein. Möglicherweise wird Suzanne nach dem Essen in die Zelle von Louise Fridmann gebracht, die nach ihrer Flucht offensichtlich auch wieder aufgegriffen wurde und Suzanne mit den zitierten Worten begrüßt haben könnte. Denn Suzanne Leppien notiert für die Folgetage:

> „17. April: Immer das gleiche. Von Zeit zu Zeit Alarm, Bombardement. Ich warte. 18. April: Immer das gleiche – aber am Nachmittag plötzlich die Idee, daß ich meine Haut retten werde. 19. April: Immer das gleiche (man könnte ein ganzes Buch über Louise als Beispiel schreiben und über die Tage ohne etwas zu tun, eingesperrt, die Bombeneinschläge um sie herum)“[218]

Während Suzanne Leppien und Louise Fridmann also in einem noch nicht näher lokalisierten Gestapogewahrsam in Annaberg saßen, war der Evakuierungszug mit der Mehrheit der Häftlinge immer noch auf Irrfahrt und die Häftlingsgruppe um Lenke H. zu Fuß in Richtung Leitmeritz unterwegs. Was geschah aber mit Odette Spingarn und den von ihr erwähnten Häftlingen? Auch hierzu liegen etliche Dokumente vor. So hatte Odette Spingarn den Plan, den Amerikanern, die sich bereits in Chemnitz befinden sollen, entgegenzugehen. Dafür musste sie zunächst zurück nach Zschopau. Nachdem sie sich durch den nächtlichen Wald geschlagen und bereits einige Begegnungen mit deutschen Flüchtlingen überstanden hat, traf sie vermutlich in der Region um Scharfenstein auf zwei Polizisten:

> „…Ich hatte sie im Dunkeln des Waldes nicht bemerkt, plötzlich standen sie vor mir, zwei Polizisten, riesig von Wuchs, leuchteten mir mit ihrer Lampe ins Gesicht. ‚Papiere'. Ich habe natürlich keine. Die Unterhaltung kommt in Gang: Sie sind Ausländerin? Ja, Französin. Und wo arbeiten Sie? Ich zögere, weiß ich doch nicht, wo ich bin. Nahe von Zschopau, von Annaberg? Der Polizist verbindlich: ‚Sicher arbeiten Sie bei Scharfenstein?' ‚Ja,ja, Scharfenstein.' Ich fasele drauf los: Laßt mich schnell nach Hause. Sie scherzen miteinander; ich verstehe nur die Hälfte. ‚Ich komme von meinem Freund, ja,

[218] Tagebuch Suzanne Leppien. Übersetzung Leppien. Privatarchiv Cziborra

> ja, ein Franzose, aber ich habe mich verspätet. Lassen sie mich schnell weitergehen!' Es sind gute Leute, sie verstehen! Wir geben uns die Hände: ,Auf Wiedersehen'."[219]

Kurze Zeit später eine erneute Begegnung:

> „Beim Eingang eines Dorfes werde ich an der Brücke von dem ,Volkssturm' der alten Dorfeinwohner angehalten, in Zivil, die ihre Rolle als Straßenaufsicht sehr ernst nehmen. Keine Papiere? Das werden wir beim Amt klären, keine Ausflüchte! Man stößt mich in einen großen Raum, an dessen Ende vier junge Männer im Schein einer rauchenden Lampe Karten spielen. Sie gucken mich neugierig an. Das Verhör beginnt, ich antworte mit fester Stimme: ,Ja, ich habe meine Papiere verloren. Ich bin Ausländerin. Französin. Ich arbeite bei Scharfenstein, in der Fabrik. Was in meiner Tasche ist? Sehen sie selbst, ein Stück Brot und ein Löffel.' Nachdem sie den Inhalt bestätigt fanden, werden sie menschlicher. Was ich zu dieser Stunde auf der Straße mache? In meiner Verwirrung finde ich nicht die deutschen Worte und stammle: ,ein französischer Freund'. Meine Unsicherheit wird ganz anders gedeutet, ein paar Witze, die ich nicht verstehe, folgen. Gut, ich kann gehen, aber daß man mich nicht noch einmal ohne Papiere antrifft! Ich bedanke mich, und im Moment des Aufbruchs kommt mir in den Sinn, daß auf dem Rücken meiner marineblauen Jacke zwei große weiße Buchstaben K.L. (Konzentrationslager) gemalt sind. Ich stehe im Schein der Lampe, aber wenn ich mich drehe, bin ich verloren. Zögernd gehe ich drei Schritte nach hinten, dann ein Blitzgedanke: ich nehme die Kordel von meiner Tasche und mit beiden Händen werfe ich die Tasche so weit wie möglich hinter meinen Rücken, als wäre es ein Sack. Umdrehen und raus. Wahrscheinlich lasse ich sie recht verdutzt zurück. Der ,Volkssturm' geleitet mich zum Dorfausgang. Meine Tasche bleibt auf dem Rücken bis zur ersten Kurve. Sobald ich mich unbeobachtet fühle, wende ich schnell meine Jacke und ziehe sie wieder über. Warum war mir diese Idee nicht früher gekommen!"[220]

---

[219] Odette Spingarn. Übersetzung Gisela Dulon in: Ihrer Stimme Gehör geben. S. 110 vgl. My Leap to Freedom S.81f.

[220] Odette Spingarn. Übersetzung Gisela Dulon in: Ihrer Stimme Gehör geben. S. 110f. vgl. My Leap to Freedom S.82f.

Beide bedrohliche Situationen finden in der Nacht vom 14. auf den 15. April statt. Odette Spingarn sucht Schutz in einem Jägerstand und erlebt von dort aus ihren ersten Sonnenaufgang in Freiheit. Am Nachmittag des 15. Aprils bricht sie zum nächst liegenden Dorf auf. Hier trifft sie auf einen deutschen Soldaten, der einige Zeit in Paris gelebt hat. Er erkundigt sich für Odette bei einem russischen Gefangenen nach dem Weg. Es sind noch 6 km bis nach Zschopau. Diese Strecke wird für Odette Spingarn zur Qual. Sie verzehrt ihr letztes Stück Brot. Die eisige Nacht vom 15. auf den 16. April 1945 verbringt sie nach Erreichen Zschopaus im Wald oberhalb des DKW-Werkes, den sie von den Fliegeralarmen noch gut kennt

Unter der Gefahr von den Falschen entdeckt zu werden, erwartet sie am Montag Morgen die Fabrikarbeiter und hofft Marquand zu finden, einen französischen Gefangenen, den sie von der Arbeit bei der Auto Union kennt und als vertrauenswürdig einschätzt. Als sie unter den Arbeitern auf ihn trifft, versteht er sofort, dass Odette Spingarn geflohen ist, und nimmt sie mit in seine Unterkunft. Im Erdgeschoss eines beschlagnahmten Hotels waren die 32 Gefangenen seines Kommandos einquartiert. Hier wird die Französin zunächst versteckt und von den Männern so gut es geht bewirtet und umsorgt. Am Abend des 16. Aprils gibt es eine positive Überraschung:

> „Bei Einbruch der Nacht kam Marquand – o Wunder – mit Alice und Bianca, die er gefunden hatte, eine im Wald, die andere auf der Straße. Wir fielen einander um den Hals, eine nach der anderen, gleichzeitig weinend und lachend. Es gab so viel zu erzählen, alle drei redeten gleichzeitig, aufs äußerste erregt, den anderen mußten wir wie durchgedreht erscheinen, und die Franzosen guckten ganz verdutzt. Doch nach einiger Zeit kam Marquand dazwischen: sie könnten in ihrem Kommando nur eine Person aufnehmen, doch er wüßte andere Verstecke. So nahm er Bianca und Alice mit.“[221]

Nachdem die italienische Jüdin Bianca Romanin und die Ungarin Alice Adler ihr Versteck in einer Waldhütte beziehen konn-

---

[221] Odette Spingarn übersetzt von Gisela Dulon in: Ihrer Stimme Gehör geben. S. 115. Vgl. My Leap to Freedom S.89

ten, wird zusammen mit dem Kommando-Chef Fleury auch über den Verbleib Odette Spingarns entschieden. Bei Elli Fullmann, einer ausgebombten Kriegerwitwe aus Hamburg, die als Flüchtling in der ersten Etage der Gastwirtschaft Gambrinus, mitten in der Stadt Zschopau untergebracht worden war, findet Odette Spingarn schließlich ein neues, sichereres Versteck. Dort harrt sie bis zum Kriegsende aus, das länger auf sich warten lässt als zunächst angenommen und erhofft.

Auch die Französin Cecile Weinryb, der ebenfalls eine Flucht aus dem Evakuierungszug gelungen war, wird, ohne dass beide voneinander wissen, im selben Haus wie Odette Spingarn versteckt. Es ist die Zschopauerin Anni Schneider, geb. Hunger, Tochter eines Bahnwärters, die den Mut aufbrachte, der Geflohenen Unterschlupf zu gewähren.[222] Es ist anzunehmen, dass auch dieser Kontakt durch die französischen Gefangenen zustande kam. Demnach wurden also mindestens vier Frauen von den französischen Zwangsarbeitern nach ihrer Flucht aufgefunden und erfolgreich versteckt. Zwei Frauen Suzanne Leppien und Louise Fridmann werden nach ihrer Flucht ergriffen und von der Gestapo gefangen gehalten. Eine dritte Häftlingsgruppe um Lenke H. ist nach gelungenem Fluchtversuch aus dem Zug zu Fuß in östlicher Richtung nach Leitmeritz unterwegs. Eine weitere geflohene Jüdin wird in Krumhermersdorf von der Aufseherin Martha Färber versteckt.

I. Der Fall Bloch

Auch der Wienerin Elisabeth Bloch gelang die Flucht aus dem Evakuierungszug. Ob sie allerdings zu dem engeren Kreis der 14 verabredeten Frauen gehörte, ist bislang nicht geklärt. Elies Bloch hat nämlich eine Sonderstellung innerhalb der Geflohenen. Sie wurde von der Aufseherin Martha Färber versteckt. Zunächst eine schier unglaubliche Geschichte.

Dank der ehemaligen Aufseherin, die sich während ihrer Dienstzeit im Zschopauer Lager ihre Stube in der Mannschaftsbaracke mit Aufseherin Färber teilte, konnten jedoch Details überliefert

[222] Auskunft laut Dr. Hans Brenner – Ausstellung Schloss Wildeck Mai 2005

werden, die sich anhand verschiedener Dokumente und Auskünfte von Organisationen im Nachhinein belegen ließen, und zu einem schlüssigen Gesamtbild zusammengesetzt werden konnten. So habe die Aufseherin Martha Färber der Jüdin Elies Bloch ihre Heim-Adresse gegeben und riet ihr während der Evakuierung zu fliehen. Nachdem sie bemerkte, dass ihrem jüdischen Schützling die Flucht gelungen war, setzte sie sich selbst mit zwei Kameradinnen bei Weipert ab. Über Steinbach gelangten sie zurück nach Zschopau. Auf Martha Färber habe zu Hause bereits Elies Bloch gewartet. Gemeinsam besuchten sie bald darauf Färbers ehemalige Zimmergenossin und weihten sie in ihr Geheimnis ein. Bereits im Zschopauer Lager hatten Färber und ihre Zimmergenossin engeren Kontakt zu etlichen Häftlingen gepflegt. Dies war auch einigen Mithäftlingen aufgefallen. So bestätigt auch Rose R. das Verschwinden Färbers und Blochs während der Evakuierung. Sie gibt zu Protokoll:

> „Unterwegs verschwand eine Aufseherin mit einer deutschen Jüdin, zu der sie auch in Zschopau schon immer sehr freundlich gewesen war.“[223]

Ohne das Gespräch mit der ehemaligen Aufseherin wäre die Geschichte, die hinter dieser Bemerkung steckt, möglicherweise nie aufgeklärt worden. Die Interviewte teilte des Weiteren mit, dass Färber und sie über die geflüchtete Jüdin stets vom *Wiener Liesel* sprachen und sich mit ihr auch schon vor Kriegsende in „Ziviltarnung“ frei auf der Straße bewegten. Nach Kriegsende habe die Aufseherin Färber, Elisabeth Bloch bis zur niederländischen oder belgischen Grenze begleitet und hätte auf dem Rückweg in ihre Heimat einige Unannehmlichkeiten durchmachen müssen. Elisabeth Bloch meldete sich später nie mehr bei ihr, was Färber sehr bedauerte. Erst aufgrund all dieser Angaben konnte die Identität des *Wiener Liesels* definitiv ermittelt und mit der Aussage von Rose R. in Einklang gebracht werden. Die gebürtige Wienerin Elies Bloch war über Belgien nach Auschwitz deportiert worden und ist im Flossenbürger Nummernbuch als reichsdeutsche Jüdin registriert. Ihr Über-

---

[223] Barch, B 162 / 3854, S. 167 VP Rose R.

leben und der Befreiungsort „Flossenbürg“ konnten auch durch das DöW[224] bestätigt werden. Leider konnte Martha Färber nicht mehr selbst zu den Ereignissen befragt werden und Stellung nehmen.[225] Für ihre innere Haltung spricht jedoch auch ein Entlassungsgesuch, das am 20.01.1945 abgelehnt wurde[226]. Man muss sie daher als SS-Aufseherin wider Willen und als SS-Angehörige im aktiven Widerstand bezeichnen. Wie sie, fühlten sich viele zur SS-Aufseherin zwangsverpflichtete Mädchen und Frauen völlig ungeeignet für die menschenverachtenden Aufgaben, die man von ihnen verlangte. Nur wenige ließen jedoch der inneren Haltung konkrete Taten folgen. Andere wiederum witterten Karrierechancen und blühten dank ideologischer Vorprägung in ihrem neuen „Arbeitsumfeld“ richtig auf. Daher muss nach wie vor immer wieder vor Pauschalurteilen über SS-Aufseherinnen gewarnt werden. Ihre Lebensgeschichten sind stets differenziert zu betrachten.

II. Der Fall Meinhart

Auch die vermeintliche Lagerälteste Frieda Meinhart, soll zu den Frauen gehört haben, denen eine Flucht gelang. Bislang konnte aber weder ihre genaue Identität noch ihr Schicksal geklärt werden. Aufgrund ihrer zugeschriebenen Herkunft, könnte sie sich gut der Gruppe angeschlossen haben, die sich nach der Flucht in östliche Richtung, gen Heimat bewegte. Genaueres ist bislang nicht bekannt. Die in Theresienstadt befreite Irene W. gab zu Protokoll:

> „Unterwegs lief die SS-Aufseherin Liesel weg. Dabei fällt mir ein, dass auf dieser Evakuierungsreise auch die Lagerälteste, Frau Frieda, eine Jüdin aus Prag, ebenfalls davon lief.“[227]

Mit ihr könnte vielleicht auch die Tschechin Alice Frisch geflohen sein, die wie Meinhart nicht im Theresienstädter Datenbankprojekt nachzuweisen war. Möglicherweise verstarb sie aber

---

[224] Dokumentationsarchiv des Österreichischen Widerstandes
[225] Sie soll 2006 verstorben sein.
[226] Barch, B 162 / 3854, S. 281
[227] Barch, B 162 / 3854, S. 270f. VP Irene W.

auch auf Evakuierung. Hinweise zum Schicksal dieser Frauen sind erbeten. Meinhart war aus Krakau deportiert worden.

III. Tagebuch einer Flucht

Die Schicksale nach der Flucht aus dem Zschopauer Evakuierungszug sind individuell. In kleine Gruppen zersprengt, hat fast jede von ihnen andere Hürden und lebensgefährliche Situationen zu meistern. So gelingt Suzanne Leppien und Louise Fridmann trotz ihrer Ergreifung vermutlich die früheste Befreiung und eine baldige Rückkehr nach Paris. In ihrem rekonstruierten Tagebuch schreibt Suzanne Leppien für den 20. April 1945:

> „Vormittags Unterhaltung unseres Gestapo-Typs durch die Tür gehört: 'die müssen dableiben bis die Am. kommen u. die Scheiße ist, dass ich mit ihnen bleiben muss'. Großes Bombardement. Aufbruch. Die anderen. Die Stadt durchquert. ,...werden aus dem Lager ausgeschlossen' Franzosen. Rüben, Suppe. Wir brechen gemeinsam auf. Jazz. Zug. Flöha. Die Belgier"[228]

Diesen Zeilen ist zu entnehmen, dass Suzanne Leppien und Louise Fridmann nach einem Fliegerangriff losmarschieren und wohl mit anderen Häftlingen, Kriegsgefangenen oder Zwangsarbeitern nach Chemnitz gebracht werden sollen. (Brief 17/6/45) Für den 21. April 1945 notiert Suzanne Leppien:

> „2 Kartoffeln, 2 Scheiben Brot.[...] Wir brechen auf. Die Bahnhöfe haben keine Zebrastreifen[229] mehr. Marschkolonnen nach Chemnitz. Gegenüber die französischen Kriegsgefangenen. Wir betteln in den Bauernhöfen. [...] Drei Frauen weisen uns den Weg zu den Amerikanern. Immer wieder bei den Bauern bettelnd, gehen wir weiter. Die Zschopau überquert, Zwischenmahlzeit mit Kartoffelpüree. Regen. [...]"[230]

Am 22. April erreichen die Frauen Frankenberg.

---

228 Tagebuch Suzanne Leppien. Übersetzung Leppien. Privatarchiv Cziborra
229 Umschreibung für KZ-Häftlinge.
230 Tagebuch Suzanne Leppien. Übersetzung Leppien. Privatarchiv Cziborra

„Um 6Uhr Kaffee von der Bäuerin. Wieder die Zsch. überquert. Überall Soldaten. Frankenberg. Strassendorf.[231] Bäckerei, SS. Wir müssen die Straße verlassen. Auf der Parallelstraße Schrebergärten, Abfallstelle. Arbeitskommando. Den ganzen Tag französischen Gefangenen begegnet, die uns verwöhnen. Erste „Truppe“. Abends finden wir nach einem Irrtum die angegebene Grotte. Auf dem Boden geschlafen, sehr kalt, ich habe Schmerzen am Kopf.“[232]

23. April:

„Ich kann nicht sehen. Rechtes Auge völlig geschlossen, die ganze Schnauze angeschwollen. Feuer, Qualm, Kälte Qualm, wenig zu essen, Regen, viele Leute ziehen vorbei. Wir schlagen ringsumher Holz. Kommt der Volkssturm am Abend? Nein. Kalt die Nacht, alle kratzen sich und haben Schiss.“[233]

24. April:

„Wir brechen auf, folgen dem Rat der Gefangenen, Privatweg, verboten, die Brücke. Der Russe zeigt uns den Weg. Soldat [unleserlich] ‚Eigentlich müsst ich Sie verhaften.’ Bäckerei. Wir bleiben auf dem Weg. Weiße Fahne. Weiße Fahnen. Red Cross Boys. Lucky Strike. Kommandant. ‘Cleaned their situation’[234]. Gegessen bei Deutschen. 2 Mädchen. Bis Wittgensdorf gelaufen. Kommandant. Versorgung. Red Cross. Deutsches Haus. Abendessen. Bett mit Matratze und Decken.“[235]

25. April:

„[...]Englisches Frühstück. Gepäck. Richtung Limbach gelaufen. Szenen bei der geizigen Bäuerin. ‚This war is a

---

[231] Ortsbezeichnung nicht zu identifizieren. Eventuell ist auch ein Straßendorf wie Niederlichtenau bzw. Lichtenau gemeint, über das Suzanne Leppien später wohl Wittgensdorf erreicht.

[232] Tagebuch Suzanne Leppien. Übersetzung Leppien. Privatarchiv Cziborra

[233] Tagebuch Suzanne Leppien. Übersetzung Leppien. Privatarchiv Cziborra

[234] ‚Bereinigten ihre Situation.’

[235] Tagebuch Suzanne Leppien. Übersetzung Leppien. Privatarchiv Cziborra

dammed thing for me'[236]. Limbach. 'Oh you speaking English.'[237] Medikamente. Rathaus. Hitler-Bildnis. Auf der Erde auf Strohsäcken geschlafen."[238]

Von Limbach werden Suzanne Leppien und Louise Fridmann schließlich per LKW über Erfurt nach Eisenach gebracht, das sie am 27. April 1945 erreichen. Am 17. Mai bringt man sie per Zug über Frankfurt und Ludwigshafen nach St. Avold in Frankreich, das sie am 18. Mai erreichen. Am 25. Mai trifft Suzanne Leppien in Paris auf ihren Mann, der einen Tag zuvor ebenfalls aus der KZ-Haft zurückgekehrt ist. Diesen Moment schildert Suzannes Mann, der Maler Jean Leppien in seiner Autobiografie wie folgt:

> „Im Treppenhaus ist noch Licht ... Ich steige wieder hinauf ... Ich läute ... Jemand macht die Tür auf ... Suzanne. Mir ist heiß, mir ist kalt, ich bekomme eine Gänsehaut, mir stockt der Atem, ich friere, mit Tränen in den Augen lache ich, mit Tränen in den Augen lacht Suzanne. Ich nehme sie in die Arme, sie hält meinen Kopf in ihren Händen. Nein, schön sieht sie nicht aus mit den paar Haarbüscheln, die eine brutale Schere ihr gelassen hat, mit der viel zu weiten amerikanischen Armeejacke. Eine noch blutrote Narbe läuft von der Stirn bis zur rechten Wange. Suzanne ist ganz klein in meinen Armen, ganz schmächtig, und sie zittert, als wäre ihr kalt. Dabei ist doch Frühling! Der 25. Mai! [sic! vgl. Brief vom 23. Mai]"[239]

IV. Briefwechsel 1945

Zwischen den geflüchteten Frauen entsteht nach der Befreiung ein Briefwechsel, indem sie versuchen, mit zuvor untereinander ausgetauschten Adressen sich über das Schicksal der anderen Kameradinnen Gewissheit zu verschaffen. Selten ist es bisher der Forschung gelungen so tiefen Einblick in die sozialen Strukturen einzelner Häftlingsgruppen zu erlangen. So war im Nach-

---

[236] ‚Dieser Krieg ist eine verdammte Sache für mich."
[237] ‚Oh, Sie sprechen Englisch.'
[238] Tagebuch Suzanne Leppien. Übersetzung Leppien. Privatarchiv Cziborra
[239] Jean Leppien. Ein Blick hinaus. Lebensgeschichte eines Malers. Zu Klampen Verlag. Hannover. 2004. S.77f. Vgl. Suzannes Brief an Rita

lass Suzanne Leppiens ein wahrer Schatz authentischer Briefe zu finden, die weitere aus Spingarns Autobiografie ergänzen. Alice (Adler) Dünn, deren literarisierte Geschichte wir aus Boriska's Prophecy kennen, schreibt am 18. Mai in Jena nachdem sie das Kriegsende im Zschopauer Versteck erlebt hatte:

> „Suzanne, ich weiß nicht, wann Du diesen Brief lesen wirst, schade, dass es keine Gelegenheit zum Treffen gab nach meinem Sprung, zu welchem Du mir Hilfe gegeben hast; Dein Händedruck war der letzte, bevor ich ein neues Leben begonnen habe. Ich hoffe, alle diese Wünsche, die nur Alfons kennt, sind in Wahrheit alle in Erfüllung gegangen und Du hast Kurt[240] gefunden. Der Zufall wollte es, dass Bianca die einzige war, die bei dieser Aktion im Wald zufällig zusammengekommen ist, wir sind natürlich zusammengeblieben, über 36 Stunden Fußmarsch. Danach sind wir nahe einem Zustand gewesen, wo alle unsere Kräfte vollkommen am Ende waren. Der französische Kriegsgefangene hat geholfen, uns zu verstecken, dieser Sache ist es zu verdanken, dass wir noch leben. Wir haben entdeckt, dass unter denen einer ist, der die Apothekerfamilie in Sorgues sehr gut kennt, natürlich nahmen wir die Gelegenheit wahr, Dir zu schreiben. Im Augenblick wissen wir noch nicht, wann sie uns über die Grenze lassen, weil sie noch nicht wissen, was sie mit diesen enorm vielen Fremden anfangen sollen. Ich glaube nicht, daß die Entscheidung vor Juni sein wird. Du kannst Dir vorstellen, welch ein Glück es für mich wäre, von Dir zu hören, es gibt nur eine Möglichkeit, schreiben. Odette war die einzige, die wir getroffen haben. Von anderen weiß ich nicht. Die einzige Hilfe war die Tätowierung. So einen großen Dienst hat die uns geleistet. Wozu war dieser Vandalismus gut. Jetzt sind wir in der Nähe eines amerikanischen Bataillons. Sie behandeln uns nun besonders gut, mit Lebensmitteln, Zigaretten, Radio, alles bekommen wir von denen. Seitdem wir Frankreich betreten haben, sind wir mit Bianca in Ulmsthar (sic!) allein geblieben, unserm Schicksal überlassen. Ich wünsche alles Gute und laß von Dir hören. Ich umarme Dich.
>
> Alice“[241]

---

[240] Kurt Leppien: Künstlername Jean Leppien

[241] Nachlass Suzanne Leppien. Kopie Privatarchiv Pascal Cziborra.

Deutlicher kann die Diskrepanz zwischen dem damals Gefühlten und Erlebten im Vergleich zu ihrer Jahrzehnte später erschienen Autobiographie nicht ausfallen.[242] Suzanne Leppien half Alice Dunn beim Sprung aus dem Zug und nicht ein fremder Mann. Sie war also auch nicht im eigentlichen Sinne allein unter Fremden in einem Zug, der in ein Vernichtungslager unterwegs war. Vor allem war sie aber, wie sie hier selbst bestätigt, nicht die einzige, der eine Flucht aus dem Zug gelang. Ihre Pseudo-Autobiographie entwirft also eine gewollt betont ‚einzigartige' Überlebensgeschichte, bei der wahrscheinlich zwecks Vermarktung an entscheidenden Stellen die Wahrheit zugunsten der Dramaturgie verfälscht wurde. Alice Dunn Adlers gleichfalls geflohene, versteckte und befreite Kameradin Bianca Romanin, die zudem den Weg nach Jena gemeinsam mit ihr zurücklegte, schreibt Ende Mai 1945 ebenfalls an Suzanne Leppien:

> „Liebe Suzanne,
>
> wird Sie dieser Brief erreichen? Ich hoffe es, und der Herr, der ihn Ihnen freundlicherweise übergeben soll, kann Ihnen alle Einzelheiten über die Rettung von Alice und mir geben, die wir zusammen sind, ebenso über die von Odette, die es vorgezogen hat, in Zschopau zu bleiben. Alles ist vorzüglich verlaufen, wie in einem Traum dank der Hilfe französischer Kameraden, die uns gegenüber von einer Güte, einer Freundlichkeit gewesen sind, die man wirklich nicht beschreiben kann. Sie haben uns genährt, gekleidet, sie haben an alles gedacht mit einem solchen Takt, einer solchen Fürsorge, dass wir tief berührt waren. Brüder, Väter hätten nicht mehr für uns tun können. Wir waren in einer Familie. Wir haben gute Tage verbracht. Wir haben gut gegessen, so viel wir nur konnten, wir haben uns moralisch und physisch ausgeruht. Wir haben zugenommen und werden von der Sonne gebräunt. Wir wirkten gesund. Einzig trauriger Gedanke in dieser ersten Periode unserer Freiheit erneut erfasst von der Sorge um unsere Freundinnen, wo waren sie? Haben sie sich gerettet? Wir haben Nachrichten bekommen über Mm Cecilie[243] und Aliska[244]

Übersetzung aus dem Ungarischen von Adam Hehn.

[242] Vgl. Pascal Cziborra. KZ-Autobiografien. S. 52ff.

[243] Cecile Weinryb

aber die anderen? Sie, Rita[245], Mm Weil[246] und alle Freundinnen, mit denen wir in diesen letzten Monaten zusammengelebt haben? Wir erwarten nun mit Ungeduld den Augenblick, nach Hause zurückzukehren. Es scheint jetzt, dass meine Landsleute die letzten sein werden, die zurückkehren, und ich mache mir Sorgen vor allem um meine Familie, der ich keine Nachricht schicken kann. Und ich weiß nicht, wie die Lage meines Landes ist, nicht sehr ruhig, wie es scheint. Aber ich mache mir nicht zu viel Sorgen, ich lasse mich gehen, indem ich die Freiheit genieße, an die ich mich zu gewöhnen beginne. Mit Alice, mit der ich mich wunderbar verstehe, manchesmal ist es wirklich „unheimlich", so sehr sind unsere Gesichtspunkte die gleichen. Wir sprechen viel über Euch alle und über die gemeinsam verbrachten Monate, mit dem lebhaften Wunsch, Euer Schicksal zu erfahren. Uns hat der liebe Gott wahrhaft gut beschützt und unsere Rettung hat etwas Wunderbares! Ich bedaure nur, dass unsere überstürzte Abreise aus Zschopau uns gehindert hat, unsere Kameradinnen zu rächen. Man hat uns gesagt, man habe Mananine[?] mit dem Fahrrad und zu Pferd abhauen gesehen!!! Hier nun meine alte Suzanne, meine ersten Zeilen. Wenn ich jemals Antwort kriege, werde ich Ihnen einen langen Brief schreiben. Ich hoffe, dass Sie ihren Mann bei guter Gesundheit wiedergefunden haben. All meine Freundschaft.

Bianca"[247]

Dieser wunderbare Brief gewährt aufschlussreiche Einsichten in die direkten Nachkriegswochen. Neben der Wertschätzung der Freiheit und der Retter, ist es die Sorge um das Schicksal der Kameradinnen, die vorherrschen. Dabei nennt Bianca Romanin gleich etliche Namen. Von *Madame Cecilie*, Cecile Weinryb habe sie bereits Nachricht und Odette Spingarn habe es vorgezogen zunächst in Zschopau zu bleiben. Wen Bianca Romanin mit *Aliska* meint, konnte bislang nicht geklärt werden. Bei der erwähnten *Rita* handelt es sich um „Frieda" Sommer und bei

[244] Die Identität dieser Frau ist bislang unbekannt. Eventuell Alis Frisch?
[245] Frieda (Rita) Sommer.
[246] Lucienne Weil
[247] Nachlass Suzanne Leppien. Kopie Privatarchiv Pascal Cziborra. Übersetzung aus dem Französischen von Dr. Helmut Leppien.

Madame Weil um Lucienne Weil, denen laut Briefen (Spingarn) von 1945 auch eine Flucht aus dem Evakuierungszug gelang. Auch aus der Hand Suzanne Leppiens ist ein Brief überliefert, der auf den 23. Mai 1945, drei Tage nach Ankunft in Paris (vgl. Brief 17.06.45), datiert ist und den Adressaten *Rita Sommer* vermutlich nie erreichte. Das Couvert verrät, dass er als unzustellbar zum Absender Suzanne Leppien zurückkehrte. Sie schrieb:

> „Meine liebe Rita, ich hoffe, Sie werden meinen Brief erhalten, ich hoffe, dass sie ebenso viel Glück hatten wie ich. Ich habe weder Zeit noch Nerven, Sachen zu erzählen, - vor allem möchte ich zuerst versichert sein, Sie gesund und gesichert zu wissen. Mein Mann wurde 24 Stunden nach mir deportiert, nach Paris zurückgekehrt 24 Stunden vor mir und durch außergewöhnliches Glück haben wir uns sofort wiedergefunden. Geben Sie mir Nachricht über sich und über die anderen falls sie solche haben. Ich habe von den unseren nur Louise gesehen, die mit mir angekommen ist. Ich erwarte Ihren Brief mit Ungeduld – meine besten Gedanken und meine Zuneigung für Sie
>
> Suzanne“[248]

Die Bemerkung über Louise gibt Aufschluss über das Schicksal der Louise Fridmann, das in den Nachkriegsbriefen sowie von Seiten französischer Organisationen bestätigt werden konnte. Neben den Briefen von Alice Dunn (Adler) und Bianca Romanin erreichte Suzanne Leppien aber auch ein Brief von Odette Spingarn vom 13.06.1945, der an die vereinbarte Kontaktadresse in Frankreich gerichtet wurde:

> „Monsieur, seit einer Woche aus Deutschland zurückgekehrt, schreibe ich Ihnen, um Sie um Nachricht über eine meiner Kameradinnen in der Gefangenschaft zu bitten: Madame Suzanne. Ich kenne nicht ihren Familiennamen, ich habe nur ihre Adresse behalten, der ich schreiben sollte, wie sie mich bat, nach meiner Rückkehr nach Frankreich. Ich weiß, dass sie bei Ihnen mit ihrem Mann lebte, als sie in Marseille gefangen-

[248] Nachlass Suzanne Leppien. Kopie Privatarchiv Pascal Cziborra. Übersetzung aus dem Französischen von Dr. Helmut Leppien.

> genommen wurde im vergangenen Jahr. Diesem möchte ich über Sie Nachricht geben. Wir haben am vergangenen 14. April Sachsen verlassen. Bitte haben Sie, Monsieur, die Freundlichkeit, diese Nachricht ihrem Mann zu geben, wenn er immer noch bei Ihnen ist oder Sie seine Adresse kennen. Wenn er umfangreiche Einzelheiten wünscht, stehe ich zu seiner Verfügung, er schreibe mir nur an folgende Adresse: [...]“[249]

Weitere Briefe, die Aufschluss über das Schicksal anderer Häftlinge hätten geben können, lagen im Nachlass Suzanne Leppiens leider nicht vor. Die Überlieferung der Briefe geflohener Frauen ist aber an sich schon als ein Glücksfall anzusehen.

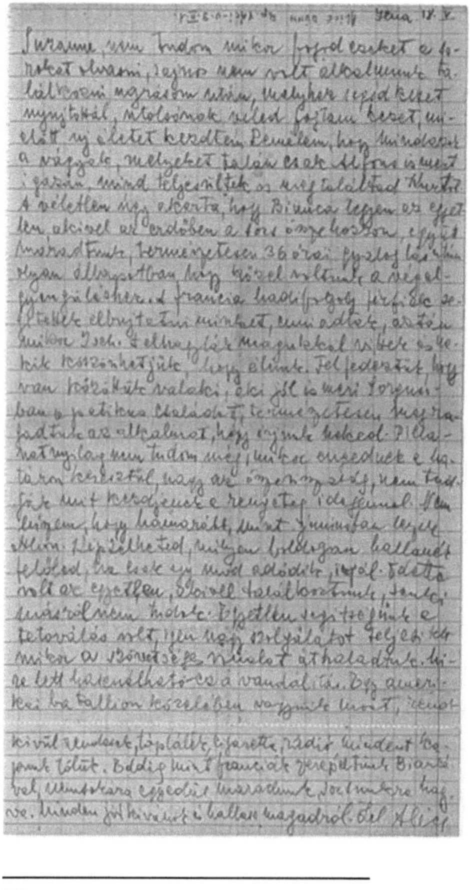

Bei Spingarn sind Briefe überliefert von …
Suzanne Leppien:
17.06.45, 22.08.45
Bianca Romanin:
24.07.45, 27.09.45
Lucienne Weil:
12.07.45
Jacqueline Naudin:
01.10.45

Letzterer dürfte auch eine Flucht aus dem Zug gelungen sein oder sie ist doch mit der Familie Kassis wegen Krankheit in Theresienstadt befreit worden.
(Vgl. Spingarn S.180)

Brief der Alice Dünn vom 18.05.1945 in Jena

[249] Nachlass Suzanne Leppien. Kopie Privatarchiv Pascal Cziborra. Übersetzung aus dem Französischen von Dr. Helmut Leppien.

T1: Tabellarische Übersicht

Aus den zusammengetragenen Informationen ergibt sich für die Flucht aus dem Zschopauer Evakuierungszug folgende Übersicht über definitiv und möglicherweise geflohene ehemalige Häftlinge:

Name	Jahrg.	Geburtsort	HKategorie	Befreiung	Schicksal	Z
Alice Adler (Dunn)	1913	Budapest	Ung. Jüd.	Zschopau	Überlebt	
Cecile Weinryb	1905	Metz	Frz.Jüd.	Zschopau	Überlebt	
Bianca (Janka) Romanin	1907-2003	Triest	Ita. Jüd.	Zschopau	Überlebt	
Odette Spingarn	1925	Paris [?]	Frz. Jüd.	Zschopau	Überlebt	7.
Suzanne Leppien	1907-1982	Budapest	Frz. Jüd.	Wittgensdorf	Überlebt	8.
Louise Fridmann	1915	Mayenne	Frz. Jüd.	Wittgensdorf	Überlebt	
Frieda (Rita) Sommer	1903	Hamburg	Frz. Jüd.	???	Überlebt	
Lucienne Weil	1898	???	Frz. Jüd.	???	Überlebt	
Lenke (Katz) Hermann	1925	Hukliva	Ung. Jüd.	Leitmeritz	Überlebt	
Elisabeth (Elies/Liesel) Bloch	1920	Wien	RD. Jüd.	Krumhermersdorf	Überlebt	
Frieda Meinhart [Lagerälteste]	1908/15	Prag [?] Uhersky Brod	Tsch. Jüd.	???	???	
Möglicherweise auch geflohen:						
Alis Frisch	1925	???	Tsch. Jüd	???	???	
Edith Klebinder	1914	Wien	Frz. Jüd.	???	Überlebt	
Jacqueline Naudin	1922	Luneville	Frz. Jüd.	???	Überlebt	
Elisabeth (Beppie) Vischschraper	1913-1987	Amsterdam	Hol. Jüd.	???	Überlebt	
Reina Dressler	1915	???	Belg. Jüd.	???	???	
Geflohen und zum Zugtransport zurückgekehrt						
Frania Eisenbach Haverland	1926	Tarnow	Pol. Jüd.	Theresienstadt	Überlebt	

Bis auf Lenke [Katz] Hermann und Frania Eisenbach Haverland, die in ihrer Autobiographie ihre Flucht aus dem fahrenden Zug beschreibt, aber aus Angst nach einem Luftangriff wieder in den Waggon zurückgekehrt sei, konnten alle aufgeführten Frauen nicht im Theresienstädter Datenbankprojekt nachgewiesen werden. Die als *möglicherweise auch geflohen* geführten Häftlinge passen mehrheitlich in das Profil der definitiv geflohenen Frauen. Es ist daher davon auszugehen, dass auch ihnen die Flucht aus dem Evakuierungszug gelang. Der Ausgang dieser Flucht-

versuche ist nicht in jedem Fall bekannt. Auch kann man für die Liste derzeit noch nicht den Status der Vollständigkeit beanspruchen. Hinweise sind erwünscht. Insbesondere die Abgrenzung der Gruppe, der in Leitmeritz befreiten, von den in Theresienstadt per Zug angekommenen Frauen, dürfte in Zukunft noch einige Schwierigkeiten bereiten.
Verbindendes Element unter den geflohenen Häftlingen dürfte, abgesehen vom gemeinsamen Leidensweg seit Auschwitz, vor allem die französische Sprache gewesen sein. So stellt z.B. die Italienerin Bianca Romanin in ihrem Brief an Suzanne Leppien ihre Französisch-Kenntnisse unter Beweis. Auch die Ungarin Alice Dunn Adler spricht Französisch und hielt sich bereits vor Kriegsausbruch einige Monate in Paris auf. Im September 1939 kehrte sie nach Budapest zurück. Nach Kriegsende wanderte sie über Frankreich nach New York aus. Auch bei den Frauen, die über Belgien oder den Niederlanden deportiert wurden, dürften Französisch-Kenntnisse vorauszusetzen sein.
Ein weiteres Charakteristikum der Gruppe der Geflohenen ist der erhöhte Anteil gestandener Frauen. Der Altersdurchschnitt der Gruppe liegt etwa vier Jahre über dem Durchschnitt des gesamten Lagers.

n) Funktionshäftlinge

Zur Lagerstruktur gehörten stets Funktionshäftlinge, die bestimmte Aufgabenbereiche übernahmen und als Schnittstelle zwischen Wachpersonal und den Häftlingen in jeder Hinsicht reibungslose Abläufe gewährleisten sollten. Diese Funktionshäftlinge wurden von den übrigen Häftlingen *Kapos* genannt. So bestätigt die deutsche Jüdin Julie B.:

> „Zum Bewachungspersonal gehörte ein Teil der Häftlinge, die hier als Kapos fungierten.“[250]

Oberste in der Hierarchie der Kapos war die sogenannte *Lagerälteste*, die direkten Kontakt zur SS-Lagerleitung pflegte. Über

[250] Barch, B 162 / 3853, S. 102 VP Julie B.

die Identität der Zschopauer Lagerältesten existieren etliche Aussagen. So berichtet Aliza S.:

> „Lagerälteste war ein Mädchen aus Polen beim Vornamen Frieda, sie hatte beim Lagerführer einen SS-Oberscharführer von etwa 45 Jahren, einem hochgewachsenen, schlanken Manne, viel zu unseren Gunsten erreicht. Der Lagerführer respektierte Frieda, er sprach sie sogar per „Frau“ an.“[251]

Weniger überzeugt vom Führungsstil der Lagerältesten ist da Irene W.. Ihre Erinnerung an deren Flucht gibt sie am 26. April 1971 zu Protokoll:

> „Dabei fällt mir ein, daß auf dieser Evakuierungsreise auch die Lagerälteste, Frau Frieda, eine Jüdin aus Prag, ebenfalls davon lief. Ich habe diese Frau in sehr schlechter Erinnerung, denn sie war päpstlicher als der Papst, sie schlug sich auf die Seite der SS-Leute, um sich bei ihnen lieb Kind zu machen.“[252]

Unter Berücksichtigung aller Äußerungen kann somit als wahrscheinliche Lagerälteste eine gewisse Frieda Meinhart, geborene Gross bestimmt werden, die in den Flossenbürger Nummernbüchern als tschechische Jüdin registriert ist. Ihre böhmische Herkunft bestätigt auch Dora I. Frieda Meinhart, die im tschechischen Uhersky Brod geboren worden war, wurde aber aus Krakau deportiert, was die abweichende Aussage der Aliza S. plausibel erklärt. Der Ausgang ihres Fluchtversuches während der Evakuierung konnte bislang noch nicht geklärt werden. Zu ihrem Verhalten gegenüber den Mithäftlingen kann aufgrund der schmalen, widersprüchlichen Datenbasis keine Aussage getroffen, und kein näheres Urteil gefällt werden. Dora I. äußert sich gegenüber der Lagerältesten neutral:

> „Die Lagerälteste stammte aus Böhmen, hieß Frieda. [...] Die Funktionshäftlinge deren Namen ich nicht anführen vermag, sollten sämtlich tschechischer Abstammung gewesen sein. Im

[251] Barch, B 162 / 3853, S. 56 VP Aliza S.
[252] Barch, B 162 / 3854, S. 270f. VP Irene W.

> Revier waren zwei Häftlingsärztinnen, die beiden stammten von Budapest, beide waren kleinen Wuchses, schwarzhaarig und sahen einander ähnlich.“[253]

Bei den hier erwähnten vermeintlichen Häftlingsärztinnen handelte es sich wohl um ein Geschwisterpärchen. Denn Genia K. gibt zu Protokoll:

> „In Zschopau war ein Krankenrevier, zu einer späteren Zeit wurde eine Häftlingsärztin ungarischer Abstammung, zusammen mit ihrer Schwester, die die Funktion der Pflegerin bekleidete, hereingebracht. Ihre Namen kenne ich nicht.“[254]

Die genauen Identitäten der beiden Ungarinnen konnten noch nicht bestimmt werden. Mit dem Stubendienst und anderen Aufgaben im Lager wurde die damals 50-jährige gebürtige Polin Ester Schwimmer betraut. Sie selbst gibt am 20. April 1969 in Los Angeles zu Protokoll:

> „Ich selbst wurde zum Stubendienst, zur Essensausgabe und zur Sauberhaltung sowohl des großen Häftlingsschlafraumes als auch der kleineren Räume eingesetzt, in denen ebenfalls in der Fabrik die weiblichen uniformierten Wachmannschaften untergebracht waren.“[255]

Von einer ehemaligen Aufseherin wurde sie in selbiger Funktion als *Schwimmerova* erinnert.
Ebenfalls eine Sonderposition innerhalb des Lagers hatten sicher auch diejenigen Frauen, die für die Aufseherinnen schneiderten. Zum engeren Kreis der Funktionshäftlinge sind sie aber nicht zu zählen. Dennoch wird ihre Fingerfertigkeit wohl im Gegenzug mit anderweitiger Arbeitsbefreiung oder kleineren Vergünstigungen entlohnt worden sein. Wenn Rose R. auch eher zufällig auf die Schneiderdienste einiger Häftlinge zu sprechen kommt, gibt ihre Aussage doch erstaunliche Einblicke in das Beziehungsgeflecht, das in Zschopau zwischen Aufseherinnen und Häftlingen entstand. Sie gibt zu Protokoll:

---

[253] Barch, B 162 / 3854, S. 222f. VP Dora I.
[254] Barch, B 162 / 3854, S. 244f. VP Genia K.
[255] Barch, B 162 / 3854, S.152f. VP Ester S.

> „Namen von Aufseherinnen kann ich nicht angeben. Ich habe diese Namen auch damals nicht gewusst. Vielleicht können sich Mädchen an Namen erinnern, die für deutsche Frauen geschneidert haben. Einige der Häftlinge verstanden nämlich etwas von Schneiderei. Die Deutschen brachten Material mit und ließen sich Sachen anfertigen."[256]

Die Arbeitskraft der Häftlinge eigennützig in Anspruch zu nehmen, war den Aufseherinnen offiziell untersagt. Dennoch scheinen Schneideraufträge der Aufseherinnen keine Seltenheit gewesen zu sein. So berichteten beide ehemaligen Aufseherinnen, mit denen im Rahmen der Recherchen gesprochen werden konnte von Kleidungsstücken, die von Häftlingen für sie geschneidert wurden. Es handelte sich um einen Wintermantel, drei Blusen für eine Aufseherin und ihre zwei Schwestern, sowie Miederwaren. Die Blusen sollen alle drei aus einem hellen grauen Stoff gewesen sein, dem verschiedene farbige Längsstreifen – wohl silbern und weiß - eingewoben waren. Da der Stoff nicht für alle drei Blusen reichte, hatte die jüdische Schneiderin auf der Rückseite der dritten Bluse am Saum ein weißes Stück Stoff eingesetzt. Die ganzen Blusen seien sehr akkurat und von Hand genäht gewesen. Eine der Häftlingsschneiderinnen war die polnische Jüdin Fela Brauner. Pnina F. gibt 1969 zu Protokoll:

> „Meine Leidensgefährtin Fela Brauner, die heute in Montreal wohnhaft sein soll, hat für die Aufseherinnen genäht."[257]

Wie viele Häftlinge tatsächlich an solchen Dienstleistungen beteiligt waren, ist nicht bekannt. Über Funktionshäftlinge im Bereich der Lagerküche liegen für Zschopau keine Informationen vor. Demnach ergibt sich folgende Übersicht T2:

[256] Barch, B 162 / 3854, S. 166 VP Rose R.
[257] Barch, B 162 / 3854, S. 246 VP Pnina F.

T2 Funktion	Vorname	Name	Nationalität	Quelle
Lagerälteste	Frieda	Meinhart	Tschechien	Fremdaussage
Häftlingsärztin	???	???	Ungarn	Fremdaussage
Revierschwester	???	???	Ungarn	Fremdaussage
Lagerreinigung Essensausgabe	Ester	Schwimmer	Polen	Selbstzeugnis
Schneiderin	Fela	Brauner	Polen	Fremdaussage

o) Ablehnung der Zeugenschaft

Wie bereits im ersten Band dieser Buchreihe für das Außenlager Wilischthal gezeigt werden konnte, hatten die Ludwigsburger Ermittler mit einigen Schwierigkeiten bei der Vernehmung der Zeugen zu kämpfen. Auch die ehemaligen Häftlinge des Lagers Zschopau waren nicht alle bereit, sich mit verdrängten Erinnerungen konfrontieren zu lassen. So heißt es in einem Schreiben des Deutschen Generalkonsulats Sydney vom 12. Juni 1969:

> „Das Generalkonsulat hat Frau M. zu der gewünschten Vernehmung vorgeladen. Sie hat daraufhin durch ihre Tochter mitteilen lassen, dass sie infolge ihres angegriffenen Nervenzustandes nicht in der Lage sei, der Aufforderung des Generalkonsulats nachzukommen. Sie möchte an diese Dinge nicht mehr erinnert werden."[258]

Auch eine Chaja S. lässt sich aus ähnlichen Gründen entschuldigen. Im Schreiben des Generalkonsulats Montreal vom 09. April 1969 heißt es:

> „Auf die Vorladung erklärte Frau Chaja S., daß sie schwer herzkrank sei und deshalb sich keiner Vernehmung unterziehen lassen möchte. Außerdem habe sie keinerlei Erinnerungsvermögen an die Vorgänge im Nebenlager Zschopau."[259]

---

[258] Barch, B 162 / 3853, S. 147 Schreiben des Deutschen Generalkonsulats Sydney, den 12. Juni 1969

[259] Barch, B 162 / 3854, S.229 Schreiben des Generalkonsulats Montreal 9. April 1969

Teil 2: Personen im Lagerumfeld

Wachpersonal, Belegschaft und Bevölkerung

2.1 Das Zschopauer Wachpersonal

Für die Bewachung der 500 weiblichen KZ-Häftlinge im DKW-Werk Zschopau, wurde eine etwa 30-köpfige Wachmannschaft eingesetzt. Sie bestand aus dem Lagerkommandanten, 10 männlichen SS-Wachposten, sowie etwa 20 SS-Aufseherinnen. Während des Bestehens des Zschopauer Lagers hat es besonders anfangs etliche Personalverschiebungen gegeben, die nur lückenhaft dokumentiert sind. In der Flossenbürger Stärkemeldung vom 31. Januar 1945[260] werden schließlich ein Wachmann mittleren Ranges [=Kommandoführer], 10 einfache Wachmänner niederen Ranges und 19 Aufseherinnen gelistet. Abgesehen von letzteren, deren Zahl am Tag der Lagereröffnung 14 betrug, dürften die Angaben zum männlichen Wachpersonal nahezu identisch mit der Anfangsbelegung sein. In den Folgemonaten bleiben diese Zahlen nahezu konstant. So ist in der Stärkemeldung vom 5. März 1945[261] für den Stand vom 28. Februar lediglich eine Aufseherin mehr vermerkt. Ihren dokumentarisch überlieferten Höchststand erreicht die Zschopauer Wachmannschaft per 31. März 1945. Die Stärkemeldung vom 3. April listet zwei Wachmänner mittleren Ranges, 10 einfache Wachmänner und 21 Aufseherinnen.

Über die Rekrutierung der männlichen Wachmannschaft, die von Flossenbürg nach Zschopau versetzt wurde, sowie deren Ausbildung ist so gut wie nichts bekannt. Namentliche Dokumente, die zu einer eindeutigen Identifizierung genügen, sind nach derzeitigem Kenntnisstand nicht überliefert. Die Zusammensetzung der männlichen Wachmannschaft ist daher nur über Zeitzeugen oder der Hilfe ihrer Nachkommen zu rekonstruieren. Auch für die Aufseherinnen gibt es keine lückenlose Dokumentation. Für die meisten Flossenbürger Aufseherinnen existieren jedoch Karteikarten über ihre Einstellung durch die Verwaltung des Stammlagers. Zwar werden hier nicht die späteren Einsatz-

---

[260] ITS, Histor. Abtlg. Flossenbürg, Nr. 10, Bl. 52/53

[261] ITS, Histor. Abtlg. Flossenbürg. Nr. 10, Bl. 70/71 zitiert nach Dr. Brenner

orte genannt, und auch mancher Tippfehler hat sich eingeschlichen, dennoch sind die Frauen anhand ihres Ausbildungslehrganges, bzw. Einstellungsdatums weitestgehend ihren Außenlagern zuzuordnen. Dabei haben sich im Wesentlichen zwei verschiedene Lehrgänge herauskristallisiert, die sich auch durch Selbstzeugnisse einzelner Aufseherinnen belegen ließen: Das Gros der späteren Zschopauer Aufseherinnen nahm an dem dreiwöchigen Lehrgang vom 1. Oktober bis 20. Oktober 1944 teil. Hierunter befanden sich wohl vor allem die Frauen, die von den Abteilungsleitern des Werkes einfach zu dem Lehrgang bestimmt und dienstverpflichtet wurden. Der Zweck des Lehrgangs blieb den vornehmlich jungen Frauen vor Abfahrt weitestgehend unbekannt. Im Flossenbürger Außenlager Holleischen angekommen, wurden sie für den Umgang mit den Häftlingen theoretisch geschult. Der Lehrgang endete mit einer schriftlichen Prüfung, die neben Alter und Persönlichkeit der „Auszubildenden" maßgeblich mit zur Entscheidung über den weiteren Einsatz der Frauen herangezogen wurde. Weil sich in Zschopau die ursprünglich geplante Ankunft der Häftlinge verzögerte, wurde die Mehrheit der für das Lager der Auto Union bestimmten Aufseherinnen zunächst bei Zeiss-Ikon[262] im Werk Dresden Reick, ebenfalls ein Außenlager des KZ Flossenbürg, eingesetzt. Ein kleinerer Teil kam nach der Ausbildung direkt im Außenlager Holleischen zum Einsatz und folgte später ebenfalls nach Zschopau. Die Erstbelegung des Zschopauer Lagers bei der Auto Union AG bestand seitens der Aufseherinnen aus 14 Personen. Weil sich unter ihnen keine Erstaufseherin befand, wurde die 24-jährige Erika Sprungk, und damit, entgegen dem üblichen Trend, eine recht junge Frau, durch Kommandoführer Happel *mit den Aufgaben einer Erstaufseherin betraut.* [263] Während sich die ersten Zschopauer Frauen noch auf Lehrgang in Holleischen befanden, rekrutierte man im DKW-Werk nach und bestimmte mindestens eine weitere Frau für eine zweite solche Schulung. Zusätzlich kann mindestens eine zweite Frau, Elise Oehme, angeworben werden, die sich freiwillig für die Tätigkeit als Aufseherin meldete. Dieser zweite Lehrgang mit Beteiligung Zscho-

[262] Vgl. Pascal Cziborra. KZ Dresden Reick
[263] Barch, B 162 / 3854, S. 288 Schreiben Kdo.-Führer Happel 27.12.44

pauer Frauen begann am 24. Oktober 1944. Über die genaue Dauer ist nichts bekannt. Sehr wahrscheinlich war die Schulung aber wie üblich mit zwei oder drei Wochen angesetzt. Mindestens 20 Frauen nahmen wohl insgesamt für das Außenlager Zschopau an beiden Lehrgängen teil. Am 1. Dezember 1944 traf Elise Oehme in Zschopau ein und wird durch Kommandoführer Happel als stellvertretende Erstaufseherin eingesetzt. Durch welche Personaltransfers später die Zahl der Zschopauer Aufseherinnen auf 21 wächst, ist derzeit noch unbekannt. Am 28. Dezember 1944 wurde nämlich Aufseherin Ullmann in Flossenbürg aus unsicheren Gründen bereits wieder entlassen.[264]
Nachdem Kommandoführer Happel am 27.12.1944 schriftlich um die Bestätigung Erika Sprungks als Erstaufseherin bat, wurde seitens der Kommandantur Flossenbürg, Traude Stein als Erstaufseherin in Zschopau eingesetzt, und am 7. Januar 1945 während eines Appells in ihr Amt eingeführt.[265] Außerdem ist ein zahlenneutraler Personaltransfer für das Zschopauer Lager dokumentiert. Ende Februar 1945 wird die vorübergehende Erst- bzw. Oberaufseherin Erika Sprungk ins Flossenbürger Außenlager Wilischthal als einfache Aufseherin versetzt. Ausgleichend wechselt Erna Schuffenhauer nach Zschopau. Folgende vorläufige Übersicht **T3** des weiblichen Wachpersonals konnte im Rahmen der Recherchen zusammengestellt werden.

Aufseherin	**Geburt**	**Geburtsort**	**Lehrgang**	**Dienstzeit**
Sprungk, Erika [geb. Schaarschmidt] [zunächst Erstaufseherin]	13.03.20 [13.08.20]	Hohndorf	Holleischen 01.10.44 bis 20.10.44	25.11.44 bis 27.02.45
Stein, Traude Elfriede [geb. Neubert] [Erstaufseherin]	29.10.22	Börnichen	Holleischen 01.10.44 bis 20.10.44	??.??.?? bis ??.??.??
Daehne [?], Hedwig [Heddel]	??.??.??		Holleischen 01.10.44 bis 20.10.44	??.??.?? bis ??.??.??

[264] Barch B 162 / 3854, S. 286
[265] Barch B 162 / 3854, S. 279, 285, 288

Aufseherin	Geburt	Geburtsort	Lehrgang	Dienstzeit
Färber, Martha /Marthel [geb. Hähnel]	17.03.17 verstarb: 24.07.06	[Krumhermers-dorf]	Holleischen 01.10.44 bis 20.10.44	??.??.??.bis 14.04.45
Heydenreich, Frieda [Friedel]	27.01.13	Siegnar-Schönau	Holleischen 01.10.44 bis 20.10.44	??.??.?? bis ??.??.??
Hupfer, Ilse	07.05.23	Eppendorf	Holleischen 01.10.44 bis 20.10.44	??.??.?? bis ??.??.??
Kunert, Luise	??.??.??		Holleischen 01.10.44 bis 20.10.44	??.??.?? bis ??.??.??
Lange, Frieda	14.01.18	Löbau/Sachsen	Holleischen 01.10.44 bis 20.10.44	??.??.?? bis ??.??.??
Oehme, Frieda Elise	11.11.22 [11.01.22]	Hennersdorf	Holleischen 24.10.44 bis ??.??.??	01.12.44 bis ??.??.??
Oertel, Martha	18.11.22	Auerbach Erzg.	Holleischen 01.10.44 bis 20.10.44	??.??.?? bis ??.??.??
Rehm, Elfriede	14.08.18	Langenbach	Holleischen 01.10.44 bis 20.10.44	??.??.?? bis ??.??.??
Schönherr, Marianne Elfriede	30.04.23	Weißbach	Holleischen 24.10.44 bis ??.??.??	??.??.?? bis ??.??.??
Schuffenhauer Erna	15.02.22	Zschopau	Holleischen 08.09.44 bis 27.09.44	27.02.45 bis ??.??.??
Schulz, Helga	??.??.??		Holleischen 01.10.44 bis 20.10.44	??.??.?? bis ??.??.??
Stöckel, Hildegard, Elsa [Hilde]	07.12.15	Weißbach	Holleischen 01.10.44 bis 20.10.44	??.??.?? bis ??.??.??
Thümer, Hanni	06.04.23	Gornau	Holleischen 01.10.44 bis 20.10.44	??.??.?? bis 14.04.45
Ullmann, Liesbeth	??.??.??	[Nieder-Wiesa]	Holleischen 01.10.44 bis 20.10.44	??.??.?? bis 28.12.44
Vogtmann, Isolde	??.??.21	Hohndorf	Holleischen 01.10.44 bis 20.10.44	??.??.?? bis ??.??.??
Weber, Johanna	31.03.21	Hohndorf	Holleischen 01.10.44 bis 20.10.44	25.11.44 bis ~ 20.04.45

Einsatzort unsicher:				
Lehmann, Margarete	15.10.23	Chemnitz	Holleischen 01.10.44 bis 20.10.44	**Zschopau ?**
Richter, Hilde	15.10.23	Großolbersdorf	Holleischen 01.10.44 bis 20.10.44	**Zschopau ?**

2.1.1 Häftlingsaussagen über einzelne Aufseherinnen

Die Häftlingserinnerungen bezüglich der Zschopauer Aufseherinnen in den Ludwigsburger Akten, sind von stark variierender Qualität. Sehr detailliert und erstaunlich entlastend für die meisten SS-Aufseherinnen ist die Aussage der 1921 in Ungarn geborenen Irene W.. Sie gibt am 26. April 1971 in Cleveland zu Protokoll:

> „Folgende Namen von SS-Aufseherinnen sind mir noch in Erinnerung: Hilda. Hilda war gemein, sie mißhandelte Häftlinge mit Händen und Füßen. Erika war der Name der Oberführerin. Erika war eine feine Frau mit guten Manieren. Liesel war ebenfalls ein netter Mensch. Es gab dort auch eine Frau, die wir Madame Appell nannten, sie war keineswegs bösartig, aber sehr streng auf Ordnung bedacht. Sie ließ uns sehr oft antreten und längere Zeit in Reih und Glied stehen. Diesem Umstand verdankt sie den Spitznamen, den wir ihr gegeben haben. Ich entsinne mich noch an eine SS-Aufseherin mit Vornamen Elfriede und eine andere mit dem Vornamen Magdalena. Alle Aufseherinnen mit Ausnahme von Hilda waren nette Menschen. Hervorheben möchte ich jedoch noch eine weitere Aufseherin mit Namen Frieda Heidenreich, die damals vielleicht 35 Jahre alt war. Diese hatte mich offenbar ins Herz geschlossen und sie tat Gutes für mich, wo sie nur konnte. Z.B. gab sie mir heimlich Strümpfe und Nahrungsmittel und sie sagte mir oft, sie wäre glücklich, wenn sie mir noch mehr davon geben könnte. Ich habe ihr unendlich viel zu verdanken und wäre glücklich, wenn ich sie wiedersehen könnte, um ihr meinen Dank dafür auszusprechen, was sie seinerzeit für mich getan hat. Ich weiß, dass auch andere von den SS-Aufseherinnen manches für die Häftlinge getan haben, ebenso einige von den Fabrikarbeitern.“ [266]

[266] Barch, B 162 / 3854, S. 269f. VP Irene W.

Damit macht sie Angaben zu sieben verschiedenen Aufseherinnen, von denen sie sechs mit Vornamen, und die ihr zugeneigte Frieda Heydenreich sogar mit Nachnamen benennen kann. Bis auf den Vornamen Magdalena, können alle ihre Angaben dokumentarisch bestätigt werden. Bei der erwähnten Oberführerin Erika, handelt es sich um Erika Sprungk, die zunächst das Amt der Erstaufseherin bekleidete, am 07.01.1945 abgesetzt, und am 27. Februar 1945 ins Flossenbürger KZ Außenlager Wilischthal versetzt wurde. Im Gegenzug kam die Aufseherin Erna Schuffenhauer nach Zschopau. Sprungks Posten erhielt Traude Stein aus Börnichen, die wie ihre Vorgängerin, für die übertragene Funktion als Erst- bzw. Oberaufseherin ausgesprochen jung war. Traude Stein war gerade einmal 22 Jahre alt, als sie den Posten übernahm.

Für die anderen von Irene W. genannten Vornamen, kommen meist mehrere ehemalige Aufseherinnen in Betracht. Die Aussagen können demnach nicht konkreten Personen zugeordnet werden. Auch die Angabe einer *bösartigen Hilda* ist nicht mit letzter Sicherheit auf Hildegard Stöckel zu münzen. Welche Aufseherin den Spitznamen *Madame Appell* erhielt, konnte ebenfalls nicht geklärt werden. Hinzuweisen ist außerdem auf die Subjektivität der Äußerungen. So kamen die Häftlinge meist nicht mit allen Aufseherinnen in Kontakt, sondern in erster Linie mit den Frauen, die sie in ihren Arbeitsgruppen beaufsichtigten. Zudem ist nicht auszuschließen, dass sich die Zschopauer Aufseherinnen den Häftlingsgruppen gegenüber unterschiedlich verhielten, oder einzelne Schützlinge unter den Häftlingen hatten. Ein objektives Urteil über die einzelnen Aufseherinnen kann demnach nur entstehen, wenn man eine Vielzahl von Äußerungen betrachtet und miteinander abgleicht.

So gibt Genia K. zu Protokoll:

> „Oberaufseherin war etwa 35 Jahre alt, hochgewachsen, beleibt, schwarzhaarig, beim Vornamen Lisl. Sie pflegte die Frauenhäftlinge zu schlagen. [...] Die schlimmste von allen war niedriggewachsen, normalstark, blond, beim Vornamen HELGA. Erinnerlich ist mir eine sehr schöne, feinfühlige, etwa 24 jährige Aufseherin, die sich menschlich benahm, ihr

> Name ist mir nicht erinnerlich. Die Aufseherinnen blieben mit uns während der Arbeitsschicht in den Hallen."[267]

Ganz offensichtlich liegt bei der als *Lisl* erinnerten Person eine Verwechslung vor. Weder der Vorname noch das Alter treffen auf die Zschopauer Oberaufseherinnen zu. Wer hier konkret erinnert wird, wäre noch zu klären. Auf den Vornamen Helga, hörte nach derzeitigem Kenntnisstand nur die SS-Aufseherin Schulz, die somit durch Genia K. aus ihrem subjektiven Erfahrungshorizont heraus, als *schlimmste von allen* bezeichnet würde. Ob ihre Personenbeschreibung zutrifft, oder ob auch hier möglicherweise eine Verwechslung vorliegt, konnte nicht geklärt werden. Die Entlastungsaussage bezüglich der dritten Aufseherin kann keiner Person konkret zugeordnet werden, da die Mehrzahl der Zschopauer Aufseherinnen etwa in diesem Alter war. Chaja S. bringt eine weitere Personenbeschreibung ins Spiel. Sie äußert:

> „Die Oberaufseherin war hochgewachsen, etwa 28 Jahre alt, braunhaarig."[268]

Das Alter ist in jedem Fall etwas zu hoch angesetzt. Welche der beiden Zschopauer Oberaufseherinnen sie erinnert bleibt unklar. Auch im Buch von Alice Dunn Adler wird eine der Zschopauer Oberaufseherinnen aus der Sicht der Protagonistin beschrieben. Aufgrund des Zeitpunktes der geschilderten Vorfälle, müsste es sich eigentlich um Traude Stein handeln:

> „Sie war eine kleine, beleibte Frau, mit hängenden Wangen und schielenden Augen unter buschigen Augenbrauen."[269]

Etwas später heißt es:

> „Wir wussten, dass die Drohungen der Aufseherin Lügen waren. Niemand glaubte ihr. Wir wussten, dass sie die Befehle nicht befolgte, als sie uns während der Luftangriffe in der

[267] Barch, B 162 / 3854, S. 244 VP Genia K.
[268] Barch, B 162 / 3854, S. 248 VP Chaja S.
[269] Boriska's Prophecy S. 123

> Fabrik einsperrte. Außerdem war sie unter den Häftlingen als brutale Frau bekannt, deren sadistische Befriedigung es war, uns in Todesangst zu versetzen."[270]

Sehr wahrscheinlich wurde der Charakter der Oberaufseherin, wie manches andere in Dunn Adlers Buch, zu Gunsten der Dramaturgie verfremdet. Die hier beschriebene Oberaufseherin ist daher eher als literarische, als eine historische Person aufzufassen. Während sich das zweite Zitat nicht mit den Häftlingsaussagen in den Ludwigsburger Akten deckt und nicht in einem einzigen Fall bestätigt wird, sind für die Personenbeschreibung Parallelen derzeit nicht völlig auszuschließen.
Neben den (vermeintlichen) Oberaufseherinnen werden aber auch etliche weitere einfache Aufseherinnen in den Ludwigsburger Akten erwähnt. Gleich zwei ehemalige Häftlinge erinnern sich an eine rothaarige Aufseherin namens Elsa. Riwka L.:

> „Ich gedenke eine rothaarige, dicke, etwa über 30-jährige namens Elsa, eine blonde, niedriggewachsene, schlanke, ihr Name nicht erinnerlich."[271]

Diese Beschreibung bezieht sich sehr wahrscheinlich auf dieselbe Person, wie die zweite von Dora I. erinnerte Aufseherin:

> „Im Lager Zschopau waren auch weibliche SS-Aufseherinnen. Ihre Zahl kenne ich nicht. Erinnerlich ist mir eine ungefähr 30 jährige Elsa, blond hochgewachsen, fast männliche Erscheinung. Ich berichtige meine Aussage, die Beschreibung bezieht sich auf eine Aufseherin namens Lise. Elsa war mittelgroß schöngebaut, rothaarig."[272]

Das Protokoll zeigt deutlich die Unsicherheiten in der Erinnerungsleistung der ehemaligen Häftlinge und die Varianz im Detail. Es kann aber davon ausgegangen werden, dass hier beide eine etwa 30-jährige, rothaarige Aufseherin namens Elsa erinnern, die mittelgroß und möglicherweise schön bis kräftig ge-

[270] Boriska's Prophecy S. 124
[271] Barch, B 162 / 3853, S. 46 VP Riwka(Regina) L.
[272] Barch, B 162 / 3854, S. 223 VP Dora I.

baut war. Auf welche ehemalige Aufseherin sich diese Beschreibung bezieht, konnte bislang nicht geklärt werden.
Wie schon einige Frauen zuvor, erinnert sich auch Aliza S. an Aufseherinnen namens Lisl:

> „Von den Aufseherinnen sind mir bei Vornamen Lisl (hohe), eine hohe, blonde, magere etwa 24 jährige, angeblich vom Orte stammende, Lisl (kleine) niedrige, blonde, um die 24 Jahre alt, erinnerlich;“[273]

Sidonia B. gibt zu Protokoll:

> „Erinnerlich sind mir die Namen Mathilde und Ilse. Mathilde war etwa 25 Jahre alt, hochgewachsen, braunhaarig, weitere Einzelheiten nicht erinnerlich. Ilse war hochgewachsen, etwa 25 Jahre alt, dunkelblond, schön, weitere Einzelheiten nicht erinnerlich.“[274]

Bei der erinnerten Ilse, könnte es sich möglicherweise um Ilse Hupfer handeln. Eine Aufseherin namens Mathilde konnte bislang nicht nachgewiesen werden. Die genannten nicht dokumentarisch belegbaren Vornamen Magdalena und Mathilde könnten aber eventuell mit dem Vornamen Martha/Marthel, der unter den Zschopauer Aufseherinnen gleich zweimal vorhanden war, verwechselt worden sein.
Ganz ohne Namenserinnerung, aber mit vielen konkreten Details schildert Sara W. nach den Aufseherinnen befragt:

> „Zur Arbeit sind mit uns zwei Aufseherinnen gegangen. Auch das Essen wurde von Aufseherinnen aufgeteilt. Sie hatten grüne Uniformen an. Die Namen der Aufseherinnen weiß ich nicht. Die mir vorgehaltenen Namen Elsa und Lisl sagen mir nichts. Eine der Aufseherinnen war eine große schwarze, sie war mager, sie war 24, 25 Jahre alt. Sie war sehr schlecht. Einmal hat sie mich geschlagen, als ich sie darauf aufmerksam machte, daß ein anderer Häftling bei der Entlausung meine Decke weggenommen hatte. Das war eine polnische Häftlingsfrau gewesen. Ich habe wieder geschlagen, bis sie hinge-

---

[273] Barch, B 162 / 3853, S. 56 VP Aliza S.
[274] Barch, B 162 / 3854, S. 220 VP Sidonia B.

schaut hat und festgestellt hat, daß auf der Decke, die die Polin hatte, mein Name stand. Dann habe ich die Decke zurückbekommen und die Aufseherin hat sich entschuldigt. Auf dem Weg nach Theresienstadt hat sie sich bei Bombardierungen immer hinter meinem Rücken versteckt und sie hat sich vielmal entschuldigt. Eine andere Aufseherin war nicht ganz so groß und dick. Sie war brünett, sie war damals vielleicht 28, 30 Jahre alt. Sie war klein und dick. Ich glaube ich würde sie wiedererkennen, wenn ich sie sähe. Ich kann nicht sagen woher die Aufseherinnen stammten. Sie haben nicht mit uns gesprochen. Sie haben uns wie Hunde gehalten. Nachts haben sie noch von dem Essen gestohlen, das wir bekommen sollten."[275]

Abgesehen von diesem letzten negativen Statement und seinen pauschalen Anschuldigungen, deutet die Vielzahl der neutral genannten und beschriebenen Aufseherinnen auf ein allgemein humanes und menschliches Benehmen der Mehrheit der Zschopauer Aufseherinnen hin. Nur einigen wenigen werden konkrete Misshandlungen vorgeworfen.

2.1.2 Häftlingsmisshandlungen durch das Wachpersonal

Misshandlungen waren im Zschopauer Lager der Auto Union eher eine Seltenheit, sind aber auch hier in etlichen Fällen vorgekommen und in Zeugenberichten überliefert. Das Gesamtbild der Häftlingsäußerungen, lässt aber darauf schließen, dass insbesondere im Vergleich zum Flossenbürger Außenlager Wilischthal bei der DKK Scharfenstein, einem Tochterunternehmen der Auto Union AG, in Zschopau deutlich weniger Häftlinge selbst betroffen waren oder Zeugen von Misshandlungen wurden. Diesen Schluss lassen relativ konforme Häftlingsberichte in den Ludwigsburger Akten bezüglich Prügelstrafen und Tötungshandlungen zu. So gibt Chaja S. zu Protokoll:

> „Die weiblichen SS – befanden sich in unserem Wohnraum und in den Fabrikhallen. Keine von uns wurde in Zschopau umgebracht, auch Prügel wurden selten gebraucht."[276]

---

[275] Barch, B 162 / 3854, S. 172 VP Sara W.
[276] Barch, B 162 / 3854, S. 248 VP Chaja S.

Pnina F.:

> „Wir wurden nicht prügelgestraft und keine von uns wurde im Lager getötet.“[277]

Riwka L.:

> „Körperliche Strafen wurden in Zschopau nicht gebraucht.“[278]

Rosa S.:

> „Befragt weiß ich über keine Tötungen im Lager Zschopau, es wurden auch keine körperlichen Strafen gebraucht.“[279]

Ester S.:

> „Tötungshandlungen habe ich während meiner Zeit in der Fabrik ebenso wenig miterlebt wie etwa schwere Quälereien oder sonstige Grausamkeiten durch die Wachfrauen.“[280]

Auch Aliza S. verneint körperliche Misshandlungen. Sie gibt am 16. Oktober 1968 zu Protokoll:

> „Wir wurden nicht physisch mißhandelt, jedoch die Aufseherinnen betonten oft, daß wir den Krieg nicht überleben dürften, je näher die Niederlage der Deutschen wäre, umso näher sei unser Ende. Dadurch erschwerten sie uns beträchtlich das auch sonst kaum erträgliche Leben. Alle von uns wußten um diese Zeit über Tötungen unsrer Angehörigen, ich verlor meinen Sohn – im Säuglingsalter – bei Ankunft in Birkenau.“[281]

Explizite Angaben über Misshandlungen machen nur wenige ehemalige Häftlinge. Márta K. berichtet kurz nach dem Krieg über ihre Zeit in Zschopau:

> „Das Essen war ganz minimal. Dafür aber immer und ewig Strafen. Meistens wussten wir selber nicht warum. Haarab-

[277] Barch, B 162 / 3854, S. 246 VP Pnina F.
[278] Barch, B 162 / 3853, S. 46 VP Riwka (Regina) L.
[279] Barch, B 162 / 3853, S. 47 VP Rosa S.
[280] Barch, B 162 / 3854, S. 153 VP Ester S.
[281] Barch, B 162 / 3853, S. 56 VP Aliza S.

> schneiden war an der Tagesordnung. Die Aufseherinnen waren sehr streng und wir hatten viel unter ihnen zu leiden."[282]

Agnes M. gibt nach ihrer Befreiung und Rückkehr in Budapest ähnliches zu Protokoll:

> „Die Aufseherinnen schlugen uns ständig. Lebensmittelentzug, oder Haare ab waren die Mindeststrafe. Wir wurden allerdings nicht kahl geschoren wie in Auschwitz, vielmehr schnitt man verschiedene Muster in unser Haar hinein: In der Mitte einen breiten Streifen, den man Lagerstrasse nannte, oder auf dem Scheitel ein Kreuz, oder vorne quer einen Streifen. Das war sehr hässlich und erniedrigend."[283]

Damit bestätigen Agnes M. und Márta K. Bestrafungen, die nach dem Krieg im Verfahren gegen die Aufseherin Elise Oehme zur Sprache kamen und angeblich auf Befehl des Lagerkommandanten geschahen. Die suggerierte Häufigkeit dieser Vorkommnisse steht jedoch etwas im Widerspruch zu etlichen späteren Häftlingsaussagen, die derartiges verneinen. Es ist daher davon auszugehen, dass körperliche Misshandlungen und Strafaktionen nur in einigen wenigen Arbeitsgruppen vorkamen, während die Häftlinge in anderen Abteilungen größtenteils davon verschont blieben. Auch hier hing es augenscheinlich stark davon ab, an welche Aufseherin man als Häftling geriet.
Aber nicht nur die Ungarinnen, sondern auch die polnische Jüdin Féla Brajtberg-Fajnzylber berichtet über Misshandlungen in Zschopau. Sie persönlich wurde gleich dreimal Opfer solcher. Zwar gab sie zumindest in zwei Fällen entsprechenden Anlass für die Ahndung und Bestrafung ihres Fehlverhaltens, dieses war aber natürlich den unmenschlichen Haftbedingungen geschuldet. Brajtberg-Fajnzylber schreibt:

> „Zu Beginn arbeitete ich sehr gut, aber bald schwollen meine Beine so sehr an, dass ich mich nicht mehr aufrecht halten konnte. Ich litt auch unter dem Hunger. Also versteckte ich mich in der Toilette. Wirklich, ich konnte nicht mehr arbeiten. Aber eines Tages hat eine Aufseherin mich gefunden. Ich

[282] DEGOB 794 Márta K.
[283] DEGOB 1807 Agnes M.

habe ihr erklärt, dass mir schlecht war, dass ich Hunger hatte. Sie hat mich geschlagen, geschlagen, geschlagen..."[284]

Eine konkrete Personenbeschreibung liegt nicht vor. Außerdem äußert sich Brajtberg-Fajnzylber wie folgt über das weibliche Wachpersonal:

> „Man mußte besonders den Frauen misstrauen, die uns bewachten, Wilde, die uns unser Brot und unsere Suppe stahlen. Sie waren sehr böse. Sie schlugen uns. Sie waren sehr hässlich, sehr schlecht. Einmal hatte ich nichts gegessen, nur ein wenig Suppe, Wasser mit Kohlblättern. Ich konnte mich nicht mehr aufrecht halten. Ich hatte geschwollene Beine, und ich mußte vor der Maschine stehen, um Schrauben zu machen. Ich steckte einen Nagel in die Maschine, die drehte, drehte, bis die Schraube herauskam. Ich mußte sehr aufpassen, denn wenn es misslang sagte man, ich machte Sabotage. Aber da, an diesem Tag konnte ich nicht mehr. Ich war zu krank, um zu arbeiten. Ich habe gesagt: ‚Ich kann nicht mehr, ich kann nicht arbeiten'. Da wurde ich auf den Kopf geschlagen, auf den Hals. Dabei waren wir Skelette, wir konnten nicht gehen, alle waren krank. Wir hatten Kopfschmerzen, die Füße taten weh, wir hatten Zahnschmerzen. Man durfte nicht sagen, daß man Schmerzen habe, denn dann quälten sie uns. Auch das lernte ich."[285]

Das abgegebene Urteil ist sehr pauschal und wird ganz sicher nicht allen ehemaligen Aufseherinnen gerecht. Einen lebendigen Eindruck der erschreckenden Lebenswirklichkeit im Lager gibt Brajtberg-Fajnzylber aber allemal. Der dritte von ihr beschriebene Vorfall ereignete sich kurz vor der Evakuierung des Lagers:

> „Eines Tages, dem Ende zu, im April 1945 erblickte ich mich, während ich bei einem Alarm davonlief, durch Zufall in der Scheibe eines Fensters. Es waren Jahre, dass ich mich nicht mehr gesehen hatte. Und was ist es, das ich da sehe? Das war nicht ich, es war nicht möglich! Ich sehe ein Tier. Ein Tier mit großen blauen Augen einfach so, ein Kopf wie ein Igel mit weißen, struppigen Haaren. In Auschwitz hatte man uns die

---

[284] Féla Brajtberg-Fajnzylber. S.68 Übersetzung Cziborra/Leppien
[285] Féla Brajtberg-Fajnzylber. S. 70f. Übersetzung Cziborra/Leppien

> Haare rasiert, und jetzt sprossen sie steif wie Nadeln und ganz weiß. Vor dem Krieg hatte ich sehr schöne blonde Haare. Man fand mich hübsch. Aber dort in der Scheibe sah ich ein Tier. Ein Ungeheuer, das nichts auf den Rippen hatte, kein bisschen Fleisch. Nur Adern. Ich fing an zu schreien: ,Was, bin das ich? Es ist nicht möglich! Das bin nicht ich!' Ich bin vollkommen verrückt geworden. Ich dachte an nichts mehr. Ich habe alles vergessen, sogar meine Tochter. Ich habe die Scheibe mit meinen Fäusten zerschlagen. Das Blut spritzte überall, und meine Schreie haben die Aufseherin aufgestachelt, die anfing mich zu peitschen. Sie hat einen Soldaten der Wehrmacht gerufen, einen Invaliden, der mich in die Arrestzelle im Untergeschoss der Fabrik eingeschlossen hat. Ich glaubte, dass er mich erschießen werde. Ich bin lang dort unten geblieben. Ich war wie verrückt, ich dachte an nichts. Ich hatte alles vergessen. Wenn ich mich nur daran erinnert hätte, dass ich eine Tochter hatte, ich hätte das nicht getan.
> Ich bin zwei Tage lang eingeschlossen geblieben. Man hat mir ein Stück Schwarzbrot und Wasser gegeben. Ich blieb auf der Erde liegen. Ich war unfähig, ein Wort auszusprechen."[286]

Der hier beschriebene Arrest war in Zschopau scheinbar keine ungewöhnliche Strafe. Auch Alice Dunn Adler berichtet wie Féla Brajtberg-Faijnzylber von einem zweitägigen Aufenthalt in der Arrestzelle. Sie hatte sich aus Metallabfällen ein Ouija-Brett gebastelt und war erwischt und der Sabotage verdächtigt worden. Ob sich dieser Vorfall tatsächlich ereignete, bleibt aufgrund der Literarisierung Dunn Adlers Autobiografie unklar. Die Existenz der Arrestzelle im Untergeschoss und das gewöhnliche Strafmaß von zwei Tagen scheint möglich. Sie schreibt:

> „Für die nächsten zwei Tage war eine winzige Betonsteinzelle im Keller, kaum fünf Fuß hoch, mein zu Hause. Sie hatte eine Metalltür und ein kleines vergittertes Fenster genau unterhalb der Decke an einer Wand. Ich war für das Fenster dankbar, weil es mir ermöglichte, das Vergehen der Zeit mitzuverfolgen. Es gab kaum Platz sich zu bewegen, gerade genügend Raum, um zu sitzen und zu weinen."[287]

---

[286] Féla Brajtberg-Fajnzylber. S. 72 Übersetzung Cziborra/Leppien
[287] Boriska's Prophecy. S. 124 Übersetzung Cziborra

2.1.3 Zeugenberichte über das männliche Wachpersonal

Über die Rekrutierung und Ausbildung des männlichen Wachpersonals für das Zschopauer KZ-Lager bei der Auto Union, ist bislang kaum etwas bekannt. Ihre Einweisung erhielten die einfachen Wachmänner wohl im KZ Flossenbürg. Ob sie dort nach entsprechendem Lehrgang zeitweilig Dienst versahen, oder zwischenzeitlich in anderen Lagern eingesetzt waren, ist ungewiss. Es sind keine Dokumente überliefert, die eine direkte Identifizierung ermöglichen. Lediglich quantitative Angaben über die Stärke der Wachmannschaft liegen vor. Über die grobe Zusammensetzung und die Aufgabenbereiche der Wachmannschaft gibt das Vernehmungsprotokoll der Chaja H. Aufschluss:

> „Ich erinnere mich an einen Oberscharführer, der bejahrt war und sich still verhalten hat. Außer ihm sind mir erinnerlich ein angeblich Wehrmachtsangehöriger, normalgewachsen, etwas dicklich, etwa 40 Jahre alt und ein Ukrainer dem einige Finger fehlten, blond und jung, der schwaches Deutsch sprach. Die Wachmannschaften hatten uns zu Beginn solange wir außerhalb der Fabrikobjekte arbeiteten zur und von der Arbeit begleitet, später befanden sie sich während der Arbeitsschicht in der Fabrikhalle und auch auf unserer Wohnetage erschienen sie.“[288]

Zumindest an einen Teil der Wachmannschaft erinnert sich auch Chaja S.:

> „In Zschopau waren 6 SS-Angehörige davon zweie etwa 60 Jahre alt, zweie um die 40 Jahre, von denen einer an einer Hand einige Finger amputiert hatte. Zwei Uniformierte Ukrainer, der eine etwa 30, der andere etwa 25 Jahre alt. Wer von denen Lagerführer war weiß ich nicht, die Mannschaften trugen SS-Blitze am Kragenspiegel. [...]Die männlichen SS-Angehörigen sah ich ab und zu in unsrem Schlafraume. Wir wohnten alle 500 in einer Riesenhalle. An den Sonntagen pflegten auch die zwei ältesten SS-Funktionäre zu erscheinen.“[289]

---

[288] Barch, B 162 / 3854, S. 217 VP Chaja H.
[289] Barch, B 162 / 3854, S. 248 VP Chaja S.

Deutlich intensiveren Kontakt hatten die Häftlinge jedoch zu den Aufseherinnen. So gibt Rose R. zu Protokoll:

> „Nach oben zu uns kamen gelegentlich auch einmal uniformierte Männer und haben kontrolliert. Im wesentlichen wurden wir aber von den Frauen bewacht. Ich hatte den Eindruck, dass das Lager von den Frauen geleitet wurde."[290]

Dieser Eindruck täuscht. Zwar hatten die Aufseherinnen einige Handlungsspielräume und pflegten deutlich engeren Umgang mit den Häftlingen, hatten aber jedoch gegenüber dem Lagerkommandanten Meldung zu machen, der letztlich die Entscheidung über Strafmaßnahmen und sonstige Angelegenheiten traf. Während seines nicht einmal fünfmonatigen Bestehens soll es im Zschopauer KZ-Lager verschiedene Kommandanten gegeben haben.

2.1.3.1 Die Zschopauer Kommandoführer

Im Rahmen der Ludwigsburger Ermittlungen gelang es nicht einmal einen Zschopauer Kommandanten zu identifizieren und ihn zu den Vorkommnissen 1944/45 zu vernehmen, sowie für entsprechende Taten zur Rechenschaft zu ziehen. Die Aussagen der ehemaligen Häftlinge, die vom Wechsel des Kommandanten während des Bestehens des Lagers sprechen, wurden gar ignoriert. Ermittelt wurde nur gegenüber den ersten Kommandoführer des Zschopauer Lagers, einem SS-Oberscharführer namens Happel, der in keinem überlieferten Dokument mit Vornamen erwähnt wird, und am 13. April 1944 in entsprechender Arbeitseinteilungsliste des KZ Flossenbürg immer noch als Kommandant des Außenlagers Zschopau geführt wird. Nähere konkrete Angaben zu seiner Identität wurden nicht bekannt. Das Verfahren wurde 1976 eingestellt.

Neben Happel, soll es jedoch mindestens einen zweiten, möglicherweise sogar einen dritten Kommandoführer gegeben haben, die sich in ihrer Funktion ablösten, bzw. ergänzten. So existieren in den Vernehmungsprotokollen der ehemaligen Häftlinge

[290] Barch, B 162 / 3854, S. 166 VP Rose R.

mindestens drei verschiedene Personenbeschreibungen, sowie zwei verschiedenen Zeitpunkte für entsprechende Funktionärswechsel. Dora I. gibt zu Protokoll:

> „Meines Erachtens hatten sich in der Funktion des Lagerführers zwei Funktionäre abgelöst. Zu Beginn bekleidete diese Funktion ein etwa 50 jähriger Uniformierter, dessen Dienstgrad Oberscharführer war. Er war niedriggewachsen, trug schwarzen Schnurbart, war mittelstark gebaut, bebrillt. Dieser Mann hatte uns korrekt behandelt. Etwa 4 Wochen vor Auflösung des Lagers wurde der Lagerführer durch einen jüngeren hochgewachsenen, gutgebauten SS-Funktionär abgelöst. Dieser Nachfolger war bedeutend ärger, wir nannten ihn unter uns ‚Hitler'."[291]

Auch Genia K. erinnert sich an einen schwarzhaarigen Lagerführer. Bei ihr ist es jedoch der zweite Kommandant:

> „Etwa Ende Februar – Anfang März 1945 kam ein neuer Lagerführer, er war etwa 45 Jahre alt, normalgross, schwarzhaarig, dunkles Teints, immer in Uniform, ich glaube im Dienstgrad eines SS-Oberscharführers. Dieser begleitete uns nach der Evakuierung des Lagers bis nach Theresienstadt. Nachdem er nach Zschopau kam, wurde die Verpflegung noch ärger, als zuvor."[292]

Tatsächlich lässt sich auch anhand der Flossenbürger Stärkemeldungen die Ankunft eines weiteren SS-Führers in Zschopau zwischen dem 28. Februar und 31. März 1945 belegen. Weitere Personenbeschreibungen für potentielle Lagerkommandanten liefert Judith H.. Auch sie geht von einem Funktionärswechsel während des Bestehens des Lagers aus:

> „Lagerführer war ein Oberscharführer etwa 40 Jahre alt, blond, mittelgroß, er hat uns korrekt behandelt. Nach einer nicht näher bezeichenbaren Zeit wurde der blonde Oberscharführer durch einen braunhaarigen, älteren als seinen Vorgänger ebenfalls Oberscharführer abgelöst. Der zweite war

[291] Barch, B 162 / 3854, S. 222 VP Dora I

[292] Barch, B 162 / 3854, S. 244 VP Genia K.

uns weniger gut geneigt, das Essen wurde erheblich ärger. Die Namen der Lagerführer kannte ich nicht.“[293]

Wie Genia K., verbindet auch Judith H. mit dem Erscheinen des zweiten Lagerführers eine Verschlechterung der Ernährungslage. Ob es zwischen den geschilderten Entwicklungen wirklich einen kausalen Zusammenhang gab, wie die Protokolle ein wenig suggerieren, kann nicht verlässlich beantwortet werden.
Zu den ehemaligen Häftlingen, die sich an einen neuen Kommandanten erinnern, gehört auch Odette Spingarn. Sie schreibt:

> „Am 13. April schickt man uns einen neuen ‚Oberscharführer', den übelsten, den wir je hatten. Er steigert sich dauernd in Zornestiraden, so dass die ‚Aufseherinnen' uns wiederum auf die entblößten Arme schlagen.“[294]

Dieser Kommandant könnte mit der Person identisch sein, die Dora I. in oben zitiertem Vernehmungsprotokoll unter dem Spitznamen ‚Hitler' erwähnt. Den Zeitpunkt seines ersten Auftretens schätzt sie jedoch auf vier Wochen vor der Evakuierung ein, also Mitte März 1945.
Wie viele Lagerkommandanten es im Flossenbürger Außenlager Zschopau wirklich gab, lässt sich aufgrund der Abweichungen in den Schilderungen nur schwer rekonstruieren. Etwas Klarheit könnte hier die Aussage einer ehemaligen Aufseherin bringen, die in einem aufschlussreichen Interview drei Funktionäre nannte und etliche Angaben machen konnte, mit denen die entsprechenden Personen vielleicht doch noch identifiziert werden könnten.

---

293 Barch, B 162 / 3854, S. 226 VP Judith H.

294 Odette Spingarn. Übersetzung Gisela Dulon. in: Ihrer Stimme Gehör geben. S.107f.

1. Kommandoführer Oberscharführer Happel

Dieser soll schwer rheumakrank und bei Fliegeralarm auf Hilfe angewiesen gewesen sein. Happel musste demnach wohl aus gesundheitlichen Gründen seinen Posten aufgeben. Während seiner Dienstzeit übernahmen die Aufseherinnen tatsächlich mehr Verantwortung den Lagerablauf reibungslos zu gestalten, was den Eindruck der Rose R., das Lager würde von den Aufseherinnen geleitet, verstärkt haben könnte.

2. Kommandoführer Feldwebel Genkel

Genkel[295] soll Feldwebel der Artillerie gewesen sein und aus Hamburg gestammt haben. Er sei direkt von der Front nach Zschopau versetzt worden und habe auf Anfragen der Aufseherinnen durchblicken lassen, dass der Krieg hoffnungslos verloren sei. Vielleicht handelt es sich bei ihm um die Person, die Chaja H. als angeblichen Wehrmachtsangehörigen, *normalgewachsen, etwas dicklich, etwa 40 Jahre alt* beschreibt. Möglicherweise war Genkel auch nur kommissarischer Lagerführer, da Happel seinen Dienstpflichten gesundheitsbedingt nicht mehr nachkommen konnte.

3. Kommandoführer Hauptsturmführer[296] Markwardt

In Übereinstimmung mit den ehemaligen Häftlingen Odette Spingarn und Dora I. wurde auch seitens der interviewten Aufseherin, Markwardt[297] als linientreuer Nazi beschrieben, vor dem auch die Aufseherinnen Angst hatten. Er sei „*radikal bis auf die Knochen*“ gewesen und wurde möglicherweise bewusst zur Unterstützung und Durchführung der bevorstehenden Evakuierung nach Zschopau gesandt. Wahrscheinlich war er schon zuvor in einem KZ tätig, das unter Umständen bereits evakuiert worden war. Das frei werdende Wachpersonal wurde dann eventuell anderen Lagern als Verstärkung zugeteilt.

---

[295] Die Schreibweise ist unsicher.

[296] Der angegebene Dienstrang ist unsicher. Odette Spingarn spricht von einem Oberscharführer

[297] Die Schreibweise ist unsicher.

Während für den ersten Kommandoführer, Oberscharführer Happel, einige Entlastungsaussagen vorliegen, blieben seine Nachfolger in deutlich schlechterer Erinnerung. Demnach ist wohl auch die wenig konkrete Aussage der Irene W. seiner Person zuzuordnen. Sie gibt zu Protokoll:

> „Den Lagerführer sah ich alle Tage. Ich kann nichts Negatives über ihn sagen.“ [298]

Auch Ester S. nimmt Happel als anständigen Kommandanten wahr und bestätigt seine Ablösung durch einen deutlich schlimmeren SS-Funktionär:

> „Die Oberaufsicht führte ein mittelgroßer Oberscharführer, der zu uns freundlich war. Der Unterschied gegenüber Auschwitz ist kaum zu beschreiben. Dieser Mann wurde später durch einen jüngeren großgewachsenen SS-Mann ersetzt, der uns sehr oft geschlagen hat und uns mit furchtbaren Schimpfworten bedachte. Er hat zu uns kein einziges gutes Wort gesprochen.“[299]

Der zuletzt beschriebene SS-Mann ist sehr wahrscheinlich identisch mit der Person, die als Hauptsturmführer Markwardt erinnert wird. Weiterführende Hinweise sind erbeten.

2.1.3.2 Die übrige männliche Wachmannschaft

I. Die ukrainischen Wachmänner

Einstimmig berichten ehemalige Häftlinge und Aufseherinnen von den zwei ukrainischen Wachmännern im Lager Zschopau. Aliza S. sagt aus:

> „Männliche SS-Angehörige waren ungefähr 6 – davon zumindest zwei Ukrainer.“ [300]

---

[298] Barch, B 162 / 3854, S. 269 VP Irene W.
[299] Barch, B 162 / 3854, S.152f. VP Ester S.
[300] Barch, B 162 / 3853, S. 56 VP Aliza S.

Dora I. gibt zu Protokoll:

> „Unter den Wachmannschaften, deren Zahl mir nicht erinnerlich ist, waren auch schwarzgekleidete Ukrainer. Keinen von denen weiß ich beim Namen oder sonst irgendwie [zu] bezeichnen.“[301]

Genauer erinnert sich Irene W.. Sie schildert:

> „Als SS-Aufseher waren auch zwei Ukrainer im Lager. Sie trugen schwarze SS-Uniformen und waren üble Sadisten. Es waren primitive und brutale Leute. Einer mit Namen Nikolai schlug mich einmal mit dem Gewehrkolben als ich von der Arbeit in den Unterbringungsraum im oberen Stock zurückkehrte. Ich habe von diesem Schlag mit dem Gewehrkolben, der mich am Ohr traf, einen Gehörschaden davongetragen, der nicht mehr ganz ausgeheilt ist. Er nahm oft die Gelegenheit wahr, seine primitiven Instinkte an den Häftlingen auszulassen. Den Namen des anderen Ukrainers erinnere ich nicht.“[302]

Auch die interviewten ehemaligen Aufseherinnen erinnerten sich an die zwei Ukrainer, die in Teilübereinstimmung mit Irene W. Nicolai und Franz geheißen haben sollen. Franz soll aus Kiew gestammt haben, Nicolai vom Lande. Sie sollen in ihrer ganzen Art und in ihrem Benehmen wie Tag und Nacht gewesen sein. Die Familiennamen sind leider nicht bekannt. Beide Ukrainer gehörten zu den jüngeren Wachmännern und waren laut oben zitierter Chaja S. etwa 25 bzw. 30 Jahre alt. Einem von beiden fehlten möglicherweise einige Finger. Chaja H.

> „In Zschopau sah ich den erwähnten Ukrainer [dem einige Finger fehlten] eine Leidensgefährtin schwer misshandeln.“[303]

Möglicherweise bezieht sich diese Aussage sogar auf die geschilderte Misshandlung der Irene W.. Demnach wäre es Nikolai, dem einige Finger amputiert oder bei einem Unfall abgerissen worden waren. In der Aussage der Chaja S. ist es jedoch

[301] Barch, B 162 / 3854, S. 222f. VP Dora I.
[302] Barch, B 162 / 3854, S. 270 VP Irene W.
[303] Barch, B 162 / 3854, S. 217 VP Chaja H.

ein vierzigjähriger anderer Wachmann, dem einige Finger fehlten. Irrtümer und Verwechslungen sind bislang nicht auszuschließen. Möglicherweise gab es auch mehrere SS-Wachleute in Zschopau mit diesem besonderen Merkmal ähnlicher Kriegsverletzungen.

II. Die übrigen SS-Aufseher

Über die restliche Wachmannschaft im Zschopauer Lager existieren kaum Aussagen. Lediglich Sara W. gibt zu Protokoll:

> „Jetzt erinnere ich mich doch, daß ein Mann in einer grünen Uniform bei uns bei den Maschinen war. Er war ein großer, brünetter Mann. Er war sehr mager. Er trug eine grüne Naziuniform, SS, er trug ein Käppi, aber nicht in der Fabrik. Er war ein Invalide, er war magenkrank, er hat immer Hoffmannstropfen genommen. Er hat mich beschimpft, daß ich schlecht arbeite, und hat mir gesagt, daß er mich wie einen Hund erschießen werde."[304]

Ihre Schilderungen einer konkreten Person zuzuordnen, war bislang unmöglich. Die Namen weiterer Wachmänner sollen *Kolacki*, *Cziborra*, *Hellmann*, *Lehrer* und *Roller* gewesen sein. Vornamen wurden seitens der ehemaligen Aufseherinnen nahezu ausnahmslos nicht mehr erinnert. Kolacki versah möglicherweise auch im KZ Wilischthal Dienst. Er soll die Flucht aus dem Evakuierungszug begünstigt haben, und zur Bewachung des letzten Waggons abgestellt gewesen sein. Einige der Wachposten stammten aus Schwaben. Gewissheit über die Identität der Wachmannschaft ist nach Dokumentenlage wohl nur noch durch deren Nachkommen zu erhalten.

[304] Barch, B 162 / 3854, S. 172 VP Sara W.

2.1.4 Entnazifizierung und Nachkriegsverfahren

2.1.4.1 Das Verfahren gegen Frieda Elise Oehme 1948

Das einzig bislang bekannte Verfahren gegen eine Aufseherin des Zschopauer Lagers, das mit einer Gefängnisstrafe endete, ist das Entnazifizierungsverfahren gegen die stellvertretende Erstaufseherin Frieda Elise Oehme, *11.11.1922. Weder ein Zschopauer Kommandoführer noch die verantwortlichen Wirtschaftsvertreter wurden nach jetzigem Kenntnisstand jemals zur Rechenschaft gezogen. Wenn aber der Schuldvorwurf *„durch Wort und Tat eine gehässige Haltung gegenüber jüdischen Häftlingen eingenommen zu haben“*[305], wie der Fall Oehme zeigt, zu einer Anklage ausreichte, fragt man sich wohl zurecht, was aus all den anderen Personen wurde, auf die der Schuldvorwurf in ähnlicher, gleicher oder verstärkter Weise zutraf. Da generell nur ein Bruchteil aller, oft viel brutalerer Täter juristisch zur Verantwortung gezogen wurde, bleibt beim eigentlich korrekten Verfahren gegen Oehme, doch ein störender Beigeschmack eines mehr oder minder zufällig gefundenen Sündenbocks.
Nachdem der Staatsanwalt als Strafmaß für eine eingestandene Ohrfeige[306] 1 Jahr und 6 Monate Gefängnis beantragt hatte, wird am 25. Februar 1948 in der Strafsache gegen Frieda Elise Oehme, KSt Ks 14/48 wegen Verbrechens nach Kontrollratsdirektive 38, folgendes Urteil gesprochen:

> „Chemnitz, den 6. März 1948
>
> Die Angeklagte wird in die Gruppe der Verbrecher eingestuft, und wegen Ausnutzung ihrer Stellung zu Drohungen und Unterdrückung und Einnahme einer gehässigen Haltung gegenüber jüdischen Häftlingen zu einem Jahr und drei Monaten Gefängnis verurteilt, um Wiedergutmachungs- und Aufbauarbeiten zu verrichten. Die bisher seit 21.11.1947 erlittene Untersuchungshaft wird angerechnet. Die Angeklagte hat die

---

305 StAC Obj.14ZB54/053 Zitat der Anklageschrift

306 explizit wird der Angeklagten außer ihrer antisemitischen Geisteshaltung keine konkrete Straftat nachgewiesen. Vgl. Selbstaussage - Zeugenaussagen

Kosten des Verfahrens zu tragen. Ferner werden der Angeklagten folgende Sühnemaßnahmen auferlegt:

a) Die Angeklagte ist dauernd unfähig, ein öffentliches Amt zu bekleiden
b) Sie verliert alle ihre etwaigen Rechtsansprüche auf eine aus öffentlichen Mitteln zahlbare Pension oder Zuwendung.
c) Sie verliert das Recht zu wählen und die Fähigkeit, gewählt zu werden sowie das Recht sich irgendwie politisch zu betätigen oder Mitglied einer politischen Partei zu sein.
d) Es ist ihr auf die Dauer von fünf Jahren nach ihrer Freilassung verboten
    1.) in einem freien Beruf oder selbständig in irgendeinem wirtschaftlichen Betrieb tätig zu sein, sich an einem solchen zu beteiligen oder dessen Aufsicht oder Kontrolle auszuüben,
    2.) in nicht selbständiger Stellung anders als in gewöhnlicher Arbeit beschäftigt zu werden,
    3.) als Lehrer, Prediger, Redakteur, Schriftsteller oder Rundfunkkommentator tätig zu sein.
e) Sie unterliegt Wohnraum- und Aufenthaltsbeschränkungen
f) Sie verliert alle ihr etwa erteilten Approbationen, Konzessionen und Sonderrechte sowie das Recht, ein Kraftfahrzeug zu halten.“[307]

Dieser umfangreiche Maßnahmenkatalog soll der sogenannten Entnazifizierung des deutschen Staates bzw. der Besatzungszonen dienen und schränkt die Persönlichkeitsentwicklung der Verurteilten in erheblichem Maße ein. Jede Einflussnahme ins öffentliche Leben, wirtschaftliche Entscheidungen und Prozesse der Meinungsbildung soll nachhaltig vermieden werden.
Aufgrund der Erfahrungen bei der Handhabe anderer Entnazifizierungsstellen im Umgang mit der Kontrollratsdirektive 38, gesteht man sich aber einige Monate nach Urteilsverkündung das vergleichsweise harte Strafmaß im Fall Oehme ein. Der Akte im Staatsarchiv liegt folgende Urteilseinschätzung vom 02.06.1948 bei:

[307] StAC Obj.14ZB54/053

„Die Beschuldigte wurde 1940 zur Auto Union, Werk DKW, in Zschopau als Arbeiterin dienstverpflichtet. Im Oktober 1944 meldete sie sich freiwillig als SS-Aufseherin und wurde am 1. Nov. 1944 im Werk DKW Zschopau als solche eingesetzt. In diesem Werk waren 500 weibliche jüdische Häftlinge in einem Arbeitslager untergebracht, diese zu beaufsichtigen war Angelegenheit der SS-Aufseherinnen. Während ihrer Tätigkeit als SS-Aufseherin hat die Beschuldigte einen weibl. jüd. Häftling im Laufe einer Auseinandersetzung eine Ohrfeige gegeben. Des weiteren hat sie einen anderen weibl. jüd. Häftling, welcher ein behelfsmäßiges Messer besaß, diesem weggenommen und den Vorfall der SS-Oberaufseherin gemeldet. Der bei dieser Meldung hinzukommende SS-Hauptscharführer ordnete an, daß diesem Häftling die Haare abgeschnitten wurden. Die Beschuldigte gab die ihr zur Last gelegten Taten ohne weiteres zu und leugnete nicht. Wenn man die persönlichen Verhältnisse der Beschuldigten betrachtet, so muß man das ausgeworfene Urteil als zu hart ansehen. Der Vater der Beschuldigten ist bereits vor 20 Jahren verstorben und sie als älteste von mehreren Geschwistern mußte für den Unterhalt der Familie eintreten, noch dazu da ihre Mutter kränklich ist. Aus den zuletzt geschilderten Gründen ist unbedingt für eine Überprüfung des Urteils einzutreten. Erstens auf Grund der persönlichen Verhältnisse und der Jugendlichkeit der Beschuldigten z.Z. ihrer Tat. Zweitens, wenn man verschiedene Urteile betrachtet, bei denen größere Verbrechen mit einer Gefängnisstrafe unter einem Jahr verurteil wurden und diese daher unter die Amnestie gefallen sind.

Gez. Dienststellenleitung für Befehl 201“[308]

Zum Zeitpunkt der Niederschrift dieser Einschätzung dürfte Frieda Elise Oehme mit der angerechneten Untersuchungshaft etwas mehr als sieben Monate ihrer Strafe bereits verbüßt haben. Ob überhaupt, und wenn, wann ihr aufgrund dieses Schreibens der Rest ihres Strafmaßes erlassen wurde, geht aus dem Aktenbestand des Archivs leider nicht hervor. Die vorgebrachten Einwände gegen das Urteil sind durchaus plausibel. Auch wenn Oehme möglicherweise unter den Zschopauer Aufseherinnen

[308] StAC Obj.14ZB54/053

eine der ärgsten war, fallen die ihr zur Last gelegten Taten im Urteil übermäßig schwer ins Gewicht, gerade wenn man mit dem Lager in Wilischthal vergleicht, dessen Aufseherinnen trotz weitaus drastischerer Körperverletzungen - soweit bekannt - juristisch gänzlich ungestraft davon gekommen sind. Auch die Tatsache, dass die Zschopauer Kommandoführer, die ja einen nicht unerheblichen Anteil an der Bestrafung der Häftlinge hatten, nie ermittelt werden konnten, lässt das unter Umständen gerechtfertigte Strafmaß bei der Verurteilung Oehmes, insgesamt als ungerecht erscheinen.
Tieferen Einblick in die Situation Oehmes und die ihr vorgeworfenen Vorfälle sollen ihre eigene Aussage und die der Zeugen im Rahmen des Verfahrens ermöglichen. Die Protokolle sprechen für sich und bedürfen kaum eines Kommentars:

Die Aussage der Angeklagten Frieda Elise Oehme
Flöha, am 21. November 1947:

> „Im Juli 1940 wurde ich zur Auto-Union, Werk DKW in Zschopau dienstverpflichtet als Arbeiterin. Am 1. Oktober 1944 habe ich mich freiwillig als SS-Aufseherin gemeldet, und wurde daraufhin nach Holleischen (CSR) zu einem Lehrgang als SS-Aufseherin geschickt. Ab 1. November 1944[309] bin ich dann im DKW Werk Zschopau als SS-Aufseherin eingesetzt worden. In diesem DKW Werk Zschopau waren 500 weibliche jüdische Häftlinge in einem Arbeitslager untergebracht. Diese Jüdinnen kamen aus dem KZ-Lager Auschwitz und mussten hier für die Rüstungsindustrie arbeiten. Wir als SS-Aufseherinnen hatten diese Jüdinnen während ihrer Arbeit zu beaufsichtigen und hatten während unseres Dienstes unsere SS-Uniform an. Wir hatten die Anweisung die Jüdinnen in aller Strenge zu beaufsichtigen, z.B. durfte kein deutscher Arbeiter mit diesen Jüdinnen sprechen. Als dann im April 45

[309] Im Schreiben des Kommandoführers Happel vom 27.12.1944 an die Kommandantur Flossenbürg heißt es:
„Am 1.12.1944 traf die Aufs. O e h m e Eliese ein, die nach Rücksprache erklärte, sich der Aufgabe nicht gewachsen zu fühlen, aber gerne bereit sei, sich in die Aufgaben einer Erstaufseherin einführen zu lassen. Daraufhin betraute ich die Oe. mit der Vertretung der Erstaufseherin."
Barch, B 162 / 3854, S. 288

die Amerikaner vor Chemnitz waren, haben wir diese weiblichen jüdischen Häftlinge nach dem KZ-Lager Theresienstadt überführt. Als SS-Aufseherinnen unterstanden wir der SS-Oberaufseherin Traudel Stein (oder Steinert). Einmal beschwerte sich eine Jüdin bei mir und sagte: ‚Das Essen ist viel zu dünn und zu wenig.', und sie hat das Essen nicht gegessen. Nach der Mittagspause wollte diese Jüdin jedoch das Essen noch essen; ich habe es in dem Moment verboten. Daraufhin lehnte sich diese Jüdin in heftigen Worten gegen mich auf, worüber ich sehr erregt war und dieser Jüdin eine Ohrfeige gegeben habe. Den Vorfall wegen dem Mittagessen habe ich dann der SS-Oberaufseherin Stein gemeldet, ob diese gegen die Jüdin etwas unternommen hat, ist mir nicht bekannt. Ich weiß jedenfalls nichts davon, dass diese Jüdin bestraft worden wäre, außer der Ohrfeige, welche ich ihr gegeben habe. Ich bestreite, gegen irgendeine deutsche Arbeiterin jemals gesagt zu haben: ‚Was seid ihr bloß für Deutsche' und ich habe niemals einen Deutschen gemeldet, wenn er mal mit einer Jüdin sprach, sondern ich habe diejenigen nur verwarnt. Eines Tages, im Monat März 1945, es war während der Frühstückspause, sah ich, dass eine Jüdin ein behelfsmäßiges Messer bei sich hatte. Dieses Messer habe ich jener Jüdin weggenommen und an die SS-Oberaufseherin Stein abgegeben. In dem Moment kam der SS-Hauptscharführer, den Namen weiß ich nicht mehr, zur SS-Oberaufseherin Stein herein und hörte sich dieses mit an. Daraufhin sagte er: ‚Der Jüdin müssen wir die Haare abschneiden, damit sie merkt, daß sie kein Messer bei sich haben darf.' Ich persönlich kann heute nicht mehr behaupten, dass dieser Jüdin dafür die Haare abgeschnitten worden sind. Ich erinnere mich heute noch etwas unklar daran, später wieder einmal einer Jüdin ein Messer abgenommen zu haben. Ich bin mit jener Jüdin zur SS-Oberaufseherin Stein, habe das Messer an ihr [sic!] abgegeben und habe ihr diesen Vorgang gemeldet. Ich bin mir aber heute nicht mehr darüber bewusst, diese Jüdin geschlagen zu haben."[310]

[310] StAC Obj.14ZB54/053

Vernommene Zeugen im Verfahren Oehme:

Einsteller Paul Johannes [Hans] Schmidt[311]
*05.05.1903 gibt am 11.11.1947 zu Protokoll:

> „Ich war in der Auto-Union, AG Werk DKW in der Abteilung Getriebebau als Einsteller für jüdische Zivilarbeiterinnen, welche aus dem Vernichtungslager Auschwitz im November eingetroffen waren, tätig. Selbige wurden von SS-Wachmannschaften sowie SS-Aufseherinnen, bewacht. Diese waren zum größten Teil mit den Jüdinnen in der Behandlungsart nicht so wie es sich für Menschen zukommt, z.B. die Aufseherin Elise Oehme, wohnhaft in Hennersdorf [...] diese behandelte die Frauen in den barschensden [sic!] Ton. Sie war sehr scharf und durfte keinen Deutschen im Gespräch mit einer Judenfrau antreffen; sofort wollte sie Meldung bei dem Betriebsobmann Felgner machen. Die Oehme sagte einmal zu mir ‚Ihr habt mit den Frauen überhaupt nicht zu reden, was seid ihr bloß für Deutsche'. Die Frauen waren aber uns Einstellern zugeteilt und wir durften deshalb auch mit ihnen reden, es war uns auch absurd mit den Frauen nicht zu sprechen und standen mit den Aufseherinnen nicht auf gutem Fuß. Bei jeder Gelegenheit wurde uns angedroht, jedes Vergehen würden sie unverzüglich ihrem Vorgesetzten zur Meldung bringen, was sie auch in etlichen Fällen getan haben. Die Oehme bildete sich viel auf ihren Posten ein und ließ es jeden merken."[312]

Aufseherin Marianne Elfriede Schönherr
*30.04.23, Strumpfnäherin gibt am 24.11.1947 zu Protokoll:

> „Ich wurde im Oktober 1943 dienstverpflichtet nach der Auto-Union in Zschopau. Dort arbeitete ich im Getriebebau bis zum 23. Oktober 1944. Aufgrund daß ich mich mit meinem Meister nicht gut verstand, wurde ich auf dessen Vorschlag bei dem Betriebsobmann Felgner, aus Zschopau zur SS-Aufseherin bestimmt. Es war uns unbekannt, daß jüdische Frauen

[311] Sara W. erinnert den Firmennamen fälschlicherweise als *Hansen Schmidt.* Sehr wahrscheinlich arbeitete sie in der Arbeitsgruppe dieses Zeugen. Vgl. S. 53

[312] StAC Obj.14ZB54/053

aus Auschwitz als Arbeiterinnen in der Auto-Union eingestellt werden sollten und wir über diese die Aufsicht übernehmen müssten. Am 24. Oktober 1944 kam ich daraufhin mit den anderen ausgesuchten Mädchen nach Holleischen (Tschechei) in das Schulungslager. Insbesondere wurden wir dort unterrichtet, daß wir strengstens mit den jüdischen Frauen umgehen müssten, es dürfe kein Arbeiter, Angestellter oder Meister mit den Frauen sprechen, weder Zuwendungen an Lebensmittel noch sonstige Vergünstigungen machen, andernfalls sollten wir rücksichtslos alle Zuwiderhandelnde bei den männlichen SS-Wachmannschaften zur Meldung bringen. Ende Nov. 1944 war die Schulung beendet und wir kamen zurück nach Zschopau in das Hauptwerk der Auto-Union, wo inzwischen 500 jüdische Frauen aus Auschwitz eingetroffen waren. Ich habe dann sofort meinen Dienst angetreten u. wechselte dauernd die Abteilungen. Den jüdischen Frauen gegenüber habe ich mich immer menschlich benommen, weder noch Betriebsangehörige zur Meldung gebracht. Über andere SS Aufseherinnen ist mir nichts bekannt, außer der Oehme, wohnhaft [...] weiß ich, dass sie einmal eine Jüdin geschlagen hat, wegen was weiß ich heute nicht mehr. Das andere Mal hat sie Jüdinnen [sic![313]] zur Meldung gebracht, weil diese in Besitz von Messern war[en], und daraufhin die Haare abgeschnitten wurde[n]. Am 13. April 1945 wurden die jüdischen Frauen unter unserer Begleitung nach Theresienstadt transportiert.“[314]

Aufseherin Hildegard Elsa Stöckel

*07.12.1915 in Weißbach gibt am 03.12.1947 zu Protokoll:

„Ich wurde im Oktober 1944 zur SS Wachmannschaft als Aufseherin bestimmt und kam mit den anderen nach Holleischen (CSR) zur Schulung, von dort weg sind wir dann nach Dresden zur Firma Zeiß-Ikon als SS-Aufseherin. Als nun im Werk DKW Zschopau auch 500 weibliche jüdische KZ Häftlinge aus Auschwitz eingetroffen waren, wurden wir Aufseherinnen nach Zschopau zurückbeordert. Wir hatten die Aufgabe für Ruhe und Ordnung zu sorgen, z.B. den Jüdinnen nicht zu gestatten, daß sie sich mit deutschen Arbeitern unterhielten und umgekehrt, sowie daß ihnen von deutschen Arbeitern

[313] Satzkonstruktion läßt offen, ob es sich um einen oder mehrere Fälle handelt

[314] StAC Obj.14ZB54/053

keine Lebensmittel verabreicht wurden, oder ihnen sonstige Vergünstigungen zuteil wurden. Eines Tages, es war Frühstückspause, das Datum kann ich nicht mehr angeben, da sah ich wie die Aufseherin Elise Oehme aus Hennersdorf in der Unger [315] einer älteren Jüdin ein Messer wegnahm, packte sie bei der Schulter und zog sie zu sich heran, gab ihr eine Ohrfeige und ein paar Schläge auf den Rücken. Ich selbst stand cirka 2 bis 3 Meter entfernt als sich der Vorfall ereignete. Die Oehme nahm das Messer und die Jüdin mit zur Oberaufseherin einer gewissen Frau Stein und meldete den Vorfall, daraufhin kam der Oberscharführer, den Namen kann ich nicht angeben, da wir öfter Wechsel hatten, ließ uns Aufseherinnen alle zusammen kommen und wir mussten zusehen wie der Jüdin die Haare abgeschnitten wurden. Die Oehme soll auch eine Jüdin bei der Essensausgabe geschlagen haben, aber davon kann ich nichts näheres aussagen, denn ich habe dieses nur von den anderen gehört. Ich selbst habe mich den Jüdinnen gegenüber konsequent verhalten. Ein kleiner Vorfall, welcher sich im Küchenvorraum abspielte ist mir noch in Erinnerung. Eine Judenfrau steckte Küchenabfälle in den Blusenausschnitt, ich stellte sie zur Rede und nahm ihr die Abfälle ab, es war damals strengste Vorschrift."[316]

Oberaufseherin <u>Traude</u> Elfriede Stein
*29.10.1922, gibt am 10.12.1947 in Borstendorf zu Protokoll:

„Anfang März 1945[317] wurde ich zur SS-Oberaufseherin bestimmt. Wir hatten ca. 500 Judenfrauen zu beaufsichtigen. Die 12 [sic!] SS-Aufseherinnen standen im Rang unter mir. Ich musste die Meldungen und Beschwerden dieser Aufseherinnen entgegennehmen. Ich habe die Ursachen untersucht und wenn etwas stichhaltiges daran war, an den Oberscharführer weitergegeben. Meistens handelte es sich um kleine Diebstähle oder Verstöße der Judenfrauen. Ich kann mich noch entsinnen, daß die Aufseherin Elise Öhme mehrmals Judenfrauen bei mir gemeldet hat. Mitunter ging die Öhme auch direkt an den Oberscharführer. Ich hatte von der Öhme den

---

[315] nach dem Handwerksmeister benannte Abteilung/Arbeitsgruppe
[316] StAC Obj.14ZB54/053
[317] Laut Lagerkorrespondenz bereits am 7. Januar 1945.
Vgl. Barch B 162 / 3854, S. 279, 285, 288

Eindruck, daß sie im Dienst übereifrig war und sich auf ihre Uniform etwas einbildete. Bei uns Aufseherinnen war sie nicht beliebt. Auf die einzelnen Beschwerden, die die Öhme gegen die Judenfrauen hatte, kann ich mich heute nicht mehr genau darauf entsinnen. Ich kann mich aber genau darauf besinnen, daß die Öhme den Judenfrauen gegenüber eine sehr gehässige Haltung einnahm. Daß die Öhme die Judenfrauen geschlagen hat, habe ich nicht selbst gesehen. Aber es wurde allgemein davon gesprochen. Einmal wurde einer Judenfrau die Haare abgeschnitten, dieses geschah auf Befehl des Oberscharführers. Den Grund zu dieser Handlung vermag ich heute nicht mehr anzugeben. Ich selbst habe mich den Judenfrauen gegenüber menschlich verhalten. Meine Aussagen habe ich ohne jeden Zwang zur Niederschrift gegeben."[318]

Werkmeister Emo Walter Unger
*17.09.1899 in Plauen, Automatendreher aus Zschopau gibt zu Protokoll:

„Ich war in der Auto-Union AG –Werk DKW Zschopau als Werkmeister tätig und hatte ab November 1944 cirka 48 weibliche jüdische KZ-Häftlinge in meiner Abteilung, welche von SS-Wachmannschaften und SS-Aufseherinnen beaufsichtigt wurden. Die Aufseherinnen hatten die Aufgabe, dass zwischen den deutschen Arbeitern und den Judenfrauen keine Unterhaltungen gepflegt wurden, sowie das keine Lebensmittel oder sonstige Vergünstigungen den Judenfrauen zuteil wurden. Ein Vorfall von einer gewissen Aufseherin Oehme mit einer Judenfrau ist mir nicht erinnerlich. In meiner Abteilung ist mir nichts bekannt, dass einer Judenfrau die Haare abgeschnitten worden sei. Mir ist ein Fall bekannt, dass eine Judenfrau in der Abteilung Schleiferei von einer Aufseherin geschlagen worden sei, den Namen kann ich leider nicht angeben, gesehen habe ich diesen Vorfall nicht, nur allgemein gehört."[319]

[318] StAC Obj.14ZB54/053
[319] Ebd.

Resümee

Aus den Aussagen der vernommenen Zeugen lässt sich für das Verhalten und die Gesinnung der Aufseherin Oehme, die durch Diensteifer[320] auffiel, zwar ein negativer Grundtenor herauslesen, härtere Bestrafungen der Häftlinge ordnete aber laut übereinstimmender Zeugenaussagen, der Oberscharführer persönlich an. Zu bedenken ist auch, dass alle gehörten Zeugen selbst potentielle Täter waren und diese Tatsache ihre Aussagen in manchem Punkt beeinflusst haben könnte. So erwähnt Oberaufseherin Traude Stein geschickt, dass sich Oehme mit ihren Vorwürfen gegenüber den Häftlingen auch manchmal direkt an den Lagerkommandanten wandte. Unabhängig davon, dass dies der Wahrheit entsprechen könnte, kann sie sich damit bewusst oder unbewusst ein Stück weit ihrer eigenen Verantwortung als Vorgesetzte entziehen. Auch Werkmeister Walter Unger hält seine Abteilung bezüglich möglicher Bestrafungen der Häftlinge verdächtig rein. Er habe von derartigem, wie das Abschneiden der Haare nichts gewusst. Würde er dies oder ähnliches für seine Abteilung zugeben, hätte er selbst die Frage zu fürchten, warum er dies geduldet, bzw. was er dagegen unternommen habe. Es soll hier niemandem, und kann derzeit auch nicht, eine Falschaussage unterstellt werden. Der Leser möge bei der eigenen Meinungsbildung jedoch die genannten Aspekte mit einbeziehen.

Für die Holocaustforschung sind die hier zitierten Dokumente von besonderem Wert. Aufgrund der zeitnahen Befragung sind sie glücklicherweise relativ detailliert und in den harten Fakten weitestgehend korrekt. Insbesondere die Aussagen der ehemaligen Aufseherinnen sind verblüffend ehrlich und unbedarft, was wie der Fall Stöckel zeigt nicht immer folgenlos blieb. Die Dokumente geben tieferen Einblick in eine Aufseherinnen-Biografie und lassen erahnen, welche Verhaltensregeln im Schulungslehrgang in Holleischen – wie es scheint weitestgehend mit Erfolg – antrainiert werden sollten. In den Aussagen spiegelt sich die Realität der 1940er Jahre relativ unverzerrt wider, und rückt den Erfahrungshorizont des Individuums während und

[320] Vgl. auch Fußnote 288

nach der nationalsozialistischen Herrschaft für Nachgeborene in die Reichweite einer Nachvollziehbarkeit, die hilft den komplexen Vorgang ‚NS-Diktatur und Entnazifizierung' besser zu verstehen.

2.1.4.2 Fall Stöckel - Urteil der Entnazifizierungskommission

Neben dem Verfahren gegen die Aufseherin Elise Oehme, liegt im Staatsarchiv Chemnitz noch eine winzige Akte zur ehemaligen Aufseherin Hildegard Stöckel vor. Nachdem sie am 3. Dezember 1947 im Fall Oehme schon gehört worden war, wurde sie am 20. Februar 1948 zu einer erneuten Anhörung ins Gasthaus „Stern" in Zschopau geladen. Dort wurde ihr ähnlich wie der Aufseherin Oehme die Zulassung *„zur Bekleidung der von der Entnazifizierungskommission als wichtig bezeichneten Posten in Behörden, Organisationen und Betrieben"*[321] entzogen. Es heißt weiter:

> „Ihr ist verboten, eine kontrollierende, leitende oder andere organisatorische Tätigkeit in öffentlichen oder privaten Betrieben auszuüben."[322]

Ob derartiges auch über weitere ehemalige Zschopauer Aufseherinnen verhängt worden ist, ist bislang nicht bekannt. Die Veranlassung einer erneuten Anhörung, kam sehr wahrscheinlich aufgrund ihrer selbstbelastenden Aussage vom Dezember 1947 zustande, in der sie zugab in einem Fall einer Jüdin *gestohlene* Küchenabfälle abgenommen zu haben.

[321] StAC Obj.14ZB55/233
[322] StAC Obj.14ZB55/233

2.2 Die Belegschaft

Nicht nur das Wachpersonal, sondern auch die Belegschaft des DKW Werkes, insbesondere die Abteilungsleiter und Handwerksmeister, aber auch die einfachen Arbeiter hatten Einfluss auf die Arbeits- und Lebensbedingungen der Zschopauer KZ-Häftlinge. Dabei war es nicht unerheblich, welchem Meister man als Häftling zugeteilt wurde. So gibt Sidonia B. zu Protokoll:

> „Mein Meister hieß Pezold, war über 50 Jahre alt, normalgebaut, beglazt, breiter Mund. Er hat uns bis zur letzten Kraft ausgesaugt, ich musste bei ihm 21 Tage ununterbrochen Tag – und Nachtschicht arbeiten.“[323]

Weitere Arbeitsgruppen, die nach dem zuständigen Meister der Abteilung benannt wurden, waren *Hartwig* und *Mai*, *Unger* und *Müller*. Diesen Meistern gegenüber liegen in den Ludwigsburger Akten keine Belastungsaussagen vor. Die Abteilungen *Unger* und *Müller* werden von Häftlingsseite aus nicht einmal erwähnt. Die etwas mehr als vier Prozent vernommenen, ehemaligen Zschopauer Häftlinge bilden jedoch bei weitem keine repräsentative Stichprobe. Die Aussagekraft über das generelle Verhalten der einzelnen Meister ist also begrenzt. Neben den Meistern hatten die Häftlinge auch Kontakt zu normalen Arbeitern, die teilweise die Anlernung und Schulung an den Maschinen vornahmen, sonst aber eher Distanz zu den Jüdinnen wahrten. Rose R. gibt zu Protokoll:

> „Unten in der Fabrik arbeiteten auch ein paar alte deutsche Männer. Sie waren bei den Maschinen und haben uns gezeigt, wie wir die Maschinen bedienen mussten. Wir haben mit ihnen nur über unsere Arbeit gesprochen. Namen kenne ich nicht.“[324]

Humanitäre Hilfe in Form von Nahrungsmitteln gab es jedoch auch von ihrer Seite hin und wieder. Agnes M. sagt kurz nach der Befreiung in Budapest aus:

---

[323] Barch, B 162 / 3854, S. 220 VP Sidonia B.

[324] Barch, B 162 / 3854, S. 166 VP Rose R.

> „Die Zivilarbeiter behandelten uns sehr gut. Sie brachten uns Äpfel, Brot oder manchmal sogar Butterbrot. Sie trauten sich nicht mit uns zu reden - man hätte sie dafür sehr hart bestraft - sondern legten das Paket einfach hin, und wir nahmen es uns dann.“[325]

Auch Lenke H. zeichnet ein relativ positives Bild über den generellen Umgang mit den Häftlingen. Sie weiß außerdem über humanitäre Hilfe durch Kriegsgefangene und Zwangsarbeiter, die ebenfalls im DKW Werk arbeiteten, zu berichten:

> „Auch hier behandelte man uns gut, nicht wie Häftlinge, sondern wie normale Arbeiter. Unter den Vorarbeitern gab es zwar auch SS-Leute, aber auch Zivilarbeiter oder Arbeitsleiter, die allerdings sofort aus unserer Nähe weggebracht wurden. In der Fabrik arbeiteten auch französische, italienische und russische Häftlinge[326], von denen wir manchmal auch was zu essen bekommen konnten.“ [327]

Die Hilfsbereitschaft der Zwangsarbeiter und Kriegsgefangenen bestätigen auch Féla Brajtberg-Fajnzylber und vor allem die Berichte der Frauen, die aus dem Evakuierungszug flohen und dank eines französischen Arbeitskommandos versteckt werden konnten. Doch längst nicht alle Häftlinge haben mit der deutschen Belegschaft nur gute Erfahrungen gemacht wie Agnes M. oder Lenke H.. Sara W. berichtet:

> „Auf meinem Stockwerk gab es drei oder vier deutsche Männer, nämlich dort wo wir in Zschopau gearbeitet haben. Das waren Vorarbeiter. Sie haben uns gezeigt, wie wir arbeiten sollten und daß wir keine Sabotage machten. Einmal hat mir der Deutsche zwei Suppen gegeben, weil ich gut gearbeitet habe. Davon wollte ich eine meiner Tochter geben. Da hat er sie mir weggenommen. Dann mußte meine Tochter bei Tag und ich bei Nacht arbeiten, damit wir uns nicht sehen sollten. Nur am Sonntag habe ich sie gesehen. [...] An einen der deutschen Vorarbeiter kann ich mich besonders erinnern. Er war

---

[325] DEGOB 1807 Agens M.
[326] Kriegsgefangene/Zwangsarbeiter
[327] DEGOB 1667 Lenke H.

groß und schwarzhaarig, ein starker Mann, er hat immer Bier getrunken und gesagt ‚alles ist a Scheiße' "[328]

Die Resignation und der verlorenen Glaube an den *Endsieg*, dürfte sich in den letzten Kriegsmonaten, wie hier beschrieben, deutlich auf die allgemeine Stimmung eines Großteils der deutschen Belegschaft niedergeschlagen haben. Die gereizte Atmosphäre und die unsichere Zukunft trugen sicher nicht zu einem rücksichtsvollen Arbeitsklima und zu einer ausgeglichenen Arbeiterschaft bei. Auch Shirley Berger Gottesman erinnert sich in ihrer Autobiografie an einen Meister bzw. Vorarbeiter und den Wortlaut „es ist ‚alles Scheiße'", während dieser auf die vielen wohl umsonst produzierten Motorräder für die Wehrmacht zeigte. Sie sagt: *„Der Vorarbeiter war freundlich; aber ich fürchtete ihn irgendwie immer noch. Ich benötigte verzweifelt einen Löffel. Aber ich traute mich nicht ihn nach einem zu fragen."*[329]

2.3 Die Bevölkerung

Durch die anfängliche provisorische Unterbringung der Häftlinge mitten in der Stadt, sowie den wöchentlichen Marsch zu den Sanitäranlagen in der Johannisstraße, dürfte nahezu jeder in Zschopau von der Existenz des Häftlingskommandos bei der Auto Union Kenntnis gehabt haben. Für die allgemeine Bevölkerung boten sich jedoch kaum Möglichkeiten in das Geschehen einzugreifen und das Häftlingsleben zu erleichtern. Humanitärer Widerstand aus der Bevölkerung war daher eigentlich nur über die Belegschaft des DKW Werkes möglich, indem man Familienangehörigen, Freunden oder Nachbarn, Nahrung, Kleidung oder andere kleine Aufmerksamkeiten für die jüdischen Häftlinge mitgab, oder die Belegschaftsmitglieder in ihrem Handeln moralisch stärkte. Dies ist, wie zahlreiche Häftlingsberichte belegen, auch so praktiziert worden.
Im April 1945 wurden einige Zschopauer Bürgerinnen jedoch vor eine ganz andere Herausforderung gestellt, deren mutige

[328] Barch, B 162 / 3854, S. 172 VP Sara W.
[329] Shirley Berger Gottesman. A Red Polka-Dotted Dress. S. 41

Bewältigung beweist, dass sich längst nicht alle Deutschen durch die NS-Diktatur entmenschlichen ließen. Unter Risiko ihres eigenen Lebens wurden Elli Fullmann und Anni Schneider von Männern eines französischen Arbeitskommandos gebeten, jeweils eine bei der Evakuierung des Lagers geflohene französische Jüdin aufzunehmen. Ohne voneinander zu wissen, sagten beide Frauen zu und boten ihren neuen illegalen Mitbewohnern in der Gastwirtschaft Gambrinus (Nordstraße/Brühl) bis zum Kriegsende ein sicheres Versteck. Möge ihr selbstloses Handeln für künftige Generationen ein Vorbild und gleichzeitig Ansporn zu eigener Zivilcourage sein.

2.3.1 Elli Fullmann – eine Gerechte unter den Völkern

Dank des hartnäckigen Einsatzes Odette Spingarns, ihrer tiefen Dankbarkeit ein äußeres Zeichen zu setzen, wurde ihre Retterin, die Kriegswitwe Elli Fullman im Jahr 1981 in den Kreis der *Gerechten unter den Völkern* aufgenommen und erhielt zur Anerkennung eine mit ihrem Namen gravierte Medaille mit Ehrenzertifikat. Zum Gedenken der mutigen Retterin wurde zudem ein Johannisbrotbäumchen in Yad Vashem, der zentralen Gedenkstätte Israels gepflanzt. Nachdem 1963 Oskar Schindler der dritte Deutsche war, konnte Elli Fullmann 1981 als 162. diese besondere Ehrung entgegennehmen. Mittlerweile fanden mehr als 400 Deutsche für ihre selbstlosen Taten Anerkennung. Neben den vermittelnden Männern des französischen Kommandos hätten sicherlich auch Anni Schneider, die Cecile Weinryb versteckte oder gar Martha Färber, die als SS-Aufseherin der Jüdin Elies Bloch bei sich zu Hause Zuflucht bot, eine gleichwertige Auszeichnung verdient. Ohne entschlossene Antragsteller blieb eine derartige Würdigung bislang aber aus. So soll ihre lebensrettende Hilfsbereitschaft gegenüber den beiden Jüdinnen, besser spät als nie, dank dieser Publikation ein angemessenes Andenken finden. Denn ...

> *„Wer immer ein Menschenleben rettet,*
> *hat damit gleichsam eine ganze Welt gerettet.“* [330]

[330] Talmud – Mischna, Traktat Sanhedrin

F18: Gambrinus
Die Gastwirtschaft, wo die Jüdinnen versteckt wurden, ist das Haus im Hintergrund oberhalb der Fußgänger.

Ein Foto Elli Fullmanns von 1944 liegt in Spingarns „My Leap to Freedom“ vor. Zudem eins von ihrer Ehrung in Israel.
Vgl. S.80 und S.115ff.

F19: Blick auf Schloss Wildeck & St.-Martins-Kirche
Unterhalb der Kirche ist das Mafrasa-Gebäude in der Johannisstraße sichtbar, wohin die Häftlinge zum Duschen gingen.

F20: Zschopau nach dem Luftangriff vom 19.03.1945
Blick v. Bürgerschule auf Turnhalle, Bellevue u. Blumengasse

Teil 3: Stationen der Deportation

Häftlingsüberstellungen und Transporte

3.1 Der Transport vom 25.11.1944

3.1.1 Die „ungarischen Jüdinnen“

Die große Gruppe der im Flossenbürger Nummernbuch für das Lager Zschopau als *„ungarische Jüdinnen“* bezeichneten Frauen, setzte sich eigentlich aus unterschiedlichen Nationalitäten zusammen, die ganz verschiedene Deportationswege nach Auschwitz führten. So wurden neben den eigentlichen Ungarinnen auch größere Gruppen an rumänischen, ruthenischen, tschechischen, und slowakischen Jüdinnen als *ungarische Jüdinnen* nach Auschwitz und von dort später nach Zschopau überstellt. Diese waren entweder nach Ungarn geflohen oder lebten in den Gebieten, die nach den Wiener Schiedssprüchen (wieder) zu Ungarn fielen. Entgegen ihrer tatsächlichen oder gefühlten nationalen Zugehörigkeit werden die meisten dieser Frauen in den Transportlisten als *ungarische Jüdinnen* geführt. Eine Auswertung der Geburtsorte aller *ungarischen Jüdinnen* im Zschopauer Lager ergab, dass es für das Kommando zwei großflächige Einzugsgebiete für die Deportation gab. Das Haupteinzugsgebiet lag westlich der Karpaten, die Ruthenien, bzw. die Karpato-Ukraine, das östliche große ungarische Tiefland, sowie das rumänische Hochland, d.h. also Transsilvanien bzw. Siebenbürgen, als geographischen Einzugsbereich zu großen Teilen umschlossen. Ein zweites Einzugsgebiet lag hauptsächlich nördlich von Budapest und zog sich an der heutigen slowakisch-ungarischen Grenze entlang bis weit in den Westen. Abgesehen von einigen geographischen Ausreißern, kamen etwa vier Fünftel der *ungarischen Jüdinnen* aus dem Einzugsgebiet westlich der Karpaten. Etwa ein Fünftel stammte aus dem Großraum Budapest, sowie den Grenzgebieten der heutigen Slowakei und Ungarns. Die Deportation nach Auschwitz erfolgte in diversen Transporten aus mindestens 20 verschiedenen Ghettos. Einige der Transporte gingen über Kosice (Kaschau), wo die Züge von deutschen Bewachern übernommen wurden. Dies gilt für genannte Deportationen aus den Ghettos Tecsö (Tyachiv), Munkács (Mukaceve) und Kistárcsa. Auch aus dem Ghetto Kosice [Ziegelfabrik] selbst, gingen Transporte mit späteren Zschopauer Häftlingen ab. Weitere Deportation erfolgten aus den Ghettos Podhering (Pidhoryany), Szászrágen (Reghin), Viseu-de-Sus, Máramaros-Sziget, Oradea, Mátészalka, Sátoraljauhely, Nyiregyhaza, Gyöngyös, Hatvan, Vác, Lucenec, Komarom, Surany, Sarvár, sowie der Hauptstadt Budapest. Sie dürften Auschwitz nahezu alle von Mai bis Juli 1944 erreicht haben. Etliche der *ungarischen* Neuankömmlinge wurden aber bereits Anfang Juni in Auschwitz Arbeitstransporten ins KZ Krakau-Plaszow zugeteilt. Dies betraf Frauen, die aus den Ghettos Munkács, Szászrégen, Mátészalka, Nyiregyháza, Hatvan, Gyöngyös, Vác, Lucenec und Kosice eingeliefert worden waren. Um die Herkunft einzelner Häftlingsgruppen genauer zu bestimmen, muss in *Ungarinnen* unterschieden werden, die in BIIg selektiert wurden und in solche, die das Gros des Arbeitstransportes für Zschopau ausmachten. Diese wiederum sind in Häftlinge, die vorübergehend nach Plaszow kamen, und Häftlinge, die in Birkenau verblieben zu unterteilen. So scheint eine größere Gruppe späterer Zschopauer Häftlinge bei Tätowierungsaktionen am 25. und 26. Juli aus dem Durchgangslager in die Auschwitzer Lagerregister aufgenommen worden zu sein. Sie erhielten Nummern im Bereich von A-9819 bis A-13826. Für diese Tätowierungsaktion liegen für die Zschopauer Jüdinnen acht Häftlingsmatrikel vor. Außerdem sind drei weitere Nummernbereiche bekannt. Vier Matrikel verweisen auf Transporte, die im Mai Auschwitz erreichten: den Transport aus Kistárcsa, der am 29. April in Budapest abging, und am 2. Mai in Auschwitz eintraf [80000-80540] und einen Transport aus dem Ghetto Munkács, der Auschwitz am 25. Mai erreichte [A-5770 bis A-6022]. Die Deportationsgeschichte der fünften Jüdin ist sicher unter den Zschopauer Häftlingen ein Einzelfall. Dora I. gibt zu Protokoll:

> „Etwa Ende Oktober 1944 hatte ich mich in eine für ein Arbeitslager ausgesonderte Gruppe eingeschmuggelt und wurde mit dieser Gruppe – die etwa 500 Seelen zählte – nach Zschopau verbracht.“[331]

Dora I. trug die Auschwitzer Nummer A-7728, die von einer Tätowierungsaktion am 28. Juni 1944 herrührt. Sie wurde Anfang Mai von Maramaros-Sziget nach Auschwitz eingewiesen. Die folgenden Tabellen **T4** und **T5** geben eine Übersicht über die genannten Geburtsorte und belegbaren Transporte der *ungarischen Jüdinnen.* Nicht alle Orte konnten lokalisiert und in die nebenstehende Karte **P5** übertragen werden. Zudem ist die östliche Ausdehnung des Karpateneinzugsgebietes, das eigentlich bis in die Region Reghin/Toplita reicht, und zu dem außerdem weitere Gebiete östlich von Sighetu Marmatiei gehören, durch den vorliegenden Kartenausschnitt nicht vollständig abgedeckt.

[331] Barch, B 162 / 3854, S. 222 VP Dora I.

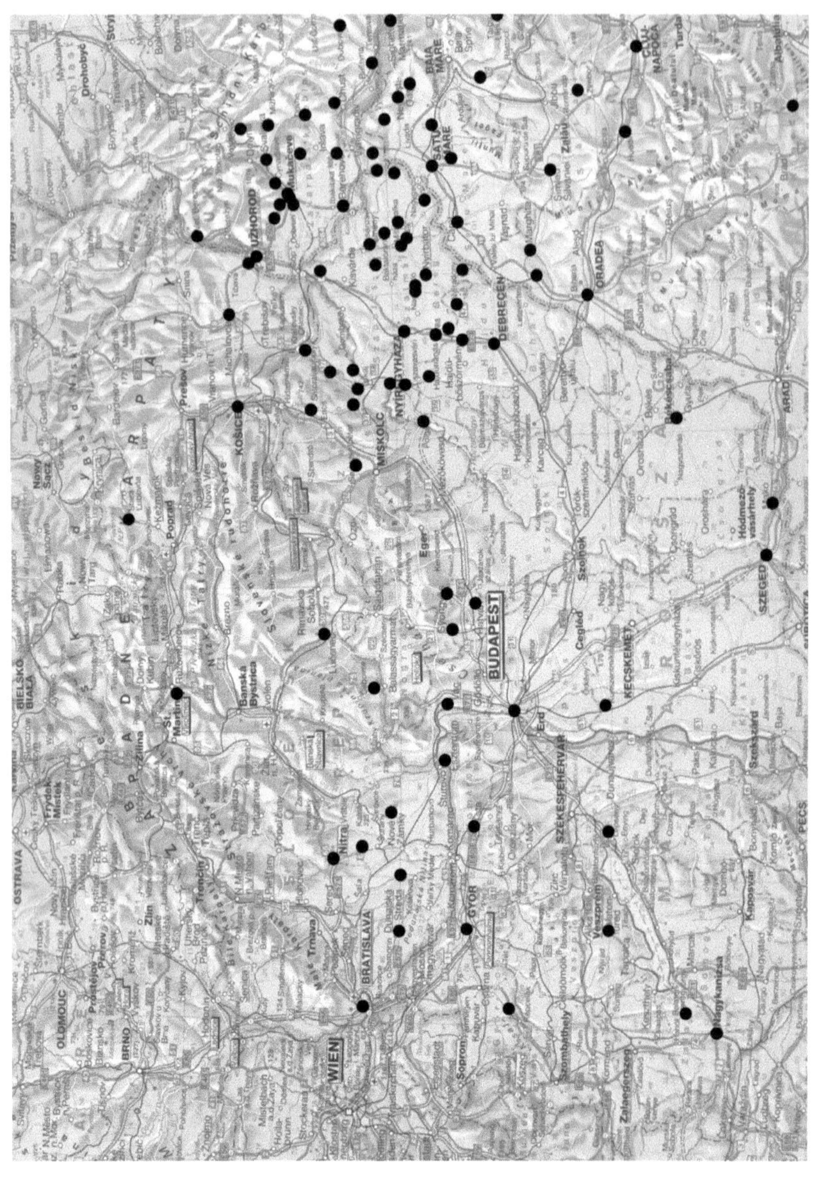

P5: Geburtsorte der deportierten „ungarischen Jüdinnen“

Ungarn	Z	Rumänien	Z	Ukraine	Z
Budapest (Ujpest) (Kispest) (Rakospalota)	15	Simleu Silvaniei Szilagy - Somlyo	7	Mukacevo [Munkács] (Roswyhowo) [=Oroszvég] (Pidmonastyr) [=Klastromalja]	16
Ujfehértó	8	Satu Mare Szatmar Szatmárnémeti	6	Onok Ilonokujfalu	5
Gyöngyös + Gyönkös [?]	7 1	Reghin Szaszregen	5	Szolyva Svalava / Szvaljava	5
Büdszentmihály	4	Bicsad Bikszád	4	Cynadjeve St. Miklos	4
Bodrogkeresztur	3	Moisei Moiseni	4	Dubové Dombó	4
Nyiregyháza	3	Cluj	3	Bereznyky Bereznik	2
Beled [Boled (sic!)]	2	Negresti - Oas Avasfelsöfalu	3	Bilky Bilke	2
Debrecen	2	Sighetu Marmatiei Maramaros-Sziget	3	Brod	2
Kocsord	2	Hida Hidalmás	2	Kalnik Kálnyik	2
Mátészalka	2	Somcuta Mare Nagysomkut	2	Klyucharki Var-Kulcsa	2
Nyiradony	2	Almasu Mic de Munte Bereg Kisalmas	1	Krasna	2
Nyirbátor	2	Barsana	1	Tyachiv Tjacevo / Tecsö	2
Peneszlek	2	Bistra [Maramures] Petrovabisztra	1	Beregove Berehovo	1
Sátoraljaújhely	2	Bogdan Voda Cuhea / Izakonyha	1	Cernivci Czernowitz	1
Arka	1	Budesti Budfalva	1	Chepa Csepe	1
Békécsaba	1	Cadea Nagykagya	1	Dovhe Dolha	1
Bodrogolaszi	1	Carei Nagykároly	1	Huklyvyy Hukliva	1
Csány	1	Huedin Banffyhunyad	1	Ivanivci Ivanyi	1
Csenger	1	Marghita	1	Iza	1
Esztergom	1	Mediesu Aurit Aranyos-Meggyes	1	Kajdanovo Kajdano	1
Fehérgyarmat	1	Oradea	1	Kolchyno Frigyesfalva	1
Garbolc	1	Ruscova Visooroszi	1	Lokhovo Loho	1
Györ	1	Simboleni Samboleni / Szombattelke	1	Malyy Bereznyy Kisberezna	1

Ungarn	**Z**	**Rumänien**	**Z**	**Ukraine**	**Z**
Hajdúhadház	1	Targu Lapus Magyar Lapos	1	Selist Alsószelistye	1
Hajdúnánás	1	Timisoara	1	Som Beregsom	1
Kunszentmiklos	1	Toplita Maroshéviz	1	Uzgorod Uzhorod	1
Lörinci	1	Turt Turc	1	**Ohne Zuordnung**	**Z**
Mád	1	Viile Satu Mare Szatmárhegy	1	Görgénjuvegcsur	2
Magosliget	1	Viseu de Mijloc Közép Visó	1	Irny	2
Makó	1	**Slowakei**	**Z**	Kistpso	2
Mándok	1	Kosice	5	Bereg-Komlos	2
Máriapócs	1	Kolta	2	Sandorf	2
Mezöszentgyörgy	1	Michalovce	2	Töröckrosno	2
Nábrád	1	Biskupice Fülekpüspöki	1	Volouce	2
Nagykanisza	1	Bratislava	1	Zuko	2
Nagyrada	1	Dunajská Streda Dunaszerdahely	1	Beregsari	1
Nyirbököny	1	Komjatice Komját	1	Bopzasuylak	1
Nyirmada	1	Lucenec Losonc	1	Brusturo [Italien?]	1
Öcs	1	Nitra	1	Contos	1
Panyola	1	Nizne Nemecke Alsonémeti	1	Görgeny St.	1
Pócspetri	1	Opatovska Nova Ves Apátujfalu	1	Mezököbölkut	1
Sajósenye	1	Podolinec	1	Nagy-Lucka	1
Saujhely	1	Zemné Szimö	1	Notszumkut	1
Szabolcs	1	**Bosnien-Herzeg.**	**Z**	Oschapsch	1
Szeged	1	Visegrad	1	Purc	1
Tata	1	**Kroatien**	**Z**	Senez [Frankreich?]	1
Tiszalök	1	Rijeka	1	Silag Kemer	1
Tiszapolgár	1	**Jugoslawien**	**Z**	Szerensfolvo	1
Tothi	1	Senta	1	Vucsko-Mozö	1
Ungdároc	1	**Russland**	**Z**	Wellendorf	1
Vác	1	Zadnya	1	Zadenova	1
Deutschland		**Polen**	**Z**		
Bremen	1	Starachowice	2		
Leipzig [Lipcze]	1	Krakau	1	unbekannt	20

T5: Deportationen ungarischer Jüdinnen nach Auschwitz

Transport	Ankunft	Nummernbereich	Anzahl
Kistárcsa über Budapest [29.4.1944]	02.05.44	80464 [80000 bis 80540]	**1** [BIIg]
Ghetto Munkács	25.05.44	A-5770 bis A-6022	**3** [B IIg]
Tätowierungsaktion im Durchgangslager selektierter Jüdinnen vom 28.06.1944 [1.Transport Ghetto Máramaros-Sziget]	[Abfahrt am 03.05.44]	A-7728	**1** in die ausgesonderte Gruppe eingeschmuggelt [Birkenau]
Tätowierungsaktion im Durchgangslager selektierter Jüdinnen vom 25.07.1944	15.05.44 bis 09.07.44	A-9819 bis A-11818	**5**
Tätowierungsaktion im Durchgangslager selektierter Jüdinnen vom 26.07.1944	15.05.44 bis 09.07.44	A-11819 bis A-13826	**3**
Ghetto Munkács [Transport vom 4. Mai]	Mai 1944		[Plaszow] [BIIg]
Ghetto Técsö über Kosice	Mai/Juni		[Birkenau]
Ghetto Sárvar	Juni/Juli		[Birkenau]
Ghetto Kosice [4. Transport]	Mai 1944		[Plaszow] [Birkenau]
Ghetto Oradea	??.??.??		[Birkenau]
Ghetto Komárom Ghetto Surany	??.??.??		[Plaszow]
Ghetto Satu Mare	??.??.??		[Birkenau]
Ghetto Nyiregyháza	??.??.??		[Plaszow]
Ghetto Sátoraljauhely	??.??.??		[Birkenau]
Ghetto Gyöngyös Ghetto Hatvan	??.??.??		[Plaszow]
Ghetto Vác Ghetto Lucenec	??.??.??		[Plaszow]
Ghetto Reghin	Mai/Juni		[Plaszow]
Ghetto Mátészalka [5. Transport]	Mai/Juni 06.06.44		[Birkenau] [Plaszow]
Ghetto Viseu de Sus	Mai 1944		[Birkenau]
Ghetto Podhering [Ziegelfabrik]	??.??.??		[BIIg]

3.1.2 Die „polnischen Jüdinnen“

Die Deportationsgeschichten der als *polnische Jüdinnen* registrierten Frauen sind mittlerweile zu großen Teilen bekannt. So konnten u.a. zahlreiche Personen anhand von Kennkarten aus Krakau und anderen Verwaltungsakten des Distrikts mit Hilfe des United States Holocaust Memorial Museum (USHMM) identifiziert werden. Allerdings sind bislang insgesamt nur neun Auschwitzer Häftlingsmatrikel in den ausgewerteten Dokumenten überliefert. Dabei handelt es sich mit den Nummern A-15370, A-15371, A-15797 und A-15798 um Häftlingsnummern, die am 31.07.1944 vergeben wurden. Die Frauen wurden über das Außenlager Blizyn des KZ Majdanek nach Auschwitz eingeliefert. Es ist recht wahrscheinlich, dass weitere Zschopauer Jüdinnen aus diesem Transport stammten. Die Nummern wurden durch zwei Autobiografien überliefert.

Ansonsten wurden im Rahmen der Ludwigsburger Ermittlungen nur vier überlebende Polinnen vernommen. Sabina R. gibt als Haftstätte vor Auschwitz das ZAL Bohuslaw [Sommer 1943] an. Weitere Deportationsstationen werden nicht genannt, sind aber aufgrund des Protokolls nicht völlig auszuschließen. Alle anderen drei Befragten geben an, aus dem KZ Krakau-Plaszow eingeliefert worden zu sein.

Ester Schwimmer Jahrgang 1894 [registriert: 1905] gibt an, nur für zweieinhalb Wochen in Auschwitz gewesen zu sein. Sie ist zwar in Sosnowitz geboren, aus ihren Aussagen geht aber hervor, dass sie in Krakau lebte.

Die gebürtige Krakauerin Rosa S. gibt ihren Aufenthalt in Birkenau mit „etwa 6 Wochen“[332] an. Auch sie wurde aus Krakau-Plaszow nach Auschwitz deportiert. Eine dritte abweichende Angabe zur Dauer des Aufenthaltes in Auschwitz liefert die gebürtige Krakauerin Genia K., die zu Protokoll gibt:

> „Vor Zschopau war ich etwa 3 Monate in Birkenau, vorher 22 Monate in Plaszow. In Plaszow war ich Augenzeugin von Hängungen, Erschießungen, Verbrennungen der Leichen.“[333]

---

[332] Barch, B 162 / 3853, S. 47 VP Rosa S.

[333] Barch, B 162 / 3854, S. 244 VP Genia K.

Es ist daher davon auszugehen, dass die Frauen aus Krakau-Plaszow verschiedenen Transporten nach Auschwitz angehörten. So verweisen die Häftlingsnummern A-22346, A-22347 und A-22350 auf eine Überstellung am 6. August 1944, Aussagen von 2 bis 6 Wochen Aufenthalt in Auschwitz mit Erinnerungsmankos möglicherweise auf eine Überstellung am 22.10.1944.
Im Rahmen der Shoah Visual History Foundation wurden sieben weitere polnische Jüdinnen, die in Zschopau Zwangsarbeit leisteten zu ihren KZ-Erfahrungen befragt. Online einsehbar sind die Deportationsdaten, zu deren Vollständigkeit bislang keine Angaben gemacht werden können. Mindestens vier der interviewten Frauen geben an, über Krakau Plaszow nach Auschwitz gelangt zu sein. Des Weiteren kann die Einlieferung über Blizyn für zwei Frauen aus Bialystok nachgewiesen werden. Zwei Frauen werden über Starachowice nach Auschwitz deportiert. Die polnischen Jüdinnen in Zschopau wurden also aus mindestens drei verschiedenen KZ-Lagern in mindestens vier Transporten nach Auschwitz eingeliefert. Den Transporten aus Krakau Plaszow gehören vermutlich alle mit Geburtsort Krakau geführten Frauen, aber auch etliche weitere Häftlinge wie z.B. Ester Schwimmer [Sosnowice] an. Der zweite Abgangsort ist das KZ Blizyn. Von hier aus trafen vermutlich die Frauen mit den Geburtsorten Bialystok und Piotrkow in Auschwitz ein, wahrscheinlich aber auch Frauen aus Radom und Tomaszow Mazowiecki. Der dritte Abgangsort ist Starachowice. Dem Transport gehören mindestens zwei polnische Frauen, die fälschlicherweise als *ungarische Jüdinnen* registriert wurden, sowie die eine Dame aus Tarnobrzeg an. Weitere Einlieferungstransporte sind durchaus denkbar.
Das Ausmaß der Vernichtung der polnischen Juden, lässt sich beispielhaft auch anhand der Erfahrungen der Zschopauer Überlebenden festmachen. So berichtet Ester Schwimmer über Auschwitz und das Schicksal ihrer Familie:

> „In Auschwitz habe ich gesehen, wie die Menschen in den Tod geführt wurden. Tag und Nacht habe ich die Feuer dort brennen sehen. Mein Mann und zwei Töchter wurden bereits vom Ghetto in Krakau nach Treblinka in die Vernichtung geschickt. Ebenfalls wurden die Kinder meiner Töchter nach

Treblinka deportiert. Einer meiner beiden Söhne ist mit seiner Frau und seinem Kind in Auschwitz getötet worden. Ein Sohn, eine Tochter und ich haben den Krieg überlebt."[334]

Das zahlreiche Überleben der Zschopauer Häftlinge sollte also nicht über das wahre Ausmaß des Holocaust und die traumatischen Erlebnisse der Rückkehrenden hinwegtäuschen. Längst nicht allen von ihnen gelang es in ein Leben zurückzufinden.

T6: Geburtsorte der deportierten polnischen Jüdinnen

Stadt	Z	Stadt	Z	Stadt	Z
Krakau	22	Borowa Gora	1	Opatow	1
Radom	19	Bozecin	1	Ostrowice	1
Tomaszow Mazowiecki	8	Chestochowa	1	Pjetlkov	1
Bialystok	6	Dabrowa	1	Skarzysko	1
Tarnow	6	Drohobycz	1	Sosnowiec	1
Piotrkow	5	Drzewica	1	Staszow	1
Lodz	4	Glowaczow	1	Tarnobrzeg	1
Boryslaw	3	Holowecke	1	Turzysk Wolyn	1
Przytyk	3	Hurko b.	1	Tuszkow	1
Warschau	3	Ilza	1	Uhersky Brod	1
Chrzwnow	2	Kalisz	1	Wadowice	1
Gawlow	2	Klimontow	1	Wolanow	1
Nowy Sacz	2	Kolno	1	Zaliski	1
Szydlowiec	2	Konstantynow	1		
Zawoja	2	Lemberg	1	Düsseldorf	1
Balabanowka	1	Melitopol	1	Olomouc	1
Biala Podlaska	1	Mosty Wielkie	1	Przemysl	1
Bochnia	1	Nowy Wilnicz	1	unbekannt	11

[334] Barch, B 162 / 3854, S. 155 VP Ester S.

3.1.3 Die „französischen Jüdinnen"

Die 22 Französinnen wurden höchst wahrscheinlich allesamt über Drancy nach Auschwitz deportiert, gehörten aber unterschiedlichsten Transporten an, die zwischen dem 25. Juni 1943 und dem 4. Juli 1944 in Auschwitz eintrafen. Sie erhielten daher auch sehr verschiedene Auschwitzer Nummern. Die Transporte 55 bis 72 wurden noch in der alten Nummernserie registriert. Den Nummern ist kein „A"[335] vorangestellt. Alle weiteren Einzelheiten entnehmen Sie folgender Tabelle **T7**:

Konvoi	Ankunft	Auschwitzer Nummernbereich	Anzahl
55	25.06.43	46537 bis 46753	1
58	02.08.43	52297 bis 52351	1
70	30.03.44	76162 bis 76309	5
71	16.04.44	78560 bis 78782	7
72	01.05.44	80569 bis 80659	2
74	23.05.44	A-5420 bis A-5666	1
76	04.07.44	A-8508 bis A-8730	4
??			1

Der Zschopauer Häftling Fela Goldberg konnte keinem Transport eindeutig zugeordnet werden. Fela Goldberg ist im Flossenbürger Nummernbuch mit dem Geburtsdatum 28.05.1920 registriert. Im Theresienstädter Datenbankprojekt wurde eine Fela Goldberg geboren am 27.11.1920 in Mlawa Zschopau zugeordnet. Für diese Identität gibt es ebenso wenig einen Nachweis in den Transportlisten von Drancy, wie für den Nummernbucheintrag. Lediglich eine Anna Goldberg 28.06.1920 konnte im Transport 34 bestätigt werden. Es ist bislang nicht auszuschließen, dass es sich hierbei um die registrierte Fela Goldberg handelt. Laut Spingarn waren viele, möglicherweise sogar alle Französinnen in Auschwitz im Effektenlager eingesetzt, bevor sie nach Zschopau überstellt wurden.

---

[335] Einige ehemalige Häftlinge wissen nichts von den verschiedenen Nummernserien und geben ihre Nummer in Dokumenten ohne ein A an. Dies kann zu Verwechslungen mit der Nummernserie ohne A führen, ist im Regelfall aber anhand des Deportationszeitpunktes richtigstellend zu klären.

3.1.4 Die „slowakischen Jüdinnen“

Elf der Zschopauer Häftlinge sind als *slowakische Jüdinnen* registriert. Doch sehr wahrscheinlich trifft diese Nationalität nicht auf alle zu. So ist Agnes Moskovies in Budapest geboren und kehrt nach ihrer Befreiung in Theresienstadt auch zunächst dorthin zurück. Von ihr ist ein DEGOB-Protokoll überliefert, das dies bestätigt. Insgesamt ergibt sich folgende Übersicht **T8**:

Stadt	Z	Stadt	Z	Stadt	Z
Dunajska Streda Dunaszerdahely	2	Trnava	1		
Bardejov	1	Mattersburg	1		
Burskiswati	1	Nové Mesto	1	Budapest	1
Nitra	1	Frakasin	1	unbekannt	1

Sehr wahrscheinlich wurden die slowakischen Jüdinnen mehrheitlich über das Sammellager Sered nach Auschwitz eingewiesen. Eintätowierte Häftlingsmatrikel sind aus ihrer Gruppe bislang noch nicht bekannt. Alle als slowakische Jüdinnen registrierten Frauen überlebten den Evakuierungstransport nach Theresienstadt und wurden dort befreit. Nur der Jüdin Else Nejgebauer ist dies nicht vergönnt. Sie ist wohl bereits Mitte März im Zschopauer Krankenrevier verstorben. Ihr Geburtsort ist bislang noch nicht bekannt.

3.1.5 Die „italienischen Jüdinnen“

Die acht italienischen Jüdinnen erreichten Auschwitz wohl alle über das Lager Fossoli di Carpi. Belegt werden können ein Transport im April, einer im Mai und einer im Juni 1944. Sieben der Italienerinnen wurden in Theresienstadt befreit. Bianca Romanin gelang die Flucht aus dem Evakuierungszug und wurde von französischen Zwangsarbeitern in Zschopau versteckt. Schwierigkeiten bereitete zunächst allein die Identität einer Rachel Varon, die nicht im Theresienstädter Datenbankprojekt erfasst wurde, aber mit einer Rachel Asseo identisch sein müsste, die man in Theresienstadt befreit haben soll. Erkundigungen diesbezüglich blieben allerdings erfolglos. Eine Bestätigung durch Angehörige wäre wünschenswert. Dank der Arbeit von Liliana Picciotto Fargion sind zudem fast alle Auschwitzer Häftlingsmatrikel der deportierten italienischen Juden zugänglich. Es ergibt sich folgende Verteilung **T9**:

Transport	Auschwitzer Nummernbereich	Anzahl
10.04.44	76782, 76790, 76837	3
23.05.44	A-5349, A-5395, A-5345 bis A-5414	4
30.06.44	A-8457 bis A-8507	1

Leider übersieht Picciotto Fargion die Befreiung Sally Stechlers in Theresienstadt und führt sie als *„umgekommen während des Holocaust, Ort und Zeitpunkt unbekannt"* an. In den Listen italienischer oder aus Italien deportierter Juden ist sie wohl unter der Identität *Sara Strehler 01.12.1897 *Busk*[336] vermerkt. Im Flossenbürger Nummernbuch lautet es *J. Ital. Stechler, Sara 01.12.1897*. Es handelt sich augenscheinlich um ein und dieselbe Person. Bei Picciotto Fargion endet ihre Deportationsgeschichte in Auschwitz. Die verschiedenen Schreibweisen des Nachnamens erschwerten die Recherche. Da Sally Stechler in Busk geboren wurde und in italienischen Archiven scheinbar kein dokumentarisches Lebenszeichen von ihr zu finden ist, kann angenommen werden, dass sie nach dem Krieg nicht nach Italien zurückkehrte. Aufgrund der vagen Angaben Picciotto Fargions zu ihrem Schicksal, noch dazu da ihr Gedenkbuch die Kategorie Schicksal ungeklärt nicht kennt, ist davon auszugehen, dass es sich um einen Irrtum ihrerseits handelt. Eine Bestätigung durch mögliche Nachkommen Stechlers wird erhofft.

Für die Geburtsorte der italienischen Jüdinnen ergibt sich folgende Übersicht **T10**:

Stadt	Z	Stadt	Z
Rom	5	Busk	1
Triest	1	Istanbul	1

[336] Liliana Picciotto Fargion. S. 609f.

3.1.6 Die „griechischen Jüdinnen“

Ein weiteres trauriges Kapitel des Holocaust sind die späten Deportationen der griechischen Juden. Auch diese unschuldigen Menschen gerieten wie viele Mitglieder der jüdischen Gemeinden Ungarns noch kurz vor dem Rückzug der Besatzer in die tödliche Maschinerie des nationalsozialistischen Lagersystems. So gelangten Ende 1944 auch sieben mehrheitlich junge Griechinnen nach Zschopau. Vier von ihnen wurden auf Korfu geboren, eine in Athen und eine in Volos. Die Identität und Herkunft von Lena Mosche, die mit dem Jahrgang 1918 im Flossenbürger Nummernbuch registriert ist, blieb bislang trotz Bemühungen leider ungeklärt. Die Schreibweise des Namens ist als „klangliche“ Nachahmung anzusehen. Stärkere Abweichungen der Schreibweise sowie vom Geburtsjahr sind möglich. Diesen Angaben zufolge wurden sechs der griechischen Jüdinnen in Theresienstadt befreit. Von der siebten fehlt bislang jede Spur. Aufgrund der Geburtsorte ist anzunehmen, dass die Zschopauer Griechinnen mehrheitlich mit dem Transport des RSHA[337] von Korfu über Athen, in Auschwitz am 30. Juni 1944 eingewiesen wurden. Ob wirklich alle sieben diesem Transport angehörten, ist noch nicht gänzlich abgesichert. Auch andere Transporte aus dem Sammellager Haidari bei Athen kommen noch in Frage. Danuta Czech notiert für den 30. Juni 1944:

> „Mit einem Transport des RSHA aus Athen und von der Insel Korfu kommen 2044 Juden an. Nach der Selektion werden 446 Männer, die die Nummern A-15229 bis A-15674 erhalten, und 175 Frauen, die die Nummern A-8282 bis A-8456 erhalten, als Häftlinge ins Lager eingewiesen. Die 1423 übrigen Menschen werden in den Gaskammern getötet.“[338]

T11:

Transport	Auschwitzer Nummern	Anzahl
11.04.1944	76856 bis 77183	?
30.06.1944	A-8282 bis A-8456	7 ?

337 Reichssicherheitshauptamt
338 Danuta Czech. S. 809

3.1.7 Die „holländischen Jüdinnen“

Die sieben *holländischen Jüdinnen* wurden über das Sammellager Westerbork in einem größeren Zeitraum mit verschiedenen Transporten nach Auschwitz überstellt. Auch hier stehen verschiedene Nummernserien und große Differenzen in der Nummernhöhe zu Buche. Die erste Frau wurde bereits am 5. März 1944 in Auschwitz eingeliefert, die letzten erst ein halbes Jahr später am 5. September. Alle sieben überleben. Sechs von ihnen wurden definitiv in Theresienstadt befreit. Der Befreiungsort von Elisabeth Vischschraper ist bislang noch nicht geklärt. Möglicherweise gelang auch ihr eine Flucht aus dem Evakuierungszug. **T12**:

Transport	Auschwitzer Nummernbereich	Anzahl
05.03.44	75816 bis 75891	1
07.04.44	76534 bis 76600	1
21.05.44	A-5242 bis A5341	3
05.09.44	A-25060 bis A-25271	2

Vier der Jüdinnen sind in Amsterdam, und eine in Rotterdam geboren. Eine Dame stammte gebürtig aus Lipstadt. Der Geburtsort von einer der Frauen ist noch nicht geklärt.

3.1.8 Die „belgischen Jüdinnen“

Die fünf als *belgische Jüdinnen* registrierten Frauen wurden allesamt über das belgische Sammellager Mechelen [Malines] nach Auschwitz deportiert. Sie erreichten mit dem 24. [XXIV.] Transport aus Mechelen am 7. April 1944 das Lager. Ihr Transport besteht aus 625 Menschen: 302 Männer, 269 Frauen und 54 Kinder.

> „Nach der Selektion werden 206 Männer, die die Nummern 179710 bis 179915 erhalten, und 146 Frauen, die mit den Nummern 76601 bis 76746 gekennzeichnet werden, als Häft-

linge ins Lager eingewiesen. Die übrigen 273 Menschen werden in den Gaskammern getötet."[339]

Die Häftlingsmatrikel der meisten Frauen dieses Transportes sind bekannt. Neben den fünf als Belgierinnen registrierten, befand sich auch Elisabeth Bloch, als *Reichsdeutsche* registriert, und die als *Ungarin* registrierte, in Bremen geborene Lotte Fingerhut in diesem Deportationszug.
Um dem Ordnungsprinzip der registrierten Nationalität treu zu bleiben, wurden diese beiden statistisch zu den reichsdeutschen, bzw. ungarischen Häftlingen gezählt. Die Identität und das Schicksal einer Belgierin, die im Flossenbürger Nummernbuch unter dem Namen *Reina Dressler* zu finden ist, konnte bislang leider nicht geklärt werden. Sollte es sich tatsächlich um eine Belgierin handeln, ist es sehr wahrscheinlich, dass auch sie dem 24. Transport aus Mechelen angehörte. Es ergibt sich daher folgende Übersicht **T13**:

Transport	**Auschwitzer Nummern**	**Anzahl**
07.04.1944	76617, 76635, 76718, 76601 bis 76746 [76630, 76735]	4 [+2]
???	???	1

3.1.9 Die „jugoslawischen Jüdinnen"

Über den Deportationsweg der jugoslawischen Häftlinge im Zschopauer Lager ist so gut wie gar nichts bekannt. Alle vier Frauen wurden in Theresienstadt befreit. Zwei von ihnen wurden in Zagreb geboren, jeweils eine in Ruma und Hlapicina. Möglicherweise wurden sie alle gemeinsam mit einem Transport aus Zagreb in Auschwitz eingeliefert. Anhaltspunkte für ihre Auschwitzer Registrierung gibt es bisher nicht. Hinweise sind erwünscht.

[339] Danuta Czech, Kalendarium S. 752

3.1.X Die „reichsdeutschen Jüdinnen“

Die drei als „reichsdeutsch“ registrierten Frauen unter den Zschopauer Häftlingen haben sehr unterschiedliche Deportationsgeschichten. Bereits ausführlich behandelt wurde das Schicksal der gebürtigen Wienerin Elisabeth Bloch, die von Mechelen [Malines] nach Auschwitz deportiert worden war, und im Zuge der Evakuierung des Zschopauer Lagers nach geglückter Flucht von der Aufseherin Martha Färber versteckt werden konnte.
Zweite Deutsche ist die zu Zschopauer Zeiten 47-jährige Julie B., die 1969 in den Ludwigsburger Ermittlungen vernommen werden konnte. Zu ihrer Deportation äußert sie sich wie folgt:

> „Am 30.3.1943 wurde ich in Essen festgenommen und habe zunächst in Essen für etwa 10 Monate in Schutzhaft gesessen. Über Cottbus kam ich dann nach Breslau, wo ich aber überall nur für kurze Zeit inhaftiert war. Etwa im März 1944 traf ich dann im KZ Auschwitz ein.“[340]

Ihre Deportationsgeschichte über verschiedene Gefängnisse deutet darauf hin, dass ihre Deportation möglicherweise nicht ausschließlich „rassische“, sondern auch „politische“ Gründe hatte. Sie soll *Arierin* gewesen sein und war mit einem Juden verheiratet. Julie B. wird laut eigenen Angaben in Theresienstadt mit einem Körpergewicht von 28 kg befreit und kehrt nach dem Krieg nach Essen zurück.
Dritte Deutsche war die 18-jährige Susi [Susanna] Sonnenfeld, die im Theresienstädter Datenbankprojekt unter dem Geburtsort Posen/Poznan geführt wird. Über ihre Deportation nach Auschwitz ist bislang noch nichts bekannt.

---

[340] Barch, B 162 / 3853, S. 102 VP Julie B.

3.1.Y Die „tschechischen Jüdinnen“

Nur zwei Frauen der Zschopauer Häftlingszwangsgemeinschaft sind unter tschechischer Nationalität registriert. Das Schicksal, sowie die Herkunft beider ist derzeit noch ungeklärt. In den Theresienstädter Gedenkbüchern konnten sie nicht zweifelsfrei nachgewiesen werden. So findet sich nur der Hinweis auf eine Alice Frisova 25.06.1925, die mit dem letzten Theresienstädter Transport am 12.10.1944 nach Auschwitz eingewiesen wurde. Möglicherweise könnte sie mit der im Nummernbuch registrierten Alis Frisch 07.05.1925 identisch sein. Für die zweite Tschechin Frieda Meinhart 06.12.1915, die Lagerälteste gewesen sein, und aus Prag stammen soll, konnte in den Theresienstädter Gedenkbüchern nicht einmal ein potenzieller Verweis gefunden werden. Daher ist es auch möglich, dass sie oder alle beide auf anderem Wege nach Auschwitz gelangt sind. Frieda Meinhart wurde wahrscheinlich aus Krakau deportiert. Dort ist eine in Ungarisch Brad [sic] geborene Frida Meinhart, geborene Gross mit dem Geburtstag 06.12.1908 nachzuweisen.

Beim Geburtsort dürfte es sich um das tschechische Uhersky Brod handeln, aus dem auch die Polin Fania Goldfinger stammt, und nicht um das rumänische Brad (Tannenhof) in Siebenbürgen. Meinhart könnte vor dem Krieg in Prag gelebt haben und dann nach Krakau – Pychowice 50 – verzogen sein.

Auch im Theresienstädter Datenbankprojekt sind beide Zschopauer *Tschechinnen* nicht vertreten. Dies lässt darauf schließen, dass Häftlingsberichte, nach denen die Lagerälteste während der Evakuierung floh, der Wahrheit entsprechen könnten. Möglicherweise nutzte auch Alis Frisch eine günstige Gelegenheit für eine Flucht. In dem Brief von Bianca Romanin an Suzanne Leppien, wird eine „Aliska“ erwähnt, die ebenfalls floh und von der Alice Dunn und Bianca Romanin Ende Mai bereits Nachricht, d.h. ein Überlebenszeichen haben. Über die Identität dieser Person kann bislang nur spekuliert werden. Möglicherweise handelt es sich hierbei um die Tschechin Alis Frisch. Sie ist die einzige Alis bzw. Alice unter den Häftlingen, deren Schicksal derzeit noch als ungeklärt gilt. Hinweise auf Identität und Verbleib beider Frauen sind erwünscht.

Teil 4: Statistik, Daten, Diagramme

Forschungsstand und Datenbasis

D1: Zusammensetzung der Häftlingszwangsgemeinschaft nach registrierter Nationalität [im Uhrzeigersinn]

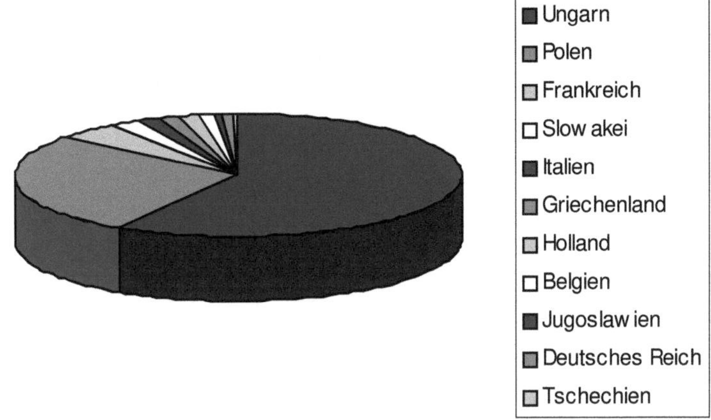

D2: Alterstruktur KZ Zschopau nach Jahrgängen

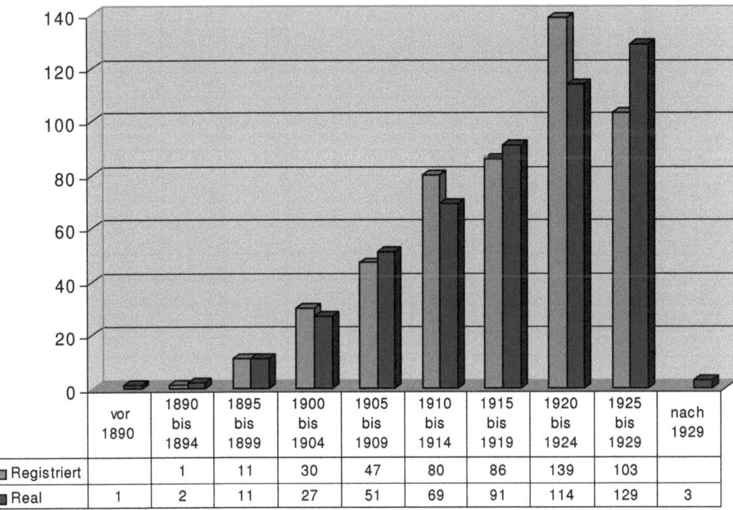

	vor 1890	1890 bis 1894	1895 bis 1899	1900 bis 1904	1905 bis 1909	1910 bis 1914	1915 bis 1919	1920 bis 1924	1925 bis 1929	nach 1929
Registriert		1	11	30	47	80	86	139	103	
Real	1	2	11	27	51	69	91	114	129	3

Dieses Diagramm basiert auf 497 Datensätzen: 480 von Häftlingen, die mindestens mit Geburtsjahr registriert waren und abgeglichen werden konnten, sowie 17, die wegen fehlender Angaben im Nummernbuch mit Geburtsdaten aus Vergleichsquellen ergänzt wurden, und für die grafische Auswertung gleichzeitig ihren eigenen Referenzwert liefern mussten. Für drei Nummernbucheinträge existieren noch keine konkreten Ergänzungsdaten.

a) Registrierte Jahrgänge nach Nationalitäten aufgeschlüsselt **T14**:

Jahr	Ung.	Pol.	Frz.	Slow	Ita.	Grie	Hol	Bel.	Jug.	DR	Tsch	Sum
1888	-	-	-	-	-	-	-	-	-	-	-	-
1889	-	-	-	-	-	-	-	-	-	-	-	-
1890	-	-	-	-	-	-	-	-	-	-	-	-
1891	1	-	-	-	-	-	-	-	-	-	-	1
1892	-	-	-	-	-	-	-	-	-	-	-	-
1893	-	-	-	-	-	-	-	-	-	-	-	-
1894	-	-	-	-	-	-	-	-	-	-	-	-
1895	-	-	-	-	-	-	-	-	-	-	-	-
1896	-	-	-	1	-	-	-	-	-	-	-	1
1897	2	-	-	-	1	-	-	-	-	1	-	4
1898	1	-	1	-	1	-	-	-	-	-	-	3
1899	-	-	-	-	1	-	-	-	1	-	-	2
1900	2	-	-	-	-	-	1	-	-	-	-	3
1901	-	2	-	-	-	-	-	-	-	-	-	2
1902	3	-	2	-	-	-	-	-	-	-	-	5
1903	5	-	1	-	-	-	-	-	1	-	-	7
1904	7	3	-	2	-	-	-	-	-	-	-	12
1905	3	4	2	-	-	-	-	-	-	-	-	9
1906	5	1	-	2	-	-	1	-	-	-	-	9
1907	2	2	1	1	1	-	-	-	1	-	-	8
1908	3	3	-	2	-	1	-	-	-	-	-	9
1909	6	3	-	-	-	-	1	-	-	-	-	10
1910	7	8	-	-	-	-	2	-	-	-	-	17
1911	7	4	-	-	-	-	-	-	-	-	-	11
1912	6	6	1	-	-	-	-	2	1	-	-	16
1913	8	3	-	-	-	-	2	-	-	-	-	13
1914	10	10	1	-	1	-	-	-	-	-	-	22
1915	12	9	2	1	-	-	-	1	-	-	1	26
1916	7	10	-	-	-	1	-	-	-	-	-	18
1917	11	5	-	-	-	-	-	-	-	-	-	16
1918	7	5	-	-	-	1	-	-	-	-	-	13
1919	5	6	-	1	-	-	-	-	-	-	-	12
1920	15	5	2	1	-	1	-	-	-	1	-	25
1921	7	6	-	-	-	-	-	1	-	-	-	14
1922	23	5	1	-	1	-	-	-	-	-	-	30
1923	18	7	1	-	1	-	-	-	-	-	-	27
1924	25	7	2	-	1	1	-	1	-	-	-	37
1925	17	8	1	-	-	-	-	-	-	-	1	27
1926	29	3	2	-	-	-	-	-	-	1	-	35
1927	17	3	-	-	-	-	-	-	-	-	-	20
1928	5	5	1	-	-	1	-	-	-	-	-	12
1929	1	1	1	-	-	1	-	-	-	-	-	4
1930	-	-	-	-	-	-	-	-	-	-	-	-
1931	-	-	-	-	-	-	-	-	-	-	-	-
1932	-	-	-	-	-	-	-	-	-	-	-	-
O. A.	17	3	-	-	-	-	-	-	-	-	-	20
Sum	294	137	22	11	8	7	7	5	4	3	2	500
J.	18,4	16,8	15,7	8,45	10,5	20,4	8,71	16,6	5,25	14,3	20,0	17,2
Alter ~	26	28	29	36	34	24	36	28	39	30	24	27

Diskrepanzen zwischen Register und Realität
- Ein Erklärungsversuch -

Wie auch schon für das Lager Wilischthal gezeigt werden konnte, führen die Selektionen in Auschwitz bei den Häftlingen zu einer Stauchung der Altersstruktur auf dem Papier, die die Wirklichkeit um einiges verzerrt. Ältere Frauen, vor allem die Jahrgänge vor 1900, aber auch schon Frauen jenseits der 30 geben sich als jünger aus, um Arbeitstransporten zugeteilt zu werden. Junge Mädchen machen sich oft älter, um als taugliche Arbeitskraft zu gelten und so dem Gastod, später dem Lager Auschwitz dank eines Arbeitstransportes zu entkommen. Diese Altersverschiebungen führen dazu, dass für das Lager Zschopau nur etwa ein Drittel der Geburtsdaten zu 100% korrekt sind. Neben schlichten Schreibfehlern während des Registriervorgangs und den bisher beschriebenen *Einzel-Verschiebungen* gibt es auch Altersverschiebungen gegen den allgemeinen Trend. Diese ungewöhnlichen Verschiebungen können oftmals von Familienzugehörigkeiten als *Gruppen-Verschiebung* abgeleitet werden. Ist z.B. in einer *Mutter-Tochter-Relation* die Mutter im kritischen Alter z.B. 1899 geboren, und ihre Tochter Jahrgang 1920, so kommt es nicht selten zu folgendem Phänomen: Die Mutter gibt sich z.B. als Jahrgang 1905 aus. Gäbe ihre Tochter nun ihr korrektes Geburtsdatum an, so bestünden nur 15 Jahre Altersunterschied. Die Notlüge könnte auffliegen. Daher gibt die Tochter den Jahrgang 1925 an. Wie sich zeigen ließ scheinen aber die Jahrgänge 1920-1924 als besonders „sicher" gegolten zu haben. Einzeln betrachtet macht also die Angabe der Tochter wenig Sinn. Neben der *Mutter-Tochter-Relation* gibt es auch die *Schwestern-Relation.* Die jüngste Schwester ist im kritischen Alter: Jahrgang 1929. Ihre Schwestern sind Jahrgang 1925, 1921, 1918 und 1913. Um die kleine Schwester zu schützen verschieben sich die Altersangaben meist alle, damit die Relationen erhalten bleiben. So gäben sie sich z.B. mit den Jahrgängen 1927, 1923, 1919, 1916 und 1911 aus. Betrachtet man die älteste Schwester allein, so macht diese Verschiebung in Richtung *kritisches Alter* keinen Sinn. Erst als *Schwestern-Relation* kann man den Hintergrund verstehen.

Für das Lager Zschopau ist besonders die Verschiebung aus den 1920-1926 Jahrgängen in die 1927-1932 Jahrgänge auffällig. Sind also in Wirklichkeit 86 Zschopauer Mädchen zwischen zwölf [341] und 17 Jahre alt, geben dies nur 36 von ihnen bei der Registrierung an. Das bedeutet, mehr als 50 Mädchen gaben sich als einige Jahre älter aus, um so rein formal als arbeitstauglicher zu gelten, und das Risiko einer Alters-/Kinder-Selektion zu vermindern. Im Umkehrschluss heißt das, die Gruppe junger Mädchen unter 18 Jahren, die sich um einiges älter ausgaben als sie waren, machte mehr als 10% der Zschopauer Häftlingszwangsgemeinschaft aus. Im Vergleich zu Wilischthal ist der Anteil junger Mädchen außerordentlich hoch.

4.2 Der Fall Lütenberg

Schwierigkeiten bei der Spurensuche und der statistischen Auswertung machten auch die Flossenbürger Häftlingsmatrikel 61159 für Zschopau und 58941 für Wilischthal. Hier sind zwei Häftlinge mit identischem Geburtstag und nahezu identischem Namen eingetragen. Für Zschopau eine Sisza Lütenberg und für Wilischthal eine Hisza Lutenberg. Im Rahmen des Theresienstädter Datenbankprojektes wurde die Befreiung einer Chischa Lutenberg aus Bialystok in Theresienstadt bekannt. Sie wurde dem Lager Wilischthal zugeordnet. Für das Lager Zschopau wird keine Überlebende namens Lütenberg geführt. Für die Shoah Visual History Foundation wurde jedoch das Interview 12667 mit einer Dame namens Anna K., vormals Hysia L., aus Bialystok geführt, die dem Lager Zschopau zugeordnet wird. Ob es sich hier um ein und dieselbe Person, oder zwei verschiedene Überlebende handelt, konnte noch nicht abschließend geklärt werden. Statistisch wurden bislang zwei Personen angesetzt, die befreit wurden.

---

[341] Sarah [Sala] Fajnzylber *18.01.1932 vgl. Féla Brajtberg-Fajnzylber S. 101

4.3 Der Fall Kohn

Auch die Flossenbürger Nummer 61119 macht Schwierigkeiten. Hier ist eine ungarische Jüdin namens *Ilona Kohn* ohne Geburtsangabe registriert. Im Theresienstädter Datenbankprojekt gibt es zwei Anwärter auf diesen Eintrag. Eine Ibolya Kohn aus Veszprém und eine Ica Kohn aus Szalard (vgl. S. 235). Bislang ist nicht geklärt, wer von beiden mit der Flossenbürger Nummer in Verbindung zu bringen ist. Möglicherweise könnte auch die potenzielle Doppelregistrierung im Fall Lütenberg mit der fehlenden Nummer im Fall Kohn in Zusammenhang stehen. Andernfalls bestünde noch die Möglichkeit, dass sich im Lager Zschopau geringfügig mehr jüdische KZ-Häftlinge befanden, als in den Flossenbürger Nummernbüchern zu belegen sind, was auch die überzähligen Identitäten erklären könnte. Hinweise sind erbeten.

4.4 Fehlerhafte Literatur und falsche Daten

Da es bislang kaum nennenswerte Fachliteratur zum Flossenbürger Außenlager Zschopau gab, sind folglich auch kaum Fehler zu berichtigen. Bei diversen Online-Datenbanken liegen jedoch bislang noch etliche Missstände vor. So werden unter den Gedenkseiten Yad Vashems [Central Database of Shoah Victims' Names], wie auch schon für das Lager Wilischthal festgestellt werden konnte, vor allem französische Jüdinnen, basierend auf einer Arbeit von Serge Klarsfeld von 1978, fälschlicherweise als *„murdered in the Shoah"*, *„ermordet während des Holocaust"* geführt. Frauen, die in Theresienstadt befreit wurden gleichermaßen wie diejenigen, denen eine Flucht aus dem Evakuierungszug gelang ; darunter auch Cecile Weinryb und Suzanne Leppien [Leppine], sowie Edith Klebinder, die im öffentlichkeitswirksamen Prozess gegen Klaus Barbie, dem sogenannten *Schlächter von Lyon*, 1987 als Zeugin aussagte.

4.5 Fragliche Zeugnisliteratur

Autobiografische Zeugnisliteratur von Holocaustüberlebenden entspricht nicht immer der Wahrheit. Auch die sechs Autobiografien der Zschopauer Überlebenden halten nicht jeder Analyse stand. Besonders anfällig sind Zeitangaben und quantitavie Aussagen und Schätzungen. Hier können Historiker in der Regel treffendere Feststellungen machen. Überzeugend sind Holocaust-Autobiografinnen vor allem bei den Angaben zu ihrer Familie und den Personenangaben zu Mithäftlingen. Aber auch hier sind vor allem Episodendetails stark anfällig für Varianz, Verzerrung und Erinnerungstäuschungen. Zum Außenlager Zschopau sind vor allem zeitliche (vgl. Szalmuk, Spingarn, Brajtberg-Fajnzylber) oder geografische Einordnungen (vgl. Berger Gottesman S.39: Zschopau in der Nähe Bayreuths) falsch aber auch Häftlingssterblichkeiten nicht unerheblich übertrieben. Besonders negativ aufgefallen ist dabei Alice Dunn Adler mit ihrer autobiografischen Erzählung „Boriska's Prophecy". Laut ihrer Darstellung scheint sie die einzige Überlebende des Lagers zu sein. Sie rettete sich mit dem Sprung aus dem Zug, während scheinbar alle ihre Mithäftlinge in einem Krematorium in der Nähe Annabergs endeten. Ihre Mithäftlinge, auf die sie nach der Flucht traf, werden unterschlagen. Ein Brief von ihr aus dem Mai 1945 entlarvt ihre Falschdarstellung. Frania Eisenbach Haverland will am ersten Tag der Evakuierung sogar Leichen angehäuft haben, um aus dem Waggonfenster zu klettern. Auch hier gibt es Zweifel zur Authentizität ihrer Darstellung. Da die Lagerälteste Frida Meinhart aber wohl aus Krakau deportiert wurde, spricht zumindest die Nichterwähnung polnischer Häftlinge nicht mehr gegen eine Fluchtbeteiligung.[342]

4.6 Der Gedenkstein auf dem Zschopauer Friedhof

Die Daten auf dem Gedenkstein für die Todesopfer der Flossenbürger Außenlager Zschopau und Wilischthal wurden nahezu eins zu eins aus den Flossenbürger Nummernbüchern übernommen und sind aus diesem Grund lückenhaft und teilweise

[342] Vgl.Pascal Cziborra. KZ-Autobiografien. S.52ff., S.80f.

falsch. So ist stets das Abmeldedatum als Todesdatum übertragen worden. In der Regel starben die Häftlinge aber einige Tage zuvor. Das ausgewiesene Datum ist der Tag, an dem sie aus den Nummernbüchern und damit aus der Lagerstärke gestrichen wurden. Unterlagen der Friedhofsverwaltung könnten also unter Umständen genauere Todesdaten ans Tageslicht befördern. Für die Französin aus dem Lager Wilischthal kann aufgrund eines Fotos eine Differenz von neun Tagen zwischen Tod und Abmeldung als abgesichert gelten. Die am 3. Januar 1945 abgemeldete Sara Sohn ist wohl bereits am 25.12.1944 verstorben (vgl.F17). Auch für die Geburtsdaten und Namen der Häftlinge wurde bislang keine Absicherung seitens anderer Quellen herangezogen, was die Lückenhaftigkeit eines Eintrages und die Schreibweise *Kammeney*, in Übereinstimmung mit den Flossenbürger Nummernbüchern belegen. So handelte es sich wohl bei Sarolta David um ein junges Mädchen aus Bikszad [Transsilvanien]. Ihre Schwestern wurden laut Theresienstädter Datenbankprojekt 1925, 1926 und 1927 geboren, laut Flossenbürger Nummernbuch 1923, 1926 und 1927. Vermutlich war Sarolta David im selben Alter. Vielleicht sind die fehlenden Daten in Zukunft doch noch zusammenzutragen.
Neben den sechs Frauen und Mädchen wurde wohl auch ein Neugeborenes eines polnischen KZ-Häftlings auf dem Zschopauer Friedhof beerdigt. Einige oder alle diese Toten sollen nach Kriegsende exhumiert und auf den Ehrenfriedhof Chemnitz-Reichenhain beigesetzt worden sein. Dr. Hans Brenner spricht in seiner Dissertation von 1982 von vier Toten [der damals bekannten Gesamtopferzahl für das Zschopauer Lager] und zitiert diesbezüglich die Akte *Rat der Stadt Zschopau, Abt. Kultur, Akte Stadtgeschichte – Ortschronik 1938-1965, II/1.*[343], deren Verbleib trotz Bemühungen bislang nicht recherchiert werden konnte. Somit konnte weder der Entstehungszusammenhang der Akte und deren Belege, sowie der Wahrheitsgehalt der Aussage geprüft werden. Sollten alle sterblichen Überreste tatsächlich nach Chemnitz überführt worden sein, ist die Platzierung des Gedenksteins auf dem Zschopauer Friedhof als etwas unglücklich anzusehen, was die versöhnende Geste und das bemerkens-

[343] Seite 346 Fußnote 16

werte lokale Engagement für die Erinnerungsarbeit nicht schmälern soll. Das Erinnerungskonzept wäre jedoch zu überdenken, da auch in Reichenhain entsprechende Gedenksteine existieren.

F21: Einweihung des Gedenksteins am 8. Mai 2005 auf dem Zschopauer Friedhof

FloNo. Nation	**Name**, *Mädchenname **Vorname** [Varianten]	**Geburtsdaten Deportationsdaten**	**Opferstatus Quellennachweis**
60857 HUN	Abrahamovits, Gizella	15.04.1927	**Schicksal ungeklärt**
60858 HUN	Abrahomvic, [Abrahmovits] Helen	05.04.1906 05.05.1900 Szolyva	Befreit am 08.05.1945 in Theresienstadt, TDB
60859 POL	Abramowitz, [Abrahamowits] Ruchla [Rachel]	08.06.1902 [1901] Bozecin	Befreit am 08.05.1945 in Theresienstadt, TDB
60860 HUN	Ackermann, Aranka	31.05.1925 31.01.1925 Bereg-Komlos	Befreit am 08.05.1945 in Theresienstadt, TDB
60861 HUN	Adler, Alice AuNo:[nicht A-13500]	12.01.1913	Befreit am 08.05.1945 in Zschopau im Versteck nach Flucht aus dem Zug; AutoBio.: Boriska's Prophecy
60862 HUN	Adler, Munk Katerina [Katharina]	03.01.1904 ['03.01.1908']	Befreit am 08.05.1945 in Theresienstadt, TDB
60863 POL	Adler, Sala	15.07.1925	**Starb im März 1945 in Zschopau.** Abmeldung: 20.03.1945
60864 HUN	Adorjany, Lili [Lilly]	09.12.1912 ['09.02.1918'] Timisoara	Befreit am 08.05.1945 in Theresienstadt, TDB
60865 HUN	Eisikowics [,Aisekovic'], Irene [Iren]	30.03.1920 Brod 30.03.1921	Befreit am 08.05.1945 in Theresienstadt, TDB
60866 HUN	Adler [,Alder'], Eva	27.07.1924 Apátujfalu	Befreit am 08.05.1945 in Theresienstadt, TDB
60867 POL	Aleksandrowic, [Aleksandrowicz] Laja [Lola]	22.04.1928 Ostrowice	Befreit am 08.05.1945 in Theresienstadt, TDB
60868 HUN	Altmann, [Altman] Kornelia	07.01.1924 Dunaszerdahely	Befreit am 08.05.1945 in Theresienstadt, TDB
60869 POL	Amtmann, [Antmann] Rosa	06.06.1913 ['16.06.1916'] Holowecke	Befreit am 08.05.1945 in Theresienstadt, TDB
60870 POL	Anic, Bela [Bella]	09.06.1928 09.07.1928 Piotrków	Befreit am 08.05.1945 in Theresienstadt, TDB

60871 ITA	Anticoli, [‚Anticali'] Flaminla [Flaminia] **AuNo.: A-5349**	05.03.1924 Rom Fossoli-Auschwitz 16.05.1944	Befreit am 08.05.1945 in Theresienstadt, TDB, PiFa S.111
60872 HUN	Apel, [Appel] Fanny [Fani]	04.04.1912 04.04.1915 Marmaros	Befreit am 08.05.1945 in Theresienstadt, TDB
60873 HUN	Aszkalus, [Asztalos] Mariska	10.10.1927 Szeged 08.03.1926	Befreit am 08.05.1945 in Theresienstadt, TDB
60874 HUN	Eisikowics, ['Auzikovic'] Sara	07.01.1914 Brod 07.01.1917	Befreit am 08.05.1945 in Theresienstadt, TDB
60875 BEL	Babad, Malwina [>Malvine Gottfreind] **AuNo.: 76617**	14.12.1924 Antwerpen Mechelen XXIV Auschwitz 04.04.-07.04.1944	Befreit am 08.05.1945 in Theresienstadt, TDB Vgl. SVHF 39241
60876 SLO	Balogh [‚Balog'], Alis [Alice] *Weiss [>Aliza Sidon]	26.04.1920 Frakasin Sered-Auschwitz	Befreit am 08.05.1945 in Theresienstadt, TDB, Barch 162/3853 S.56f.
60877 HUN	Baruch, Hajnal	12.10.1928 [‚12.10.1923'] Mezököbölkut	Befreit am 08.05.1945 in Theresienstadt, TDB
60878 HUN	Beinhorn, Anna	23.08.1921 Arka	Befreit am 08.05.1945 in Theresienstadt, TDB
60879 HUN	Beinhorn, Magda [>Magda Mucznik]	29.04.1923 22.04.1923 Sátoraljaújhely	Befreit am 08.05.1945 in Theresienstadt, TDB Barch B162/3853 S.87
60880 HUN	Berger, Charlotte [Sari Bergen] [>Shirley Gottesman] **AuNo.: A-5812** [A Red Polka-Dotted Dress]	06.05.1927 Záluz [Beregkisolmasz] Mukacevo Auschwitz	Befreit am 08.05.1945 in Theresienstadt, TDB, SVHF 42519 [Sortierkommando] Barch B162/3854 S.146
60881 HUN	Berger, Eva	19.06.1926 Szilagyi	Befreit am 08.05.1945 in Theresienstadt, TDB
60882 HUN	Berger, Geza [Gisella]	13.02.1927 Nyirbator	Befreit am 08.05.1945 in Theresienstadt, TDB
60883 HUN	Berger, [Bergerova] Lili [Lilly] F: Schwester v. 60884 [>Lydia Steindler] **AuNo.:**	07.04.1924 Kosice Kosice-Auschwitz-Plaszow-Auschwitz	Befreit am 08.05.1945 in Theresienstadt, TDB, SVHF 23991 Starb: 18.03.2007 Bexley, Ohio

60884 HUN	Berger, [Bergerova] Rozsi F: Schwester v. 60883 [>Ruzena Olchin] **AuNo.:**	05.06.1926 Kosice Kosice-Auschwitz-Plaszow-Auschwitz	Befreit am 08.05.1945 in Theresienstadt Starb: 05.10.2001
60885 HUN	Berger, Regina [Regine]	06.02.1922 Loho 06.03.1922	Befreit am 08.05.1945 in Theresienstadt, TDB
60886 HUN	Berkovic, Olga	10.11.1927 Svalava 18.09.1927	Befreit am 08.05.1945 in Theresienstadt, TDB
60887 SLO	Bernstein, Pollak Emma	02.12.1907 02.01.1907 Bardejov	Befreit am 08.05.1945 in Theresienstadt, TDB
60888 POL	Bertel, Gisela [Gisella] *Gizela Leontyna Braw ?	03.03.1912 Krakau ['04.12.1915'] 03.03.1900 ?	Befreit am 08.05.1945 in Theresienstadt, TDB, USHMM
60889 GRE	Vivante, [,Bibante'] Ester **AuNo.:**	03.03.1929 Korfu	Befreit am 08.05.1945 in Theresienstadt, TDB
60890 BEL	Biedermann Alice [Aline] **AuNo.:** [76601-76746]	18.03.1912 Brüssel 18.03.1917 Mechelen XXIV Auschwitz 04.04.-07.04.1944	Befreit am 08.05.1945 in Theresienstadt, TDB
60891 POL	Binnenstock, [Bienenstock] Regina	05.01.1912 Tarnów	Befreit am 08.05.1945 in Theresienstadt, TDB
60892 POL	Birenzweig, [Birnzweik] Gitla [Kitla]	06.06.1928 07.12.1927 Ilza	Befreit am 08.05.1945 in Theresienstadt, TDB
60893 POL	Birnbaum, [,Birnbauch'] Ruchla	18.04.1908 Radom	Befreit am 08.05.1945 in Theresienstadt, TDB
60894 POL	Birnbaum, Lucia [Gucia]	06.01.1927 Radom	Befreit am 08.05.1945 in Theresienstadt, TDB
60895 HUN	Bire, Marta	07.11.1910	**Schicksal ungeklärt**
60896 GRE	Vitale ['Bital'], Lucia **AuNo.:**	05.01.1919 Korfu [,-.1.1916']	Befreit am 08.05.1945 in Theresienstadt, TDB

60897 HOL	Blog,[‘Blag’] *Mathijse Rosa [>Schwartz] **AuNo.:** [75816-75891]	21.12.1910 Amsterdam Westerbork Auschwitz 03.03.-05.03.1944	Befreit am 08.05.1945 in Theresienstadt, TDB 1953: Baarrn/Utrecht
60898 POL	Blatman, Chaja [>Silbermann]	26.12.1921 [‘26.12.1928’] Szydlowiec	Befreit am 08.05.1945 in Theresienstadt, TDB, B162/3853 S.5
60899 SLO	Blau, [Blauová] Ella	26.08.1904 [‚26.08.1915’] Nové Mesto	Befreit am 08.05.1945 in Theresienstadt, TDB
60900 POL	Blau, Friedmann [Friemann] Perla [>Pnina Felsen]	26.05.1917 Tarnów Plaszow-Auschwitz 06.08.1944	Befreit am 08.05.1945 in Theresienstadt, TDB Barch B162/3854 S.246
60901 HUN	Blau, Rosa [Rozsi]	12.08.1922 Budapest	Befreit am 08.05.1945 in Theresienstadt, TDB
60902 RD	Bloch, Elies [‚Wiener Liesl’] **AuNo.: 76735**	30.09.1920 [Wien] Mechelen XXIV Auschwitz 04.04.-07.04.1944	Befreit am 08.05.1945 in Zschopau im Versteck nach Flucht
60903 HUN	Bloch, [Blochová] Klara	23.09.1915 23.09.1920 Losonc	Befreit am 08.05.1945 in Theresienstadt, TDB
60904 HUN	Blum, Anna [>Nagypal] [>Sandorne Feldmann] [>Anna Roman] **AuNo. : A- ??4**	21.04.1911 Cadea [‚11.04.1911’] [Nagykagya] Oradea-Auschwitz	Befreit am 08.05.1945 in Theresienstadt , TDB, SVHF 51087
60905 HUN	Blum, *Löwinger Szeren [Irene] [>Iren Brammer]	04.07.1906 Ujpest	Befreit am 08.05.1945 in Theresienstadt, TDB Barch B162/3854 S.318
60906 RD	Böker, [Böcker] *Goldschmidt Julia [Julie] **AuNo.:**	16.10.1897 Mafeld 15.10.1897 Essen-Cottbus-Breslau-Auschwitz März 1944	Befreit am 08.05.1945 in Theresienstadt, TDB, Barch B162/3853 S. 102f.
60907 POL	Brauner, *Brauner-Klamka Eda [Esther][Edda] [Ernestina] F: Schwester v. 60908, 60909 [>Ernestine Najman] B: Wäschenäherin	20.06.1921Krakau [‘17.06.1921’] A: Wegierska 8 9 Dep.: Krakau Plaszow-Auschwitz	Befreit am 08.05.1945 in Theresienstadt, TDB, SVHF 22780 Kennkarte 5001-5400 02/1941, USHMM „Distrikt“

60908 POL	Brauner, [*Brenner] Fela F: Schwester v. 60907, 60909 [>Felicia Kupferstein] B: Schneiderin	07.03.1916 Krakau A: Krakau XXII, Wegierska 89 Dep.: Krakau Plaszow-Auschwitz	Befreit am 08.05.1945 in Theresienstadt, TDB, vgl. SVHF 22780 Kennkarte 5001-5400 02/1941, USHMM „Distrikt“
60909 POL	Brauner, Rosa [Rozalia]	04.08.1925 Krakau A: Rakowice Wieczysta, Ladna 2 Dep.: Krakau Plaszow-Auschwitz	Befreit am 08.05.1945 in Theresienstadt, TDB, vgl. SVHF 22780 USHMM „Distrikt“
60910 POL	Brenner, Lola	26.06.1912 Lemberg	Befreit am 08.05.1945 in Theresienstadt, TDB
60911 POL	Brenner, [*Furchtgott] Pauline [Paulina Sara] B: Buchbindergehilfin	17.05.1915 Krakau 17.05.1907 Krakau A: Jozefinska 3	Befreit am 08.05.1945 in Theresienstadt, TDB, Survivor List 1947
60912 HUN	Briszk, Mirjam F: Tochter v. 60913 F: Schwester v. 60914 [>Miryam Vays] **AuNo.:**	07.11.1929 Kosice [‚07.11.1924’] Kosice-Auschwitz-Plaszow-Auschwitz	Befreit am 08.05.1945 in Theresienstadt, TDB
60913 HUN	Briszk, [Briszková] Rozina [Rachel] [Regina] F: Mutter v. 60912, 60914 **AuNo.:**	07.05.1903 Kosice Kosice-Auschwitz-Plaszow-Auschwitz	Befreit am 08.05.1945 in Theresienstadt, TDB
60914 HUN	Briszk, Sarolta [‘Saralta’] F: Tochter v. 60913 F: Schwester v. 60912 [>Sarah Letko] **AuNo.:**	15.12.1928 Kosice 15.12.1930 [‘15.12.1926’] Kosice-Auschwitz-Plaszow-Auschwitz	Befreit am 08.05.1945 in Theresienstadt, TDB, SVHF 40557
60915 HUN	Brod, Klein Klara	10.11.1914 [‚10.11.1916’] Szilagy Somlyo	Befreit am 08.05.1945 in Theresienstadt, TDB
60916 HUN	Brodbekier, [Brotbeker] Perla F: Schwester v. 60917 [>Pnina Unger]	28.08.1923 [29.08.1925] [08.1922] Wierzbnik Starachowice Auschwitz	Befreit am 08.05.1945 in Theresienstadt, TDB, SVHF 51658

60917 HUN	Brodbekier, [Brotbeker] Sala F: Schwester v. 60916	15.03.1926 15.12.1929 Starachowice Auschwitz	Befreit am 08.05.1945 in Theresienstadt, TDB Vgl. SVHF 51658
60918 HUN	Buchwald, Klein Ilona	28.09.1910 Nagyvárad	Befreit am 08.05.1945 in Theresienstadt, TDB
60919 HUN	Buchwald, Selma	29.01.1912 Banffyhunyad	Befreit am 08.05.1945 in Theresienstadt, TDB
60920 ITA	*Cardinale, Benigno Emma **AuNo.: 76782**	15.08.1914 Rom Fossoli-Auschwitz 05.04.-10.04.1944	Befreit am 08.05.1945 in Theresienstadt, TDB PiFa S.145
60921 POL	Celnikier, [Zelnikier] [Zelniker] Sara	19.06.1929 Radom 19.06.1927	Befreit am 08.05.1945 in Theresienstadt, TDB
60922 POL	Chorowicz, Erna	23.11.1905 Krakau	Befreit am 08.05.1945 in Theresienstadt, TDB
60923 POL	Chorowicz, Luska	12.10.1923 Krakau 12.12.1924	Befreit am 08.05.1945 in Theresienstadt, TDB
60924 POL	Chusteczka, Hana	15.05.1914 Szydlowiec	Befreit am 08.05.1945 in Theresienstadt, TDB
60925 FRA	Contente, Ester **AuNo.:**[80569-80659]	04.11.1924 Marseille Drancy 72 Auschwitz 29.04.-01.05.1944	Befreit am 08.05.1945 in Theresienstadt, TDB
60926 POL	Cukier, Ruchla [Rachel]	05.03.1917 15.03.1918 Biala Podlaska	Befreit am 08.05.1945 in Theresienstadt, TDB
60927 POL	Czarlinski, [Czarlinsky] Hela	23.12.1914 25.12.1920 Tomaszów Mazowiecki	Befreit am 08.05.1945 in Theresienstadt, TDB
60928 POL	Cziczowitz, [Cicowicz] Hana [Chawa]	25.07.1925 25.06.1924 Bialystok	Befreit am 08.05.1945 in Theresienstadt, TDB
60929 POL	Daam, [Damm] [Dam] Gusta	04.03.1920 Krakau 04.03.1919 A: Mostowa 4 Krakau-Tarnow	Befreit am 08.05.1945 in Theresienstadt, TDB, USHMM Kenkarte 12780 22.03.1941 Krakau

60930 **POL**	[Daam], Frisch Rachela [*Damm] [>Rosa Stämer]	05.12.1915 Krakau 05.12.1916 Plaszow-Auschwitz [Oktober 1944?]	Befreit am 08.05.1945 in Theresienstadt, TDB, B162/3853 S.47f. Kennkarte 12624 18.03.1941 Krakau
60931 **HUN**	David, Ilusch [Ilona] F: 60932, 60933, 60935	27.02.1925 Bikszad [‚27.02.1923']	Befreit am 08.05.1945 in Theresienstadt, TDB
60932 **HUN**	David, Sarolta F: 60931, 60933, 60935	Bikszad	**Starb 1945** **in Zschopau** Abmeldung: 05.04.1945
60933 **HUN**	David, [‚Daviv'] Aranka F : 60931, 60932, 60935	05.05.1927 Bikszad 05.04.1927	Befreit am 08.05.1945 in Theresienstadt, TDB
60934 **HUN**	David, [‚Daviv'] Margit	16.10.1926 Moicin 16.08.1927	Befreit am 08.05.1945 in Theresienstadt, TDB
60935 **HUN**	David [‚Daviv'] Margit F : 60931, 60932, 60933	14.05.1926 Bikszad	Befreit am 08.05.1945 in Theresienstadt, TDB
60936 **POL**	Dembina, *Windstroh Blima B: Handnäherin	22.07.1911 22.07.12 Gawlów A: Krakau, Przemyska 6 Dep.: Krakau Plaszow-Auschwitz	Befreit am 08.05.1945 in Theresienstadt, TDB Kennkarte 92 13.01.1941 Krakau
60937 **HUN**	Deutsch, Feuerverger Cili [Cilli] [>Cecilie Zipora Marx] F: Schwester v. 60938	‚14.01.1902' 14.01.1923/1926 Vucsko-Mozö	Befreit am 08.05.1945 in Theresienstadt, TDB Barch B162/3853 S.82
60938 **HUN**	Deutsch, Feuerverger Gizi [Gizella] F: Schwester v. 60937	30.11.1928 Lipcze 30.11.1923	Befreit am 08.05.1945 in Theresienstadt, TDB
60939 **HUN**	Deutsch, Judith	10.02.1927	**Starb am 02.05.1945** **in Theresienstadt**, TDB
60940 **HUN**	Deutsch, Olga	29.11.1907 Ruma	Befreit am 08.05.1945 in Theresienstadt, TDB
60941 **POL**	Diamant, Raca [Rosa]	28.08.1919 Kalisz	Befreit am 08.05.1945 in Theresienstadt, TDB
60942 **ITA**	Di Porto ['Diporto'], *Funaro Suita **AuNo.: 76790**	08.03.1899 Rom Fossoli-Auschwitz 05.04.-10.04.1944	Befreit am 08.05.1945 in Theresienstadt, TDB PiFa S.308

60943 HUN	Dorter, [Dortherr] Etel	20.09.1920 26.09.1921 Nagy-Lucka	Befreit am 08.05.1945 in Theresienstadt, TDB
60944 BEL	Dressler, Reina	06.04.1915	**Schicksal ungeklärt**
60945 POL	Eisenbach, [‚Eisenbahn'] Frania [>Haverland] **AuNo.: A-22350**	01.03.1926 Tarnow [‚01.03.1924'] Tarnow-Plaszow- Auschwitz	Befreit am 08.05.1945 in Theresienstadt, TDB, SVHF 3827 Autobiografie: Tant Que Je Vivrai
60946 POL	Eisenstein, Blima [Bluma] F: Mutter v. 60947 **AuNo.: A-22347**	18.04.1906 Boryslaw Boryslaw-Plaszow Plaszow-Auschwitz	Befreit am 08.05.1945 in Theresienstadt, TDB Vgl. SVHF 39314
60947 POL	Eisenstein, Sidonia F: Tochter v. 60946 [>Sidonyah Tadmor] **AuNo.: A-22346**	16.12.1928 [‚16.12.1926'] Boryslaw Boryslaw-Plaszow Plaszow-Auschwitz	Befreit am 08.05.1945 in Theresienstadt, TDB, SVHF 39314
60948 POL	Eisenthal, Rachela [Rosa]	07.10.1918 Krakau	Befreit am 08.05.1945 in Theresienstadt, TDB
60949 HUN	Elias, Eva	18.01.1927 18.01.1926 Avasfelsöfalo	Befreit am 08.05.1945 in Theresienstadt, TDB
60950 HUN	Elias [‚Elisa'] Rozsi [Rosa]	10.05.1927 10.05.1926 Avasfelsöfalo	Befreit am 08.05.1945 in Theresienstadt, TDB
60951 POL	Epstein, Sofia	19.06.1918 Zaliski 19.05.1918	Befreit am 08.05.1945 in Theresienstadt, TDB
60952 POL	Erdfrucht, [Erdfrocht] Ruchla [Rosa] [Ruchla Szajndla] B: Schneiderin	01.01.1915 02.01.1917 06.01.1915 Klimontów	**Starb am 13.08.1945** **in Theresienstadt,** TDB, Ghetto Lodz 13.03.1941 Card 01292
60953 FRA	Eskenazi, Renée **AuNo. : A-8564**	31.08.1926 Paris Drancy 76 Auschwitz 30.06.-04.07.1944	Befreit am 08.05.1945 in Theresienstadt, TDB, SVHF 4741
60954 HUN	Esztergal, [‚Estergal'] Gisella [Gizella]	12.11.1921 Budapest	Befreit am 08.05.1945 in Theresienstadt, TDB
60955 HUN	Färber, Regina [Riwka] [>Lebovits]	05.04.1915 Podolinec Kosice-Auschwitz	Befreit am 08.05.1945 in Theresienstadt, Barch 162/3853 S.45f.

60956 HUN	Farkas, ‚Forkos' Helen	17.12.1904 Berehovo	Befreit am 08.05.1945 in Theresienstadt, TDB
60957 HUN	Feig, Lili	08.06.1927 [08.07.1923] Petrovobistra	Befreit am 08.05.1945 in Theresienstadt, TDB
60958 POL	Feln, [Feil (Fein)] Mirla [Mila] *Rosner	31.05.1907 31.05.1917 Wadowice Dep.: Krakau Plaszow-Auschwitz	Befreit am 08.05.1945 in Theresienstadt, TDB, Kennkarte 11682 12.03.1941
60959 POL	Feinsilber, Fela [>Brajtberg- Fajnzylber] F: Mutter v. 60960 **AuNo.: A-15370**	23.08.1912 [‚18.08.1915'] Piotrków Blizyn-Auschwitz 31.07.1944	Befreit am 08.05.1945 in Theresienstadt, TDB Autobiografie Foto
60960 POL	Feinsilber, Sala F: Tochter v. 60959 **AuNo.: A-15371**	18.01.1931 [‚18.01.1929'] Blizyn-Auschwitz 31.07.1944	Befreit am 08.05.1945 in Theresienstadt, TDB Foto
60961 HUN	Feldmar, Margit	23.08.1903 [23.08.1905'] Bosnien-Wisegrad	Befreit am 08.05.1945 in Theresienstadt, TDB
60962 HUN	Fellner, Edith	29.10.1925 Debrecen	Befreit am 08.05.1945 in Theresienstadt, TDB
60963 HUN	Festinger, Szeren	24.07.1914 Makó	Befreit am 08.05.1945 in Theresienstadt, TDB
60964 HUN	Feuer, Klara	16.09.1925 Nagysomkut	Befreit am 08.05.1945 in Theresienstadt, TDB
60965 HUN	Feuer, Livia	31.08.1927 31.08.1926 Nagysomkut	Befreit am 08.05.1945 in Theresienstadt, TDB
60966 HUN	Feuerstein, *Roth Rosa [Rosalia] [Kaufmann] [>Rose Roth]	05.07.1917 Kálnyik Munkacevo Auschwitz	Befreit am 08.05.1945 in Theresienstadt, TDB, Barch B162/3854 S.165 [Sortierkommando]
60067 HUN	Filep, Schönfeld Ilona	13.07.1917 Mukacevo	Befreit am 08.05.1945 in Theresienstadt, TDB

60968 HUN	Fingerhut, Lotte **AuNo.: 76630**	25.12.1912 Bremen Mechelen XXIV Auschwitz 04.04.-07.04.1944	Befreit am 08.05.1945 in Theresienstadt, TDB
60969 FRA	Finkelstein, Anna [Esther] [>Anna Buchhendler] **AuNo.:** [52297-52351]	23.03.1912 23.03.1914 Warschau Drancy 58 Auschwitz 31.07.-02.08.1943	Befreit am 08.05.1945 in Theresienstadt, TDB Barch B162/3854 S.158
60970 HUN	Fisch, Margit	06.03.1924 07.03.1924 Mukaczevo	Befreit am 08.05.1945 in Theresienstadt, TDB
60971 HUN	Fixler, Olga	15.10.1915 15.10.1920 Ujfehértó	Befreit am 08.05.1945 in Theresienstadt, TDB
60972 FRA	Flischfisch, [Flichfisch] Renée **AuNo.:** [76162-76309]	21.10.1920 Paris Drancy 70 Auschwitz 27.03.-30.03.1944	Befreit am 08.05.1945 in Theresienstadt, TDB
60973 HUN	Fogel, [Vogel] *Davidovitz Ida	24.01.1922 Saszregen	Befreit am 08.05.1945 in Theresienstadt, TDB Barch B162/3854 S.144
60974 HUN	Fogel, [Vogel] Hofmann Manci [Monci]	24.01.1914 25.12.1914 Kistpso	Befreit am 08.05.1945 in Theresienstadt, TDB
60975 HUN	Fogel, [Vogel] Szeren [Serin]	03.06.1921 Kistpso	Befreit am 08.05.1945 in Theresienstadt, TDB
60976 POL	Fogler, [Vogler] Eva [Ewa]	22.11.1911 Krakau [‚22.11.1916']	Befreit am 08.05.1945 in Theresienstadt, TDB Kennkarte 961 Jewish Agency 23859
60977 HUN	Frommer [‚Framer'] Ibolya F: Schwester v. 60978 [>Iby Fried] **AuNo.: A-2?13?**	01.05.1928 02.05.1927 02.05.1925 Ujfeherto Nyiregyhaza Auschwitz-Plaszow Plaszow-Auschwitz	Befreit am 08.05.1945 in Theresienstadt, TDB, SVHF 31055
60978 HUN	Frommer [‚Framer'] Rozsi F: Schwester v. 60977 **AuNo.: A-2????**	04.09.1920 Ujfeherto Nyiregyhaza Auschwitz-Plaszow Plaszow-Auschwitz	Befreit am 08.05.1945 in Theresienstadt, TDB **Starb: 1945** Vgl. SVHF 31055

60979 HUN	Fried, Ilona	10.02.1915 Mátészalka	Befreit am 08.05.1945 in Theresienstadt, TDB
61980 HUN	Fried, Jenny	29.11.1898 Nyirmada	Befreit am 08.05.1945 in Theresienstadt, TDB
60981 HUN	Friedler, [Frieder] Helen [Helena]	15.07.1923 18.06.1918 Büdszentemihály	Befreit am 08.05.1945 in Theresienstadt, TDB
60982 HUN	Frieder, Jolan [Jolana]	21.09.1924 18.09.1918 Büdszentemihály	Befreit am 08.05.1945 in Theresienstadt, TDB
60983 HUN	Friedmann, Elsa F: Schwester v. 60985 [>Elza Friedman] **AuNo.: A-12???**	03.03.1925 03.03.1924 Peneszlek Satu Mare Auschwitz	Befreit am 08.05.1945 in Theresienstadt, TDB, Vgl. SVHF 32485
60984 HUN	Friedman, Helen [>Chaja Herkovits] F: Schwester v. 60987 F: Schwester v. 60989	01.02.1927 01.02.25 Sasregen Szazregen Auschwitz-Plaszow Auschwitz	Befreit am 08.05.1945 in Theresienstadt, TDB Barch B162/3854 S.216 Vgl. Barch B162/3854 S.227
60985 HUN	Friedmann, Ilona [>Ilonka Wirth] F: Schwester v. 60983 **AuNo.: A-12899**	05.02.1918 [05.02.1920] ['05.02.1922'] Penészlek Satu Mare Auschwitz	Befreit am 08.05.1945 in Theresienstadt, TDB, SVHF 32485
60986 FRA	Friedmann, Luise **AuNo.:** [76162-76309]	13.10.1915 Drancy 70 Auschwitz 27.03.-30.03.1944	Befreit am 08.05.1945 bei Frankenberg nach Flucht aus Zug Vgl. Tagebuch Leppien Vgl. Spingarn S. 73ff.
60987 HUN	Friedmann, Rezsin [Rezim] F: Schwester v. 60984 F: Schwester v. 60989	30.06.1920 30.07.1920 Sasregen Auschwitz-Plaszow Auschwitz	Befreit am 08.05.1945 in Theresienstadt, TDB Vgl. Barch B162/3854 S.227
60988 POL	Friedmann, Sala	10.01.1909 [,10.01.1914'] Przemysl	Befreit am 08.05.1945 in Theresienstadt, TDB, vgl. Eisenbach 118
60989 HUN	Friedmann, Szeren [Serin] [>Sara Herskovits] F: Schwester v. 60984 F: Schwester v. 60987	22.11.1922 Sasregen Regin-Auschwitz- Plaszow-Auschwitz	Befreit am 08.05.1945 in Theresienstadt, TDB, Barch B162/3854 S.227

60990 CZE	Frisch, Alis	07.05.1925	**Schicksal ungeklärt** Wahrscheinlich aus dem Zug geflohen und befreit worden
60991 HUN	Frisch, Maria		**Schicksal ungeklärt** **Identität unklar**
60992 POL	Frischmann, Dora	15.08.1908 Radom	Befreit am 08.05.1945 in Theresienstadt, TDB
60993 HUN	Fuchs, Dori	10.05.1918 ['10.05.1923'] Sandorf	Befreit am 08.05.1945 in Theresienstadt, TDB
60994 POL	Fuchs, Helene F: Tochter v. 60997 F: Schwester v. 61138 **AuNo.: A-????** [>Helen Taub]	07.09.1923 07.09.1922 [1921] Chrzanów Krakau Plaszow-Auschwitz	Befreit am 08.05.1945 in Theresienstadt, TDB, vgl. SVHF 34806 Kennkarte 1257-1508 02/1941
60995 HUN	Fuchs, Maria [Marianne]	15.01.1924 Györgeny St. Imre	Befreit am 08.05.1945 in Theresienstadt, TDB
60996 HUN	Fuchs, Sara [Sari]	10.05.1922 [,-.4.23'] Sandorf	Befreit am 08.05.1945 in Theresienstadt, TDB
60997 POL	Fuchs, *Guttwald Selda [Zelda] F: Mutter v. 60994, 61138 **AuNo.: A-????** [>Gisella Fuchs]	14.11.1894 [,14.11.1904'] Chrzanów Krakau Plaszow-Auschwitz	Befreit am 08.05.1945 in Theresienstadt, TDB, vgl. SVHF 34806 Kennkarte 1406 03.02.1941 Krakau
60998 POL	Fürstenberg, Fela	21.02.1921 Radom 25.02.1921	Befreit am 08.05.1945 in Theresienstadt, TDB
60999 HUN	Gancz [Ganz] Frieda [Frida]	12.03.1929 Oradea [,12.03.1925']	Befreit am 08.05.1945 in Theresienstadt, TDB
61000 HUN	Gedalovicz, [Gedalowitsch] Frieda	25.02.1922 10.04.1918 Oschapsch	Befreit am 08.05.1945 in Theresienstadt, TDB
61001 HUN	Genuth, Schari [Sara]	15.05.1913 15.06.1919 Visdoroszi	Befreit am 08.05.1945 in Theresienstadt, TDB
61002 POL	Gertner, [Gertler] Zusanna [Susanne Theophile]	17.09.1913	Befreit am 08.05.1945 in Theresienstadt, TDB

61003 HUN	Gewürcz, [,Gevüres'] Fany	08.02.1923 08.03.1920 Oroszvég	Befreit am 08.05.1945 in Theresienstadt, TDB
61004 POL	Gintz [Ginz] Erna	15.01.1909 Gawlów [,15.01.1914']	Befreit am 08.05.1945 in Theresienstadt, TDB
61005 HUN	Glanz, Alice **AuNo.: A-5899**	24.05.1920 Ungdaróc Munkács Auschwitz 25.05.1944	Befreit am 08.05.1945 in Theresienstadt, TDB, DEGOB 3177
61006 POL	Glasberg, Peska	30.11.1913	**Starb im Januar 1945 in Zschopau** Abmeldung: 18.01.1945
61007 POL	Glat, *Zylberberg Chaja [Ewa] [>Chawa Orbach]	17.04.1916 Radom	Befreit am 08.05.1945 in Theresienstadt, TDB Barch B162/3854 S.150 Starb: 12.04.1955
61008 HUN	Glück, Dora [>Dora Indig] **AuNo.: A-7728**	15.06.1914 15.06.1917 Marmarossziget Maramaros S. Auschwitz [AuNo.:28.06.44]	Befreit am 08.05.1945 in Theresienstadt, TDB, Barch B162/3854 S.222
61009 HUN	Görömbic, Görömbie [Goeroembey] Livia	16.02.1929 Tothi	Befreit am 08.05.1945 in Theresienstadt, TDB
61010 HUN	Gold, Bertha [Berta] [>Berta Berman] **AuNo.: A-10616**	25.12.1929 Moicin [,25.12.1925'] Vischei/Viso Auschwitz : Mai 44	Befreit am 08.05.1945 in Theresienstadt, TDB, Barch B162/3854 S.135
61011 HUN	Gold, Lilly **AuNo.:** [A-9819 bis A-11818]	13.10.1916 Moicin Vischei/Viso Auschwitz : Mai 44	Befreit am 08.05.1945 in Theresienstadt, TDB
61012 HUN	Gold, Eva [>Eva Iscovich] **AuNo.:** [A-9819 bis A-11818]	02.10.1928 Moicin ['03.10.1922'] Vischei/Viso Auschwitz : Mai 44	Befreit am 08.05.1945 in Theresienstadt, TDB Barch B162/3854 S.124
61013 FRA	Goldberg, Fela [,Fella']	28.05.1920 27.11.1920 Mlawa [Drancy ?]	Befreit am 08.05.1945 in Theresienstadt, TDB
61014 HUN	Goldberger, Erzi	01.10.1914 Máriapócs	Befreit am 08.05.1945 in Theresienstadt, TDB

61015 POL	Goldbrach, *Blusztajn [Goldbroch] Pesia [>Kupferschmidt] [>Cesia Grünberg]	24.03.1924 Radom 22.03.1924 Radom 23.03.1925 Radom	Befreit am 08.05.1945 in Theresienstadt, TDB Barch B162/3853 S.74
61016 POL	Goldbrach, *Blusztajn [Goldbroch] Pola [>Pola Torbiner]	23.03.1926 Radom 23.04.1926 Radom 23.05.1928 Radom	Befreit am 08.05.1945 in Theresienstadt, TDB Barch B162/3854 S.93
61017 POL	Goldfinger, Fania [Fanny] [>Zipora Fani Iwler]	03.12.1919 Uherský Brod	Befreit am 08.05.1945 in Theresienstadt, TDB Barch B162/3854 S.128
61018 HUN	Goldner, Klara [Clara Paul] [>Lili Klara Peleg]	02.02.1928 [,02.02.1926'] Mesöszentgyörgy	Befreit am 08.05.1945 in Theresienstadt, TDB, Barch B162/3853 S.74
61019 POL	Goldstein, Genia [>Genia Kurtz] [>Genyah Kurts] **AuNo.:**	15.08.1922 Krakau [,15.08.1921'] Plaszow-Auschwitz	Befreit am 08.05.1945 in Theresienstadt, TDB, SVHF 39334 Barch B162/3854 S.244
61020 HUN	Goldstein, Iren [>Irene White] [*09.06.1921]	09.02.1922 Fehérgyarmat Mateszalka Auschwitz-Krakau Plaszow-Auschwitz	Befreit am 08.05.1945 in Theresienstadt, TDB Barch B162/3854 S.266
61021 HUN	Goldstein, Katalin	28.09.1929 Cluj	Befreit am 08.05.1945 in Theresienstadt, TDB
61022 POL	Goldstein, Roza	15.05.1907 10.09.1910 Skarzysko	Befreit am 08.05.1945 in Theresienstadt, TDB
61023 HUN	Goldstein, Rozsi	17.04.1929 Tata [,17.04.1926']	Befreit am 08.05.1945 in Theresienstadt, TDB
61024 HUN	Gottesmann, Hertha [Beile]	18.06.1917 16.06.1917 Barsana	Befreit am 08.05.1945 in Theresienstadt, TDB
61025 HUN	Gottlieb, Martha [Magdolna]	12.08.1914 Vác 12.07.1914	Befreit am 08.05.1945 in Theresienstadt, TDB
61026 HUN	Gewürcz, [,Govüres'] Hanni [Hani]	06.02.1909 05.02.1916 Oroszvég	Befreit am 08.05.1945 in Theresienstadt, TDB
61027 BEL	Grajower, ['Gragower'] Sara [>Sarah Pappenheim] **AuNo.: 76635**	20.12.1921 Antwerpen Mechelen XXIV Auschwitz 04.04.-07.04.1944	Befreit am 08.05.1945 in Theresienstadt, TDB, SVHF 39241 W: 1948 Antwerpen

61028 POL	Grebler,[‚Brebler’] [‚Prebler’] Ludwiga **AuNo.: RavNo.: 97303**	06.06.1922 Krakau-Plaszow Ü: 16.01.1945 Ravensbrück	Befreit am 15.04.1945 in Bergen-Belsen
61029 POL	Grinbaum, Ruth [Rosa]	26.12.1926 Radom 26.09.1925	Befreit am 08.05.1945 in Theresienstadt, TDB
61030 HUN	Gross, [Grosz] Olga	10.12.1910 09.12.1910 Tiszapolgár	Befreit am 08.05.1945 in Theresienstadt, TDB
61031 HUN	Gross, [Grosz] Olga	03.05.1915 03.06.1918 St. Miklos	Befreit am 08.05.1945 in Theresienstadt, TDB
61032 POL	Grossmann, [Grosman] Elka	11.10.1917 08.10.1923 Tomaszow	Befreit am 08.05.1945 in Theresienstadt, TDB, JA 29603
61033 POL	Grossmann, Ida [Ita]	15.07.1928 [‚15.07.1924’] Tomaszów	Befreit am 08.05.1945 in Theresienstadt, TDB, JA 29629
61034 HUN	Grosz, [Gross] Sarlaka [Sarolta]	06.08.1907 07.08.1907 Hajdúnánás	Befreit am 08.05.1945 in Theresienstadt, TDB
61035 POL	Grot, [Grad] Sofia	26.10.1920 Drohobyz	Befreit am 08.05.1945 in Theresienstadt, TDB
61036 POL	Grünbaum, [Grinbaum] Estera	15.03.1925 Radom	Befreit am 08.05.1945 in Theresienstadt, TDB
61037 POL	Grünbaum, [Grinbaum] Lola	24.12.1928 Radom 25.12.1926	Befreit am 08.05.1945 in Theresienstadt, TDB
61038 HUN	Grünfeld, Helen	18.07.1891 25.07.1913 [?] Nabrad	Befreit am 08.05.1945 in Theresienstadt, TDB
61039 HUN	Grünfeld, Iren	18.06.1929 [‚04.08.1926’] Ujfeherto	Befreit am 08.05.1945 in Theresienstadt, TDB
61040 HUN	Grünfeld, [Grüngold] Piri [Byry]	27.08.1897 Nitra (27.12.1907)	Befreit am 08.05.1945 in Theresienstadt, TDB
61041 HUN	Grünfeld, Sara [Sari]	18.06.1915 18.08.1916 Ujfeherto	Befreit am 08.05.1945 in Theresienstadt, TDB

61042 HUN	Grünstein, Ilona [>Helen Sattler] [>Helen Kingsley] [>Helen Gorelik] F: Tochter v. 61046 **AuNo.: A-5883**	30.06.1929[21.06.] [‚30.06.1927'] (Var-Kulcsa) Mukacevo Auschwitz 04.05.1944	Befreit am 08.05.1945 in Theresienstadt, TDB, SVHF 1785 [Sortierkommando] ES/A 3317 ; Vgl. Barch B162/3854 S.169
61043 POL	Grünstein, Iren	17.11.1918	**Schicksal ungeklärt**
61044 HUN	Grünstein, Magda	08.09.1926 09.08.1926 Gyöngyös	**Starb am 09.07.1945 in Theresienstadt nach der Befreiung**
61045 POL	Grünstein, Pola [Paula] [>Pnina Szyldkraut]	15.09.1909 Glowaszów	Befreit am 08.05.1945 in Theresienstadt, TDB Barch B162/3854 S.149
61046 HUN	Grünstein, *Katz Seren [Sarah] F: Mutter v. 61042 [>Sara Weiss] **AuNo.: A-5882**	25.07.1905 [21.07.] [‚28.05.1906'] (Var-Kulcsa) Munkacz Mukacevo Auschwitz 04.05.1944	Befreit am 08.05.1945 in Theresienstadt, TDB, ES/A 3317 [Sortierkommando] Vgl. SVHF 1785 Barch B162/3854 S.169
61047 HUN	Grünwald, Szidi [Sidi]	23.11.1922 Tecsö	Befreit am 08.05.1945 in Theresienstadt, TDB
61048 HUN	Güttmann, [Guttmann] Blanka	17.05.1917 20.05.1919 Csenger	Befreit am 08.05.1945 in Theresienstadt, TDB
61049 POL	Gutt, Dora	04.12.1915 Bochnia	Befreit am 08.05.1945 in Theresienstadt, TDB
61050 POL	Guttmann, Ita [Gita]	15.11.1925 Radom [‚15.10.1920']	**Starb am 31.05.1945 in Theresienstadt nach der Befreiung**
61051 POL	Janusewicz, [Januszewicz] Elka	16.11.1914 15.10.1918 Tomaszów	Befreit am 08.05.1945 in Theresienstadt, TDB
61052 POL	Bass, *Habenberg, Estera [*Haberberg] F: vgl. 61053	09.09.1919 Przytyk 09.09.1920 [Radom]	Befreit am 08.05.1945 in Theresienstadt, TDB, Jewish Agency
61053 POL	Habenberg, [Haberberg] Ruchla [Rachela] F: vgl. 61052	15.01.1925 Przytyk 15.01.1924 [Radom]	Befreit am 08.05.1945 in Theresienstadt, TDB, Jewish Agency 30987
61054 HUN	Halpert, Blanka [Blanca]	25.09.1927 25.09.1926 Podhorany	Befreit am 08.05.1945 in Theresienstadt, TDB

61055 POL	Hammer, Erna	01.02.1922 Krakau 01.11.1922 Brzeg A: Kollataja 10 Krakau Plaszow-Auschwitz	Befreit am 08.05.1945 in Theresienstadt, TDB Kennkarte 1001-1256 Kennkarte 13799 07.03.1941 Krakau A: 04.09.1940
61056 HUN	Halpert, [‚Haplert'] Rosa [Roszi]	15.02.1922 15.05.1920 Hajdúhadház	Befreit am 08.05.1945 in Theresienstadt, TDB
61057 HUN	Harak, Maria [Veronika]	10.06.1915 Cluj 10.06.1918	Befreit am 08.05.1945 in Theresienstadt, TDB
61058 HUN	Harfenesc, [Harfenes] Aranka	22.02.1916 Sátoraljaúhely	Befreit am 08.05.1945 in Theresienstadt, TDB
61059 POL	Helfer, Margot	27.09.1919 Olomouc	Befreit am 08.05.1945 in Theresienstadt, TDB
61060 SLO	Heller, Elsa	07.03.1902 [07.03.1906'] Mattersburg	Befreit am 08.05.1945 in Theresienstadt, TDB
61061 POL	Henik, Chana	06.03.1904	**Schicksal ungeklärt** Vgl. PoT Teofila Guzik YV Item ID: 683714
61062 HUN	Herskovics, ['Herckovic'] Ilona [Ilan]	25.07.1929 Kalnik [‚17.07.1928']	Befreit am 08.05.1945 in Theresienstadt, TDB
61063 HUN	Hermann, Martha [Marie Martha]	18.07.1897 Gyöngyös	Befreit am 08.05.1945 in Theresienstadt, TDB
61064 FRA	Hermelin, Sura [Sara] **AuNo.:** [46537-46753]	29.01.1905 (29.11.1907) Warschau Drancy 55 Auschwitz 23.06.-25.06.1943	Befreit am 08.05.1945 in Theresienstadt, TDB
61065 HUN	Herz, *Schaller Erzsebeth [Elisabeth] [>Elizabeth Schwartz] **AuNo.: A-11349**	04.02.1911 [‚04.02.1914'] [‚04.02.1917'] Mandok Kispest – Monor Auschwitz	Befreit am 08.05.1945 in Theresienstadt, TDB, SVHF 18562 ‚Wilischthal'
61066 POL	Herzerhorn, [Herszenhorn] Blima	22.04.1925 Radom [‚24.04.1922']	Befreit am 08.05.1945 in Theresienstadt, TDB

61067 HUN	Herzkovic, Rozsi	27.05.1924	**Schicksal ungeklärt**
61068 HUN	Hirschler, Elisabeth	14.05.1904 [,14.05.1911'] Budapest	Befreit am 08.05.1945 in Theresienstadt, TDB
61069 HUN	Hoch, Erzsebeth [Elisabeth]	25.10.1925 Bopzasuylak	Befreit am 08.05.1945 in Theresienstadt, TDB
61070 HUN	Hochfelder, Klara [>Klára Horn] **AuNo.:**	08.03.1917 Lörinci Lucenec Auschwitz Plaszow-Auschwitz	Befreit am 08.05.1945 in Theresienstadt, TDB, SVHF 6310
61071 HUN	Holics, [Holits] Hella Sara	01.05.1919 Satmarnemeti	Befreit am 08.05.1945 in Theresienstadt, TDB
61072 POL	Honigmann, Hela [Ella]	10.12.1913 [,10.12.1915'] Turzysk Wolyn	Befreit am 08.05.1945 in Theresienstadt, TDB
61073 HUN	Horetzky, Erzsebeth [Elisabeth]	15.11.1906 Fülekpöspöki	Befreit am 08.05.1945 in Theresienstadt, TDB
61074 HUN	Huber, [Hubert] Maria	05.08.1926 05.08.1925 Budavalfa	Befreit am 08.05.1945 in Theresienstadt, TDB
61075 HUN	Husz, [Hus] Magda	17.06.1918 01.06.1919 Izakonyho	Befreit am 08.05.1945 in Theresienstadt, TDB
61076 HUN	Ilkovic, [Ilkovicz] Kato [Alfredne]	24.08.1909 Kosice	Befreit am 08.05.1945 in Theresienstadt, TDB
61077 HUN	Illes, Sarolta [Seri]	12.09.1925 [,12.09.1923'] Magosliget	Befreit am 08.05.1945 in Theresienstadt, TDB
61078 HUN	Irom, Gizella	18.09.1928 [,18.09.1924'] Büdszentmihaly	Befreit am 08.05.1945 in Theresienstadt, TDB
61079 HUN	Irom, Regina	22.07.1927 [,19.05.1921'] Büdszentmihaly	Befreit am 08.05.1945 in Theresienstadt, TDB
61080 HUN	Israel, Bertha	17.12.1924 23.12.1921 Purc	Befreit am 08.05.1945 in Theresienstadt, TDB
61081 HUN	Israel, Ilona	28.02.1925 Turc	Befreit am 08.05.1945 in Theresienstadt, TDB

61082 GRE	Israel, Stameta [AuNo.: A-8426 ?]	05.01.1910 Korfu [1908]	Befreit am 08.05.1945 in Theresienstadt, TDB, [Block 22 b]
61083 HUN	Iszak, Rosa	15.05.1920 07.01.1917 Mukacevo	Befreit am 08.05.1945 in Theresienstadt, TDB
61084 HUN	Jacob, Aranka	15.05.1916	**Schicksal ungeklärt**
61085 HUN	Jakob, [Jakab] Roza	05.12.1915 05.12.1917 Kocsord	Befreit am 08.05.1945 in Theresienstadt, TDB
61086 FRA	Javorska, [‚Jaorska'] Maria [Marie] **AuNo.:** [A-8508 bis A-8730]	06.12.1915 Warschau Drancy 76 Auschwitz 30.06.-04.07.1944	Befreit am 08.05.1945 in Theresienstadt, TDB
61087 HUN	Jasinger, [Jassinger] Jolan	25.01.1918 25.01.1919 Szabolca	Befreit am 08.05.1945 in Theresienstadt, TDB
61088 POL	Kacman, [Katzman] Regina [*Kirszenblat?]	30.05.1916 Radom 30.05.1918	Befreit am 08.05.1945 in Theresienstadt, TDB, Jewish Agency
61089 HUN	Kahn, Sarolta [Charlotte Hanna]	26.02.1922 Mukacevo	**Starb am 24.05.1945 in Theresienstadt nach der Befreiung**
61090 HUN *POL	Kahn, Susanna	09.08.1914 Krakau 09.08.1915	Befreit am 08.05.1945 in Theresienstadt, TDB
61091 HUN	Kahan, [‚Kahna'] Hedwig	15.04.1915 25.07.1915 Töröckrosno	Befreit am 08.05.1945 in Theresienstadt, TDB
61092 HUN	Kahan [‚Kahna'] Helen	20.12.1922 Töröckrosno	Befreit am 08.05.1945 in Theresienstadt, TDB
61093 HUN	Kahan, [‚Kahna'] Martha [Márta] **AuNo.: A-12014**	19.10.1924 Dombó Técsö-Auschwitz [AuNo.:26.07.44]	Befreit am 08.05.1945 in Theresienstadt, TDB DEGOB 794
61094 HUN	Kallus, [Kalus] Edith F: vgl. 61905	05.12.1924 Volouce	Befreit am 08.05.1945 in Theresienstadt, TDB
61095 HUN	Kallus, [Kalus] Ilona F: vgl. 61094	04.02.1927 Volouce	Befreit am 08.05.1945 in Theresienstadt, TDB

61096 HUN	Kardes [Kardos] Ibola 'Ipola'	02.09.1912 02.09.1921 Estergom	Befreit am 08.05.1945 in Theresienstadt, TDB
61097 FRA	Kassis [‚Kassies'], Hugerthe [Igets] F: Tochter v. 61099 F: Schwester v. 61098 **AuNo.:** [78560-78782]	02.05.1926 Alger Drancy 71 Auschwitz 13.04.-16.04.1944	Befreit am 08.05.1945 in Theresienstadt, TDB
61098 FRA	Kassis [‚Kassies'], Louise [Lisette] F: Tochter v. 61099 F: Schwester v. 61097 **AuNo.:** [78560-78782]	26.12.1924 Alger Drancy 71 Auschwitz 13.04.-16.04.1944	Befreit am 08.05.1945 in Theresienstadt, TDB, [Foto] Vgl. Spingarn: My Leap to Freedom S.57ff.
61099 FRA	Kassis, Clementine F: Mutter v. 61097 F: Mutter v. 61098 **AuNo.:** [78560-78782]	23.11.1902 Tunis Drancy 71 Auschwitz 13.04.-16.04.1944	Befreit am 08.05.1945 in Theresienstadt, TDB
61100 HUN	Katz, Ester [Eszti]	14.03.1904 ‚10.08.1909' Panyola	Befreit am 08.05.1945 in Theresienstadt, TDB
61101 HUN	Katz, Josephine [Josefine]	10.03.1917 Isa 30.03.1916	Befreit am 08.05.1945 in Theresienstadt, TDB
61102 HUN	Katz, Hermann Lenke **AuNo.: A-5973**	28.05.1925 Hukliva	Befreit am 08.05.1945 in Theresienstadt nach Flucht aus dem Zug DEGOB 1667
61103 HUN	Kaufmann, Seren [Serena]	09.05.1913 01.05.1916 Margitta	Befreit am 08.05.1945 in Theresienstadt, TDB
61104 FRA	Klebinder, [‚Kelbinder'] Edith **AuNo.:** [78560-78782]	23.03.1914 Wien Drancy 71 Auschwitz 13.04.-16.04.1945	Befreit 1945 Ort unbekannt, 1987 Zeugin im Lyoner Barbie-Prozess
61105 POL	Kenner, *Wichner Frania B: Hausfrau	22.09.1911 Krakau 22.09.1912 22.11.1909 Prnsy [A: Pradnik Bish: Miechowska 31] Dep: Krakau	Befreit am 08.05.1945 in Theresienstadt, TDB, USHMM „An den Beauftragten des Distriktschefs für die Stadt Krakau"
61106 POL	Kerz, [Kersch] Szandla [Scheindla]	15.07.1913 Drzewica	Befreit am 08.05.1945 in Theresienstadt, TDB

61107 HUN	Kirchenbaum, Ibolya	13.07.1928 13.08.1927 Svalava	Befreit am 08.05.1945 in Theresienstadt, TDB
61108 HUN	Kirschenbaum, Magdalena [Magda]	02.05.1926 02.05.1925 Svalava	Befreit am 08.05.1945 in Theresienstadt, TDB
61109 POL	Klam, [Klamm] Tonia	18.03.1910 Tuszków	Befreit am 08.05.1945 in Theresienstadt, TDB
61110 HOL	Van Kleef, *Polak Clara [Klara] **AuNo.:** [A-5242 bis A-5341]	01.08.1910 Amsterdam Westerbork Auschwitz 19.05.-21.05.1944	Befreit am 08.05.1945 in Theresienstadt, TDB
61111 HUN	Kleinmann, Sidonia [Szidonia]	19.09.1921 19.11.1921 Mukacevo	Befreit am 08.05.1945 in Theresienstadt, TDB
61112 HUN	Klein, Etel [Eta]	18.04.1921 18.04.1919 Bodrogkeresztur	Befreit am 08.05.1945 in Theresienstadt, TDB
61113 HUN	Klein, Ilona	07.01.1922 Bodrogolaszi	Befreit am 08.05.1945 in Theresienstadt, TDB
61114 HUN	Klein, Jolan	08.03.1921 08.03.1922 Bodrogkeresztur	Befreit am 08.05.1945 in Theresienstadt, TDB
61115 HUN	Klein, Kato	08.07.1928 [‚08.07.1925'’] Kocsord	Befreit am 08.05.1945 in Theresienstadt, TDB
61116 POL	Kleinmutz, [‚Kleinmintz’] Hinda [Hinja] [>Helen Starkman] **AuNo:: A-?????**	11.05.1924 Tarnobrzeg Stacharowice Auschwitz	Befreit am 08.05.1945 in Theresienstadt, TDB, SVHF 451
61117 POL	Klipstein, Dina	15.01.1923 15.01.1921 Melitopol Krakau-Plaszow	Befreit am 08.05.1945 in Theresienstadt, TDB Kennkarte 8497 05.03.1941 Krakau
61118 HOL	Kloster [Klooster] Eva [Helene] **AuNo.:** [A-25060 - A-25271]	21.05.1913 Westerbork Auschwitz 03.09.-05.09.1944	Befreit am 08.05.1945 in Theresienstadt, TDB
61119 HUN	Kohn, Ilona		**Identität ungeklärt** Befreit am 08.05.1945 in Theresienstadt, TDB, vgl. Ica & Ibolya

61120 JUG	Kohn, Ljuba	29.01.1903 Zagreb 29.01.1913	Befreit am 08.05.1945 in Theresienstadt, TDB
61121 HUN	Kohn, Margit **AuNo.: A-11500**	04.01.1904 Ocs [‚04.01.1910'] [AuNo.: 25.07.44]	Befreit am 08.05.1945 in Theresienstadt, TDB
61122 SLO	Kohn, [Cohnová] Rosa [Ruzena]	18.10.1888 ['15.10.1896'] Dunaszerdahely	Befreit am 08.05.1945 in Theresienstadt, TDB
61123 HUN	Kohn, Sidonia [Szidonia]	18.08.1910 Szimö	Befreit am 08.05.1945 in Theresienstadt, TDB
61124 POL	Kollerstein, [Kolerstein] Perla	26.10.1914 28.10.1918 Tomaszów	Befreit am 08.05.1945 in Theresienstadt, TDB
61125 POL	Koperwas, Ryfka [Rifka]	15.03.1930 ['10.06.1923'] Wolanów	Befreit am 08.05.1945 in Theresienstadt, TDB, JA 38171
61126 POL	Kornhauser, Fela [Felicia]	03.05.1921 Krakau 02.05.1921	Befreit am 08.05.1945 in Theresienstadt, TDB, JA 38466
61127 POL	Kornhauser, Rachela	28.04.1919 Krakau	Befreit am 08.05.1945 in Theresienstadt, TDB, JA 38471
61128 HOL	Koster, *Hartog Helena **AuNo.:** [A-25060 - A-25271]	13.08.1909 Rotterdam Westerbork Auschwitz 03.09.-05.09.1944	Befreit am 08.05.1945 in Theresienstadt, TDB
61129 HUN	Kraus, [Krausz] Hermina	02.01.1915 05.01.1919 Nyirbator	Befreit am 08.05.1945 in Theresienstadt, TDB
61130 HUN	Kraus, [Krausz] Margit	15.04.1923 [‚15.04.1920'] Mukacevo	Befreit am 08.05.1945 in Theresienstadt, TDB
61131 HUN	Kraus, Seren	11.01.1911	**Schicksal ungeklärt**
61132 POL	Krebs, Mandelbaum Hella [Hela]	09.10.1917 23.10.1917 Przemysl	Befreit am 08.05.1945 in Theresienstadt, TDB
61133 HUN	Kupfer, Regina	21.06.1918 08.12.1918 Marosheviz	Befreit am 08.05.1945 in Theresienstadt, TDB

61134 HUN	Kwint, Ester [Magda]	18.04.1928 Svalava	Befreit am 08.05.1945 in Theresienstadt, TDB
61135 HUN	Kwinter, [Kvitner] Jolan	08.12.1918 Dombó	Befreit am 08.05.1945 in Theresienstadt, TDB
61136 FRA	Laskar [Lackar], [Lachkar] Ivette [Marie] [>Yvette Patino] **AuNo.: A-55??**	12.10.1928 Algerie [Ghazaouet] Drancy 74 Auschwitz 20.05.-23.05.1944	Befreit am 08.05.1945 in Theresienstadt, TDB, SVHF 7222
61137 HUN	Lampel, Iboly	06.08.1909 Nagykároly	Befreit am 08.05.1945 in Theresienstadt, TDB
61138 POL	Landau, *Fuchs Friederike [>Fryderyka Hojda] F: Tochter v. 60997 F: Schwester v. 60994 **AuNo.: A-9100**	15.05.1916 Krakau A: Wola Duchacka, Krakauerstr. Dep.: Krakau Plaszow-Auschwitz	Befreit am 08.05.1945 in Theresienstadt, TDB, SVHF 34806 Kennkarte 1257-1508 02/1941
61139 HUN	Landesmann, Iren	10.04.1913 10.03.1913 Budapest	Befreit am 08.05.1945 in Theresienstadt, TDB
61140 SLO	Lang, Olga	04.03.1904 Trnava 04.03.1906	Befreit am 08.05.1945 in Theresienstadt, TDB
61141 HUN	Lazarovitz, Ilonka [>Weizel] [>Leah Vizel] **AuNo.:**	14.08.1927 Toplita [‚14.08.1924'] Rghin-Auschwitz	Befreit am 08.05.1945 in Theresienstadt, SVHF 45325
61142 HUN	Leb, *Fried Rosa [Ernöne]	09.07.1918 Notszumkut	Befreit am 08.05.1945 in Theresienstadt, TDB
61143 HUN	Lebovic, [Lebovics] Seren [Serin]	20.03.1909 Szerensfolvo	Befreit am 08.05.1945 in Theresienstadt, TDB
61144 HUN	Leifert, [Leifer] Risczi [Roszi]	13.12.1918 Szatmar Németi	Befreit am 08.05.1945 in Theresienstadt, TDB
61145 HUN	Lengyel, Anna	23.03.1912 Debrecen	Befreit am 08.05.1945 in Theresienstadt, TDB
61146 FRA	Leppien, ['Leppine'] *Ney Suzanne **AuNo.**: [80569-80659]	21.12.1907 Drancy 72 Auschwitz 29.04.-01.05.1944	Befreit am 08.05.1945 bei Frankenberg nach Flucht aus Zug „Tagebuch" vgl. Spingarn S.73ff, 170ff.

61147 POL	Lerner, Salomea [Salome]	02.02.1905 Tarnów	Befreit am 08.05.1945 in Theresienstadt, TDB
61148 POL	Lew, [Löw] [Lubel] Dwegea [Dwejra]	05.05.1914 Kolno ['05.05.1920']	Befreit am 08.05.1945 in Theresienstadt, TDB
61149 HUN	Liberman, [Liebermann] Adela [Adel]	31.05.1921 Krasna 30.05.1921	Befreit am 08.05.1945 in Theresienstadt, TDB
61150 HUN	Lichtenstein, Jeruchith? Piroska	08.11.1924 Klastomalja	Befreit am 08.05.1945 in Theresienstadt, TDB
61151 HUN	Liditte, [Lidith] Elisabeth	02.08.1903 01.08.1903 Nagykanizsa	Befreit am 08.05.1945 in Theresienstadt, TDB
61152 HUN	Liebermann, Edith [Edit]	17.12.1919 Kraszna	Befreit am 08.05.1945 in Theresienstadt, TDB
61153 HUN	Liebermann, Magda [Anna]	27.06.1927 Cluj [,27.06.1925']	Befreit am 08.05.1945 in Theresienstadt, TDB
61154 POL	Lipszycz, [Lipschitz] Estera	24.11.1912 Tomaszów Mazowiecki	Befreit am 08.05.1945 in Theresienstadt, TDB
61155 HUN	Löwy, Bella	24.03.1924 24.08.1924 Satmarnemeti	Befreit am 08.05.1945 in Theresienstadt, TDB
61156 HUN	Löwy, Frieda [Frida]	10.03.1923 Szatmar Németi	Befreit am 08.05.1945 in Theresienstadt, TDB
61157 HUN	Löwy, Hermina	16.09.1929 ['16.09.1926'] Szatmar Németi	Befreit am 08.05.1945 in Theresienstadt, TDB
61158 HUN	Löwy, Szeren	10.03.1921 03.10.1921 Satu Mare	Befreit am 08.05.1945 in Theresienstadt, TDB
61159 POL	Lütenberg, Sisza	18.08.1925	Befreit am 08.05.1945 Vgl. SVHF 12667 Vgl. Wilischthal 58941
61160 HUN	Malek, Etus [Eta]	16.07.1927 ['16.06.1917'] Budapest	Befreit am 08.05.1945 in Theresienstadt, TDB

61161 POL	Maltenfort, Chaja [Helena] [Chaya Nicha (Micha) Maltenfort] [*Bienenfeld]	02.12.1912 Tarnów 22.12.1912 [22.12.1905 Chrzanow Dep.: Krakau]	Befreit am 08.05.1945 in Theresienstadt, TDB [Kennkarte 7000]
61162 SLO	Mandel, Emma	20.12.1901 [‚20.10.1904'[Dunaszerdahely	Befreit am 08.05.1945 in Theresienstadt, TDB
61163 HUN	Mandel, Laufer Ilona	28.05.1904 Gyönkös	Befreit am 08.05.1945 in Theresienstadt, TDB
61164 HUN	Mandel, Neufeld Katalin [Kato]	23.09.1913 23.09.1915 Gyöngyös	Befreit am 08.05.1945 in Theresienstadt, TDB
61165 HUN	Markovicz, [Markovits] Lilly [Lilli]	21.08,.1928 ['21.08.1926'] Aranyos-Megyes	Befreit am 08.05.1945 in Theresienstadt, TDB
61166 HUN	Matyas, [Matjas] Paula [>Pesia Bodner] **AuNo.: A-????[?]**	08.03.1928 ['27.03.1927'] Szilagy Somlyo Simleul-Silvaniei Ceheiu-Auschwitz	Befreit am 08.05.1945 in Theresienstadt, TDB, SVHF 40266
61167 HUN	Maurer, Sarolta	27.03.1903	**Schicksal ungeklärt**
61168 FRA	Mayokas, [Mejolas] Rachela [Rachel] **AuNo.: A-8648**	06.04.1929 Paris Drancy 76 Auschwitz 30.06.-04.07.1944	Befreit am 08.05.1945 in Theresienstadt, TDB
61169 HUN	Mechlowits, [‚Mechlosvic'] Hajnal [‚Hajna']	01.07.1928 Bilke ['01.07.1926']	Befreit am 08.05.1945 in Theresienstadt, TDB
61170 HUN	Mechlowits ['Mechlovic'], Rosi [Rosa]	13.02.1924 Bilke	Befreit am 08.05.1945 in Theresienstadt, TDB
61171 CZE POL	Meinhart, [*Gross ?] Frieda [Frida] [B: Schneiderin ?] [Lagerälteste]	06.12.1915 06.12.1908 [?] Ungarisch Brod [?] A: Pychowice 50 Dep.: Krakau [?]	**Schicksal ungeklärt** **Identität unbestätigt** Wahrscheinlich aus dem Zug geflohen USHMM „Distrikt" [?]
61172 HUN	Meisels, Blanka	08.09.1912 Dombó 08.09.1913	Befreit am 08.05.1945 in Theresienstadt, TDB

61173 FRA	Meltzer, [Melitzer] Rosa **AuNo. : A-8649**	02.10.1923 Paris 22.10.1923 Drancy 76 Auschwitz 30.06.-04.07.1944	Befreit am 08.05.1945 in Theresienstadt, TDB
61174 HUN	Mermelstein, Ewa [>Eva Bogner] F: Schwester v. 61175 **AuNo.: A-21???**	12.08.1929 [‚12.08.1925'‌] Gyöngyös Hatvan-Auschwitz Plaszow-Auschwitz	Befreit am 08.05.1945 in Theresienstadt, TDB Vgl. SVHF 11962
61175 HUN	Mermelstein, Klara [>Klara Kiss] F: Schwester v. 61174 **AuNo.: A-21254**	11.04.1919 Gyöngyös Hatvan-Auschwitz Plaszow-Auschwitz	Befreit am 08.05.1945 in Theresienstadt, TDB, SVHF 11962
61176 HUN	Mermelstein, Margit	02.07.1928 [‚02.06.1926'] Bereznik	Befreit am 08.05.1945 in Theresienstadt, TDB
61177 HUN	Mermelstein, Sara	22.09.1927	**Schicksal ungeklärt**
61178 HUN	Mermelstein, Theresia [Terezia]	25.01.1922 25.05.1922 Bereznik	Befreit am 08.05.1945 in Theresienstadt, TDB
61179 ITA	Mieli, Erneste [Ernesta] AuNo.: [A-5345 bis A-5414]	04.03.1923 Rom Fossoli-Auschwitz 16.05.1944 [AuNo.:23.05.44]	Befreit am 08.05.1945 in Theresienstadt, TDB
61180 HUN	Mittelmann, Etel	02.09.1927 Contos 02.09.1926	Befreit am 08.05.1945 in Theresienstadt, TDB
61181 POL	Morgenbesser, Gitel [Gittel]	23.06.1913 Krakau	Befreit am 08.05.1945 in Theresienstadt, TDB
61182 GRE	Mosche, Lena	1918	**Schicksal ungeklärt Identität ungeklärt**
61183 HUN	Moskovic, [Moskovitz] Etel	25.03.1908 Ivani 25.03.1910	Befreit am 08.05.1945 in Theresienstadt, TDB
61184 HUN	Moskovic,[Moskowits] Malvin	02.09.1929 Zuko ['02.09.1926']	Befreit am 08.05.1945 in Theresienstadt, TDB
61185 HUN	Moskovic,[Moskowits] Seren	12.10.1930 Zuko [‚12.10.1928']	Befreit am 08.05.1945 in Theresienstadt, TDB

61186 **‚SLO'** **HUN**	Moskovies, Agnes	14.06.1929 Budapest ['18.04.1908'] Sárvár-Auschwitz	Befreit am 08.05.1945 in Theresienstadt, TDB DEGOB 1807
61187 **HUN**	Müller, Rozsi [Rosa]	15.03.1924 ['15.12.1920'] Mukacevo	Befreit am 08.05.1945 in Theresienstadt, TDB
61188 **POL**	Najman, [Neumann] Hana	14.04.1907 Radom	Befreit am 08.05.1945 in Theresienstadt, TDB
61189 **FRA**	Naudin, *Israel Jaqueline [Jacqueline] **AuNo.:** [78560-78782]	05.11.1922 Luneville A : 26 avenue des Vosges, Lunéville Drancy 71 Auschwitz 13.04.-16.04.1945	Befreit Ort unbekannt Wohl aus dem Zug geflohen Vgl. Spingarn Vgl. Georg Dreyfuss USHMM, Geneanet: [Kinderfoto mit kleiner Schwester Andrée] Starb: November 2009 Beerdigt: Lunéville
61190 **SLO**	Nejgebauer, Else	10.08.1908	**Starb im März 1945** **in Zschopau** Abmeldung: 20.03.1945
61191 **HUN**	Neufeld, Ida	01.04.1919	**Schicksal ungeklärt**
61192 **JUG**	Neumann, Franziska [Fanny]	16.18.1912 16.12.1912 Hlapicina	Befreit am 08.05.1945 in Theresienstadt, TDB
61193 **HUN**	Neuwirth, Ilona	31.10.1905 ['31.10.1912'] Tiszalök	Befreit am 08.05.1945 in Theresienstadt, TDB
61194 **HUN**	Nussbecher, [Nussbacher] Cilli [>Cecilie Roth]	05.05.1924 Sonbottelke SasregenAuschwitz Plaszow-Auschwitz	Befreit am 08.05.1945 in Theresienstadt, TDB, Vgl. Barch B162/3854 S.220
61195 **HUN**	Nussbecher, [Nussbacher] Sidi [>Sidonia Baruch]	23.05.1926 23.05.16 Sambolen [01.06.1944] SasregenAuschwitz Plaszow-Auschwitz	Befreit am 08.05.1945 in Theresienstadt, TDB, Barch B162/3854 S.220
61196 **HUN**	Oberländer, Aranka [>Aranka Neumann] F: Schwester v. 61197 F: Schwester v. 61198	01.11.1917 01.11.1918 St. Miklos Podhering Auschwitz	Befreit am 08.05.1945 in Theresienstadt, TDB Barch B162/3854 S.141

61197 HUN	Oberländer, Helen [Helene] [>Hela Schächter] F: Schwester v. 61196 F: Schwester v. 61198	01.04.1913 01.04.1916 St. Miklos Podhering Auschwitz	Befreit am 08.05.1945 in Theresienstadt, TDB Barch B162/3854 S.218 [Sortierkommando]
61198 HUN	Oberländer, Jolan [>Jolan S. Holländer] F: Schwester v. 61196 F: Schwester v. 61197	02.10.11 Cinadevo 02.10.1915 St. Miklos Podhering Auschwitz	Befreit am 08.05.1945 in Theresienstadt, TDB Barch B162/3854 S.141
61199 HUN	Odze, Gitta	13.03.1913 Boled	Befreit am 08.05.1945 in Theresienstadt, TDB
61200 FRA	Oplatkowa, [Oplatka] *Payen Karolina [Caroline] **AuNo.:** [76162-76309]	15.04.1902 Berlin 17.05.1902 Drancy 70 Auschwitz 27.03.-30.03.1944	Befreit am 08.05.1945 in Theresienstadt, TDB
61201 HUN	Orgel, Anna	26.04.1926 ['12.04.1923'] Szilagy Somlyo	Befreit am 08.05.1945 in Theresienstadt, TDB
61202 HUN	Orgel, Szeren [Serene]	27.04.1924 Szilagy Somlyo	Befreit am 08.05.1945 in Theresienstadt, TDB
61203 HUN	Ormosz, [Ormos] Ilona	25.06.1908 ['06.05.1915'] Uzhorod	Befreit am 08.05.1945 in Theresienstadt, TDB, DKW-Magazin: „Scheinwerfer"
61204 GRE	Osmo, [Ozma] Leonore [Eleonore] [AuNo.: A-8358 ? 55?]	16.05.1923 Korfu ['1920'] 'Golfu'	Befreit am 08.05.1945 in Theresienstadt, TDB
61205 HUN	Pasternak, Manci 'Monsi'	10.10.1915 10.12.1918 Közep Visö	Befreit am 08.05.1945 in Theresienstadt, TDB
61206 POL	Pejletovits, [Pejletowicz] Bina [Dina]	10.10.1922 15.10.1922 Bialystok	Befreit am 08.05.1945 in Theresienstadt, TDB
61207 HUN	Pickel, Erszi	10.07.1916	**Schicksal ungeklärt**
61208 HOL	Pollak, *Lisser Katerina [Catharina] **AuNo.:** [76534-76600]	28.12.1900 Amsterdam Westerbork Auschwitz 05.04.-07.04.1944	Befreit am 08.05.1945 in Theresienstadt, TDB

61209 HUN	Preiss, Blanka	21.06.1907 Zadenova	Befreit am 08.05.1945 in Theresienstadt, TDB
61210 HUN	Preiss, [Weiss] Helen	10.10.1911 12.10.1911 Beregsari	Befreit am 08.05.1945 in Theresienstadt, TDB
61211 HUN	Pressler, [Bresler] Magdalena	20.07.1916 Kisberezno	Befreit am 08.05.1945 in Theresienstadt, TDB
61212 HUN	Propper, Helen [Ilona] [>Chaja Schajovits]	09.02.1926 Dolha [Dowhoje] Auschwitz 05/1944	Befreit am 08.05.1945 in Theresienstadt, TDB, Barch B162/3854 S.248
61213 HUN	Rabenstein, Kato	01.11.1924 Csepe	Befreit am 08.05.1945 in Theresienstadt, TDB
61214 HUN	Reichmann, Josi [Rozsi]	15.11.1906 Mátészalka	Befreit am 08.05.1945 in Theresienstadt, TDB
61215 HUN	Rein, Magda [>Magda Reich] [>Magda Dunn] [>Magda Cox] **AuNo.: A-13?0?**	07.06.1927 Satoraljaujhely Auschwitz	Befreit am 08.05.1945 in Theresienstadt, TDB , SVHF 37619 [A-13204?] Foto: www.ushmm.org
61216 HUN	Reiner, Olga	21.08.1904 31.07.1904 Gyöngyös	Befreit am 08.05.1945 in Theresienstadt, TDB
61217 HUN	Reis, Aranka	18.04.1898 Bratislava	Befreit am 08.05.1945 in Theresienstadt, TDB
61218 POL	Ribak, [Rybak] *Schwarzbart Sabina **AuNo.: A-24853**	25.10.1902 ['25.10.1910'] Balabanówka	Befreit am 08.05.1945 in Theresienstadt, TDB Barch B162/3854 S.214 ES/A 10789 (0)
61219 POL	Ring, [Rink] Rosa	12.03.1895 Krakau [‚12.03.1901']	Befreit am 08.05.1945 in Theresienstadt, TDB
61220 POL	Ringelheim, [Ringenheim] Amalia	06.09.1915 06.03.1914 Krakau 06.03.1915 Marienbad Krakau Plaszow-Auschwitz	Befreit am 08.05.1945 in Theresienstadt, TDB Kennkarte 3574 18.02.1941 Krakau
61221 HUN	Robinak, Wekker Jolan [Joza]	11.09.1900 11.09.1904 Nagykanizsa	Befreit am 08.05.1945 in Theresienstadt, TDB

61222 ITA	Romanin, Janka [Bianca] **AuNo.: 76837** [Foto: Spingarn S.72]	18.01.1907 Fossoli-Auschwitz 05.04.-10.04.1944	Befreit am 08.05.1945 in Zschopau nach Flucht im Versteck Starb: 2003
61223 HUN	Rona, Nádel Elisabeth [Erszébeth]	07.07.1924 Alsonémeti	Befreit am 08.05.1945 in Theresienstadt, TDB
61224 POL	Roseman, [Rosemann] Luba	16.05.1928 16.03.1927 Staszów	Befreit am 08.05.1945 in Theresienstadt, TDB
61225 POL	Rosenberg, Hermina [Hermine] F: vgl. 61227 B: Damenschneiderin	05.07.1916 Zawoja 05.07.1918 Dep.: Krakau [A: Prokocim: Schlossallee]	Befreit am 08.05.1945 in Theresienstadt, TDB, USHMM „Distrikt“
61226 HUN	Rosenberg, *Lewin, Zaeni	01.06.1903 Oroszvég	Befreit am 08.05.1945 in Theresienstadt, TDB
61227 POL	Rosenberg, Malwin [Malwine] F: vgl. 61225 B: Modistingeselle, Hutmacherin	02.01.1915 Zawoja 02.01.1917 Dep.: Krakau [A: Prokocim: Schlossallee]	Befreit am 08.05.1945 in Theresienstadt, TDB, USHMM „Distrikt“
61228 POL	Rosenblum, Manci [Minza]	05.05.1910 20.05.1912 Piotrków	Befreit am 08.05.1945 in Theresienstadt, TDB
61229 POL	Rosenblut, (Rosenblit) Chawa (Hana)	14.11.1918 Przytyk [1921] Wolanów	Befreit am 08.05.1945 in Theresienstadt, TDB
61230 HUN	Rosenfeld, Fischer Alise [Alice]	08.05.1903 Mád 08.05.1908	Befreit am 08.05.1945 in Theresienstadt, TDB
61231 HUN	Rosenfeld, [Rosenberg?] Maria	08.10.1914 [10.08.1914 [?] Marmarossziget ?]	**Schicksal ungeklärt** Vgl. KZ Wilischthal ? Befreit i. Theresienstadt
61232 HUN	Rosenfeld, Roszi [Rosa]	01.10.1923 Zenta ['01.10.1920']	Befreit am 08.05.1945 in Theresienstadt, TDB
61233 POL	Rosenstein, Sala [Sara]	06.06.1906 Krakau ['06.06.1909]	Befreit am 08.05.1945 in Theresienstadt, TDB
61234 POL	Rosenwasser, Sonia [Tonia]	01.06.1922 ['01.06.1920'] Nowy Wilnicz	Befreit am 08.05.1945 in Theresienstadt, TDB

61235 HUN	Rosenzweig, Therese [Terez]	26.05.1922 Silag Kemer	Befreit am 08.05.1945 in Theresienstadt, TDB
61236 POL	Rosner, Regina	01.11.1910	**Schicksal ungeklärt**
61237 HUN	Roth, ['Rotg'] Marischka [Maruschka]	18.01.1911 18.08.1912 Früggesfolvo	Befreit am 08.05.1945 in Theresienstadt, TDB
61238 HUN	Roth, Alice	26.05.1926 25.06.1926 Michalovce	Befreit am 08.05.1945 in Theresienstadt, TDB
61239 HUN	Roth, Iren	25.08.1917 Michalovce	Befreit am 08.05.1945 in Theresienstadt, TDB
61240 HUN	Roth, Irene	21.01.1929 ['21.01.1926'] Kajdano	Befreit am 08.05.1945 in Theresienstadt, TDB
61241 POL	Rubinstein, Anna	12.08.1924 Radom 12.08.1923	Befreit am 08.05.1945 in Theresienstadt, TDB
61242 POL	Rubinstein, Fela	01.05.1927 Radom [,01.06.1924']	Befreit am 08.05.1945 in Theresienstadt, TDB
61243 HUN	Rona [,Runo'], Barbar [Borbále]	29.08.1914 Ujpest 29.09.1914	Befreit am 08.05.1945 in Theresienstadt, TDB
61244 HOL	Ruthenberg, *Stern Emma [Emi] AuNo.: [A-5242 bis A-5341]	14.02.1906 16.08.1906 Lippstadt Westerbork Auschwitz 19.05.-21.05.1944	Befreit am 08.05.1945 in Theresienstadt, TDB
61245 POL	Rywan, Rosalia [Rajzla] [B: Krankenschwester]	01.05.1910 [01.05.1898 Lask] Radom Starokrakowska 48	**Schicksal ungeklärt** List of Ghetto inmates YV Item: 6809173 Jewish Agency
61246 POL	Sachaczewska, [Sochaczewska] Ida [Tola]	23.02.1916 Lodz 23.12.1916	Befreit am 08.05.1945 in Theresienstadt, TDB
61247 POL	Sak, Chaja	01.07.1916 Konstantynów	Befreit am 08.05.1945 in Theresienstadt, TDB
61248 GRE	Sakkies, [Sakki] Lina	27.07.1928 Athen	Befreit am 08.05.1945 in Theresienstadt, TDB

61249 SLO	Salamon, Amalie [Malczi]	01.11.1919 01.12.1919 Burskiswati [01.12.1911 ? Liptovsky Svaty Mikulas A: Zidovska 30 Bratislava]	Befreit am 08.05.1945 in Theresienstadt, TDB [USHMM: Slovak census data]
61250 HUN	Salamon, [Salomon] Erzsebeth [Elisabeth]	19.04.1928 20.09.1928? Nyirbököny	Befreit am 08.05.1945 in Theresienstadt, TDB
61251 HUN	Sauber, Margit	22.03.1922 Magyar Lapos	Befreit am 08.05.1945 in Theresienstadt, TDB
61252 POL	Sawczijc, [Sawczyc] Ida F: Tante v. 61271 **AuNo.: A-15797**	13.07.1912 ['13.07.1915'] Bialystok Blizyn-Auschwitz 31.07.1944	Befreit am 08.05.1945 in Theresienstadt, TDB Vgl. Mira Sokolwska
61253 POL	Seidenweber, Gitta [Jita]	12.07.1904 Radom 13.07.1907	Befreit am 08.05.1945 in Theresienstadt, TDB
61254 POL	Seifmann, [Zaifman] Adela [>Adela Fuchs] [>Adela Becher] **AuNo.: A-?????**	10.05.1918 Radom 10.05.1920 28.10.1923 Radom Radom-Szkolna	Befreit am 08.05.1945 in Theresienstadt, TDB, SVHF 37975 ‚Sachsenhausen'
61255 HUN	Seiman, [Scheman] Aranka [>Goldie Rosenbaum] **AuNo.: A-20001 ?** **A-10601 ?**	22.02.1922 Komlos 09.11.1922 09.11.1925 Chmelnik Mukacevo Auschwitz-Krakau Plaszow-Auschwtz	Befreit am 08.05.1945 in Theresienstadt, TDB SVHF 13593 Starb: 30.01.2011 Denver, Colorado
61256 POL	Selinger, *Singer Helena	01.01.1909 Dabrowa	Befreit am 08.05.1945 in Theresienstadt, TDB
61257 GRE	Semo, [Semu] Szula [Kulla]	05.11.1927 Volo [05.02.1924]	Befreit am 08.05.1945 in Theresienstadt, TDB
61258 HUN	Sijowicz, [Siovits] Fogi [Fanny]	04.01.1920 Tecsön	Befreit am 08.05.1945 in Theresienstadt, TDB
61259 HUN	Silbermann, Edith	28.03.1923 Ujfeherto	Befreit am 08.05.1945 in Theresienstadt, TDB

61260 HUN	Silbermann, Katalin	28.01.1927 Ujfeherto	Befreit am 08.05.1945 in Theresienstadt, TDB
61261 HUN	Silbermann, Olga	28.05.1925 Ujfeherto	Befreit am 08.05.1945 in Theresienstadt, TDB
61262 HUN	Silberstein, Iren [Seren]	28.12.1906 28.12.1913 Békécsaba	Befreit am 08.05.1945 in Theresienstadt, TDB
61263 HUN	Simon, Gizella	15.04.1927 07.12.1920? Hidalmás	Befreit am 08.05.1945 in Theresienstadt, TDB
61264 HUN	Simon, Maria	24.05.1922 Hidalmás	Befreit am 08.05.1945 in Theresienstadt, TDB
61265 HUN	Simsovies, Salzberger Margit	08.10.1912 Mukacevo	Befreit am 08.05.1945 in Theresienstadt, TDB
61266 HUN	Singer, Martha [Márta]	07.07.1926 08.06.1926 Kispest	Befreit am 08.05.1945 in Theresienstadt, TDB
61267 BEL	Slabatski, [Slabotzky] Henriette **AuNo.: 76718**	18.06.1912 Brüssel Mechelen XXIV Auschwitz 04.04.-07.04.1944	Befreit am 08.05.1945 in Theresienstadt, TDB
61268 POL	Slissle, [Schlüssel] Gizela	21.05.1917 Tarnów 25.05.1918	Befreit am 08.05.1945 in Theresienstadt, TDB
61269 HUN	Smojovic, [Smajovits] Lea [Feigl] **AuNo.: A-12199**	05.07.1926 Dombó [‚05.07.1922'] Técsö-Auschwitz [AuNo.:26.07.44]	Befreit am 08.05.1945 in Theresienstadt, TDB, DEGOB 1277
61270 POL	Sohn, [Sonn?] Sara [Sarah?]	11.03.1914 [Lemberg?]	**Starb in Zschopau am 25.12.1944** Abmeldung: 03.01.1945 Vgl. F17
61271 POL	Sokolowska, *Bekker Mira F: Nichte v. 61252 [>Szalmuk] **AuNo.: A-15798**	13.12.1928 Bialystok Blizyn-Auschwitz 31.07.1944	Befreit am 08.05.1945 in Theresienstadt SVHF 31474 Autobiografie: From Tragedy to Triumph
61272 FRA	Sommer, Freida (Rita) [Frieda] **AuNo.:** [76162-76309] [Model vgl. Spingarn 69f.]	08.11.1903 Hamburg Drancy 70 Auschwitz 27.03.-30.03.1944	Befreit, Ort ungeklärt Aus dem Zug geflohen, Vgl. Spingarn S.180f. [Irène Michine:Le grand livre des Témoins 141]

61273 **ITA**	Sonnino, ['Sonmia'] Fortunata **AuNo.: A-5395**	31.01.1922 Rom Fossoli-Auschwitz 16.05.1944 [AuNo.: 23.05.44]	Befreit am 08.05.1945 in Theresienstadt, TDB, PiFa 593 Repatriiert: 31.08.1945
61274 **RD**	Sonnenfeld, Susi [Susanna]	02.06.1926 Poznan	Befreit am 08.05.1945 in Theresienstadt, TDB
61275 **HUN**	Spiegel, [,Spiegle'] Vera	04.01.1922 Györ 04.11.1922	Befreit am 08.05.1945 in Theresienstadt, TDB
61276 **FRA**	Spingarn, Odette **AuNo.: 78769**	14.02.1925 Drancy 71 Auschwitz 13.04.-16.04.1944	Befreit in Zschopau im Versteck nach Flucht Autobiografie: J'ai sauté du train [u.a.]
61277 **HUN**	Spitz [,Spirtz'], Erzsebeth [Elisabeth]	01.06.1923 Irny	Befreit am 08.05.1945 in Theresienstadt, TDB
61278 **HUN**	Spitz, Ibolya	10.08.1924 Irny 30.08.1924	Befreit am 08.05.1945 in Theresienstadt, TDB
61279 **HUN**	Szegö, Elisabeth [Erzsi]	02.09.1902 30.09.1904 Rijeka	Befreit am 08.05.1945 in Theresienstadt, TDB
61280 **HUN**	Szigeto, [Szigeti] ,Magolna' Magdalena	20.08.1908 Csány 20.07.1910	Befreit am 08.05.1945 in Theresienstadt, TDB
61281 **HUN**	Schapira, Stella	09.03.1928 09.03.1927 Cernovic	Befreit am 08.05.1945 in Theresienstadt, TDB
61282 **HUN**	Scheimann, [Scheimann] Amalia	17.03.1909 Marmarossziget	Befreit am 08.05.1945 in Theresienstadt, TDB
61283 **POL**	Schlanger, Helena [Rahel Helene]	28.06.1923 Düsseldorf	Befreit am 08.05.1945 in Theresienstadt, TDB, DP-Deggendorf PR: Hamburg
61284 **HUN**	Schlosser, [Schlasser] Jolan	27.04.1909 Senez	Befreit am 08.05.1945 in Theresienstadt, TDB
61285 **POL**	Schnitzer, Antonia [Antonina] F: Tochter v. 61286	09.05.1929 Krakau ['09.05.1925'] Nowy Sacz A: Krakau, Chodkiewicza 24 Dep.: Krakau Plaszow-Auschwitz	Befreit am 08.05.1945 in Theresienstadt, TDB Kennkarte 5401-5692 02/1941 A: 03.09.1940 Krakau

61286 POL	Schnitzer, *Dortheimer Helena F: Mutter v. 61285 B: Trikotagearbeiterin B: Strickerin	27.09.1907 27.09.1912 Nowy Sacz Neu Sandez A: Czyzyny 170 Dep.: Krakau Plaszow-Auschwitz	Befreit am 08.05.1945 in Theresienstadt, TDB Kennkarte 5572 22.02.1941, USHMM „Distrikt“
61287 HUN	Schönfeld, Cilly [Cäcilie]	01.12.1918 Brusturo	Befreit am 08.05.1945 in Theresienstadt, TDB
61288 HUN	Schwartz, [Schwarz] Lenke	26.06.1905 36.07.1905 Mukacevo	Befreit am 08.05.1945 in Theresienstadt, TDB
61289 HUN	Schwarz, [Schwartz] Emma [>Emilia Rizel]	18.09.1926 [15.09.1926] Negresti Satu Mare Auschwitz	Befreit am 08.05.1945 in Theresienstadt, TDB, SVHF 14093
61290 HUN	Schwarz, Eva [Daisy]	20.11.1923 Budapest	Befreit am 08.05.1945 in Theresienstadt, TDB
61291 HUN	Schwarz, Helena [Ilona]	16.09.1897 16.09.1904 Rakospalota	Befreit am 08.05.1945 in Theresienstadt, TDB
61292 HUN	Schwarz, Julia [Julie]	22.10.1924 Beregsom	Befreit am 08.05.1945 in Theresienstadt, TDB
61293 POL	Schwimmer, *Niehaus [Szwimer][Edelbaum] Estera [Ester]	03.05.1894 03.05.1905 Sosnowiec Plaszow-Tarnow Plaszow-Auschwitz	Befreit am 08.05.1945 in Theresienstadt, TDB Barch B162/3854 S.152 Kennkarte 12827
61294 HUN	Schwimmer, Anna	25.11.1913 Wellendorf	Befreit am 08.05.1945 in Theresienstadt, TDB
61295 HUN	Schwimmer, Edith [Irene]	05.08.1926 [‚05.08.1921’] Mukacevo	Befreit am 08.05.1945 in Theresienstadt, TDB
61296 HUN	Schwimmer, Sidonia [>Sidonia Bein- Weinberger] **AuNo.:**	05.12.1922 [‚05.12.1917’] Mukacevo Auschwitz-Plaszow Auschwitz	Befreit am 08.05.1945 in Theresienstadt, TDB, SVHF 33583

61297 HUN	Schwimmer, Sidonia [>Sidonia Natansohn] **AuNo.: A-2????**	12.03.1929 ['12.03.1927'] Mukacevo Kosice-Krakau Plaszow-Auschwitz	Befreit am 08.05.1945 in Theresienstadt, TDB, SVHF 17435
61298 ITA	Stechler, ['Strehler'] Sara [Sally] **AuNo.:** [A-5345 bis A-5414]	01.12.1897 Busk Fossoli.Auschwitz 16.05.1944 [AuNo.:23.05.44]	Befreit am 08.05.1945 in Theresienstadt, TDB, PiFa 609
61299 HUN	Stein, Gerda	10.05.1927	**Schicksal ungeklärt**
61300 HUN	Steiner, Judith [>Judita Löwingerová] F: Schwester v. 61301 **AuNo.: A-24009**	18.10.1925 Kolta [,18.10.1920'] Surany-Komárom Auschwitz-Krakau Plaszow-Auschwitz	Befreit am 08.05.1945 in Theresienstadt, TDB, Vgl. SVHF 31005 Starb am 10.12.2003
61301 HUN	Steiner, Marta [Martha] [>M. Messingerová] F: Schwester v. 61300 **AuNo.: A-23938**	10.05.1924 Kolta Surany-Komárom Auschwitz-Krakau Plaszow-Auschwitz	Befreit am 08.05.1945 in Theresienstadt, TDB, SVHF 31005 Starb am 14.05.2012
61302 HUN	Steinmetz [Steinetz] Ester	05.04.1923 Szilagy Somlyo	Befreit am 08.05.1945 in Theresienstadt, TDB
61303 HUN	Stern, Agnes	01.06.1929 [,01.06.1925'] Nyiradony	Befreit am 08.05.1945 in Theresienstadt, TDB
61304 HUN	Stern, Ilona [Hana]	01.05.1922 Nyiradony	Befreit am 08.05.1945 in Theresienstadt, TDB
61305 HUN	Stern, Herz Katalin	13.03.1904 Gyöngyös	Befreit am 08.05.1945 in Theresienstadt, TDB
61306 HUN	Strulewicz, [Sztrulovits] Ester **AuNo.: 80464**	11.11.1923 Alsószelistye Kistarcsá Auschwitz 29.04.-02.05.1944	Befreit am 08.05.1945 in Theresienstadt, TDB, DEGOB 193
61307 HUN	Talblum, [Thalblum] Erzsebeth	26.07.1925 25.12.1928 Görgénjuvegcsur	Befreit am 08.05.1945 in Theresienstadt, TDB
61308 HUN	Talblum, [Thalblum] Helene	19.06.1922 19.01.1927 Görgénjuvegcsur	Befreit am 08.05.1945 in Theresienstadt, TDB

61309 POL	Tempelhof, [*Figatner] Regina F: Mutter von Lola *29.06.1931 ; Maryla *01.12.1938 F: Ehefrau von Jozef [‚Pempelhoff']	01.07.1907 Krakau [‚01.07.1910'] [01.05.1898 ?] [01.07.1898] Dep.: Krakau Plaszow-Auschwitz	Befreit am 08.05.1945 in Theresienstadt, TDB, Vgl. S. 129 W. Brand: Architecture of Crime [Heirat: 12.08.1928] Findbuchnummer 1486
61310 SLO	Tepliy, [Tepla] Martha [Marta]	11.09.1906 Nitra	Befreit am 08.05.1945 in Theresienstadt, TDB
61311 POL	Tuszner, [Tuschiner] Marilla [Maryla]	14.06.1914 14.05.1914 Piotrków	Befreit am 08.05.1945 in Theresienstadt, TDB
61312 HUN	Ungar, Sara	08.11.1904	**Schicksal ungeklärt**
61313 HUN	Vajda, Iren [Irene]	20.08.1902 Sajosenje	Befreit am 08.05.1945 in Theresienstadt, TDB
61314 HUN	Varlaki, Klara	03.11.1914 03.11.1915 Budapest	Befreit am 08.05.1945 in Theresienstadt, TDB
61315 ITA	Varon, *Asseo Rachel **AuNo.:** [A-8457 bis A-8507]	06.09.1898 Istanbul 09.08.1898 Milano Fossoli.Auschwitz 26.06.-30.06.1944	Befreit am 08.05.1945 in Theresienstadt, www.nomidellashoah.it PiFa, CDEC Repatriiert: 28.09.1945
61316 POL	Wąjnstok, [Weinstock] Dora	02.11.1928 Lodz 02.03.1927	Befreit am 08.05.1945 in Theresienstadt, TDB
61317 POL BEL	Van der Bik [Bick] ['Wander'], Berta [Berta Marta]	01.09.1919 01.10.1919 Nowy Sacz	Befreit am 08.05.1945 in Theresienstadt, TDB YV Testimony 1333
61318 HUN	Warmos, [Vanos] Jolan	02.08.1908 Budapest	Befreit am 08.05.1945 in Theresienstadt, TDB
61319 POL	Wasser, Cyla [Cela]	02.03.1914 Hurko b. Przemysl	Befreit am 08.05.1945 in Theresienstadt, TDB
61320 POL	Waynberger, [Weinberger] Frymeta [Frimeta]	25.05.1925 07.05.1925 Tomaszów Mazowiecki	Befreit am 08.05.1945 in Theresienstadt, TDB, USHMM Jewish Agency 61515
61321 POL	Weiblum, [Weitzblum] Regina	20.05.1908 Opatów	Befreit am 08.05.1945 in Theresienstadt, TDB

61322 **FRA**	Weil, Lucienne ['Lucine'] **AuNo.:** [78560-78782]	05.12.1898 Drancy 71 Auschwitz 13.04.-16.04.1944	Befreit, Ort unbekannt nach Flucht aus dem Zug Vgl. Spingarn S.159ff.
61323 **POL**	Weiler, Pola [Tola]	13.12.1912 Mosty Wielkie	Befreit am 08.05.1945 in Theresienstadt, TDB
61324 **HUN**	Weimann, Edith	12.09.1926 12.08.1926 Bodrogkeresztur	Befreit am 08.05.1945 in Theresienstadt, TDB
61325 **HUN**	Weinberger, Cata [>Katalin Klein] **AuNo.:**	03.12.1929 [,03.10.1926'] Pócspetri Nyiregyháza Auschwitz	Befreit am 08.05.1945 in Theresienstadt, TDB, SVHF 3854
61326 **POL**	Weinberger, Estera	15.01.1910 15.01.1915 Tomaszów Mazowiecki	Befreit am 08.05.1945 in Theresienstadt, TDB, Vgl. Jüdische Gemeinde Berlin 10879
61327 **HUN**	Weiner, Eva	04.01.1918 03.04.1918 Konszentmiklos	Befreit am 08.05.1945 in Theresienstadt, TDB
61328 **POL**	Weingarten, Fejga	22.04.1905 15.05.1905 Pjetlkov =Piotrkow	Befreit am 08.05.1945 in Theresienstadt, TDB, WJC
61329 **POL**	Weinger, [Wegner] Halina	23.12.1923 Warschau	Befreit am 08.05.1945 in Theresienstadt, TDB
61330 **FRA**	Weinrieb, Cecilie **AuNo.:** [76162-76309]	11.06.1905 Drancy 70 Auschwitz 27.03.-30.03.1944	Befreit am 08.05.1945 in Zschopau nach Flucht im Versteck Vgl. Spingarn S.74
61331 **HUN**	Weis, [Weisz] Bertha [Berta]	03.11.1909 Komjat	Befreit am 08.05.1945 in Theresienstadt, TDB
61332 **HUN**	Weismann, [Weiszmann] Klara	19.10.1928 Beled	Befreit am 08.05.1945 in Theresienstadt, TDB
61333 **POL**	Weiss, Anna	29.03.1910 ['29.03.1914'] Boryslaw	Befreit am 08.05.1945 in Theresienstadt, TDB
61334 **HUN**	Weiss, Anna	07.05.1925 Szatmarhegy	Befreit am 08.05.1945 in Theresienstadt, TDB

61335 HUN	Weiss, Dora	22.09.1920 Zadnya	Befreit am 08.05.1945 in Theresienstadt, TDB
61336 HUN	Weiss, [Weisz] Klara	07.07.1902 ['07.07.1910'] Budapest	Befreit am 08.05.1945 in Theresienstadt, TDB
61337 HUN	Weissberger, Borbala	01.10.1913 01.10.1914 Nagyrade	Befreit am 08.05.1945 in Theresienstadt, TDB
61338 POL	Weisz, Fela	09.05.1908 ['09.05.1911'] Borowa Góra	Befreit am 08.05.1945 in Theresienstadt, TDB
61339 HUN	Weisz, Iren	24.01.1927 Szilagy 27.01.1924	Befreit am 08.05.1945 in Theresienstadt, TDB
61340 POL	Wertheimer, ['Wetheimer'] Aranka [Hana]	08.10.1922 10.08.1922 Warschau	Befreit am 08.05.1945 in Theresienstadt, TDB
61341 HOL	Vischschraper, ['Wichschraper'] Elisabeth [Beppie] **AuNo.:** [A-5242 bis A-5341]	05.08.1913 Amsterdam Westerbork Auschwitz 19.05.-21.05.1944	Befreit 1945 Ort unbekannt Starb am 03.02.1987 in Amersfoort Vgl. dutchjewry.org
61342 POL	Wilcsek, [Wilczek] Renée [Renia]	15.05.1920 15.06.1921 Lodz	Befreit am 08.05.1945 in Theresienstadt, TDB
61343 JUG	Kiszely, ['Wisszelye'] Helene	13.07.1899 Zagreb	Befreit am 08.05.1945 in Theresienstadt, TDB
61344 HUN	Würtschafter, [Wirtschafter] Edith [>Edit Nogradi] F: Schwester v. 61345, 61346 **AuNo.: A-2????**	03.03.1921 Nyiregyháza Nyiregyháza-Auschwitz	Befreit am 08.05.1945 in Theresienstadt, TDB, Vgl. SVHF 51815
61345 HUN	Würtschafter, [Wirtschafter] Klara [>Dr. Laszlone Fuchs] [>Klára Surány] F: Schwester v. 61344, 61346 **AuNo.: A-2????**	21.11.1921 ['23.11.1923'] Nyiregyháza Nyiregyháza-Auschwitz	Befreit am 08.05.1945 in Theresienstadt, TDB, SVHF 51815 A-27615 ? PWR: Budapest

61346 HUN	Würtschafter, [Wirtschafter] Wera [Vera] [>Vera Rudnai] F: Schwester v. 61344, 61345 **AuNo.: A-2?????**	06.06.1929 07.06.1929 Nyiregyháza Nyiregyháza-Auschwitz	Befreit am 08.05.1945 in Theresienstadt, TDB, Vgl. SVHF 51815
61347 POL	Zabludkowska, [Zablodawska] Rachela	20.02.1925 15.07.1925 Bialystok	Befreit am 08.05.1945 in Theresienstadt, TDB
61348 HUN	Zelekovits, Ilona	08.05.1928 ['08.05.1926'] Garbolc	Befreit am 08.05.1945 in Theresienstadt, TDB
61349 POL	Zelichowska, Dina [Diana]	01.04.1921 Lodz	Befreit am 08.05.1945 in Theresienstadt, TDB Barch B162/3854 S.149
61350 HUN	Zelmanovits, Berta	10.02.1923 10.05.1922 Ilonakujfalu	Befreit am 08.05.1945 in Theresienstadt, TDB
61351 HUN	Zelmanovits, Berta [>Bertha Weiss] F: Schwester v. 61352 F: Schwester v. 61354	25.10.1924 20.10.1923 Ilonakujfalu	Befreit am 08.05.1945 in Theresienstadt, TDB Vgl. SVHF 33327
61352 HUN	Zelmanovits, Dora [>Dora Liebowitz] F: Schwester v. 61351 F: Schwester v. 61354	15.10.1924 15.10.1923 Ilonakujfalu Mukacevo Auschwitz-Krakau Plaszow-Auschwitz	Befreit am 08.05.1945 in Theresienstadt, TDB Vgl. SVHF 33327
61353 HUN	Zelmanovits, Margit	20.10.1923 20.10.1920 Ilonakujfalu	Befreit am 08.05.1945 in Theresienstadt, TDB
61354 HUN	Zelmanovits, Margit [>Margaret Weiss] **AuNo.:** F: Schwester v. 61351 F: Schwester v. 61352	27.12.1929 [‚27.12.1926'] Ilonakujfalu 23.12.1927 Onok Mukacevo Auschwitz-Krakau Plaszow-Auschwitz	Befreit am 08.05.1945 in Theresienstadt, TDB, SVHF 33327
61355 POL	Zylberberg, [Silberberg] Freda ['Feda']	04.04.1909 03.01.1915 Czestochowa	Befreit am 08.05.1945 in Theresienstadt, TDB
61356 POL	Zysmann, Hanka	15.04.1923 Warschau	Befreit am 08.05.1945 in Theresienstadt, TDB

Überzählige Identitäten ohne Zuordnung im Nummernbuch			
????? **HUN**	Kohn, Kàdàr Ibolya [>Berenyi Tiborne] F: Tochter von 61121 **AuNo.: A-11460**	05.03.1928 [03.05.1928] Veszprém	Befreit am 08.05.1945 in Theresienstadt, TDB
????? **HUN**	Kohn, Ica	10.09.1924 Szalard	Befreit am 08.05.1945 in Theresienstadt, TDB
????? **HUN**	Berkowitz, *Kahan Judith [>Judith Hess]	02.04.1913 Krasna Hora Mateszalka Auschwitz 05/1944	Befreit am 08.05.1945 in Theresienstadt, Barch B162/3853 S.226
?????	Deutsch, Julia	19.12.1913 Medina	**Starb n. d. Befreiung** **am 11.05.1945** **in Theresienstadt** YV Item ID: 7276498 YV Item ID: 6566501
?????	Einhorn, Fanny	20.03.1911 Paris	Befreit am 08.05.1945 in Theresienstadt, TDB
?????	Stark, Rozsi	18.06.1930 Timisua [= Timisoara]	Befreit am 08.05.1945 in Theresienstadt, TDB

F22: DKW-Siedlung nach Luftangriff vom 15.02.1945

4.8 Literaturverzeichnis

Beier, Carsten. Aus der Heimatgeschichte. Wenn Häuser erzählen könnten … In: Zschopauer Stadtkurier 04/2013. Zschopau 24.04.2013 ; 02/2015; 03/2015

Benz, Wolfgang. Distel, Barbara. Der Ort des Terrors. Geschichte der nationalsozialistischen Konzentrationslager. Band 4 C.H. Beck Verlag. München. 2006

Berger Gottesman, Shirley. A Red Polka-Dotted Dress. A Memoir of Kanada II. ComteQ Publishing. Margate, NJ. 2011

Brajtberg-Fajnzylber, Féla. Le Temoignage Ordinaire D'Une Juive Polonaise. Les Editions La Bruyere. Paris. 1991

Brenner, [Dr.] Hans. Zur Rolle der Außenkommandos des KZ Flossenbürg im System der staatsmonopolistischen Rüstungswirtschaft des faschistischen deutschen Imperialismus und im antifaschistischen Widerstandskampf 1942 – 1945. Dissertation an der Pädagogischen Hochschule Dresden. 1982

Czech, Danuta. Kalendarium der Ereignisse im KZ Auschwitz-Birkenau 1939-1945. Rowohlt. Reinbek bei Hamburg. 1989

Cziborra, Pascal. Frauen im KZ Möglichkeiten und Grenzen der historischen Forschung am Beispiel des KZ Flossenbürg und seiner Außenlager. Lorbeer Verlag. Bielefeld. 2010

Cziborra, Pascal. KZ-Autobiografien. Geschichtsfälschungen zwischen Erinnerungsversagen, Selbstinszenierung und Holocaust-Propaganda. Lorbeer Verlag. Bielefeld. 2012

Cziborra, Pascal. KZ Venusberg. Der verschleppte Tod. Lorbeer Verlag. Bielefeld. 2015

Cziborra, Pascal. KZ Wilischthal. Unter »Hitlerauges« Aufsicht. Lorbeer Verlag. Bielefeld. 2015

Cziborra, Pascal. KZ Zschopau. Sprung in die Freiheit. Lorbeer Verlag. Lemgo. 2007

Dunn Adler, Alice. Boriska's Prophecy. A True Story of Survival and Renewal. An Autobiography. Acropolis Books. Reston. 1991

Eisenbach-Haverland, Frania. Tant Que Je Vivrai. Tarnów, Plaszów, Birkenau Et Autres Lieux. Editions Edite. Paris. 2007

Füßl, Bernhard. Seifert, Sylvia. Ihrer Stimme Gehör geben. Gegen das Vergessen. Überlebendenberichte ehemaliger Häftlinge des KZ Flossenbürg. Pahl-Rugenstein. Bonn. 2001

Heigl, Peter. Konzentrationslager Flossenbürg. In Geschichte und Gegenwart. Bilder und Dokumente gegen das zweite Vergessen. Mittelbayrische Verlagsgesellschaft. Regensburg. 1989

Klarsfeld, Serge. Le mémorial de la déportation des juifs de France. Beate et Serge Klarsfeld.1978

Klarsfeld, Serge. Mémorial de la déportation des juifs de Belgique. Union des Déportés Juifs en Belqique. Bruxelles. 1982

Kukowski Martin, Findbuch zu den Beständen der Auto Union AG, Horchwerke AG, Audi-Automobilwerke AG und Zschopauer Motorenwerke J. S. Rasmussen AG. Mitteldeutscher Verlag. Halle a.d.Saale. 2000

Lehmann, H.. Kämpft gegen Faschismus und Krieg (Besuch der Ilona Ormos) S. 1f. In : Scheinwerfer. 1. Septemberausgabe 1964. 11. Jahrg. / Nr. 16

Leppien, Jean. Ein Blick hinaus. Lebensgeschichte eines Malers. Zu Klampen Verlag. Hannover. 2004

Melzer, Kerstin. Odette Spingarn – Aus dem Schatten ins Licht Verein zur Förderung des Gymnasiums Zschopau e.V. Zschopau 2014

Nitsche, Jürgen. Röcher , Ruth. Juden in Chemnitz. Die Geschichte der Gemeinde und ihrer Mitglieder. Michel Sandstein Verlag. Dresden. 2002

Picciotto Fargion, Liliana. Il libro della memoria gli ebrei deportati dall'Italia (1943-1945). Mursia. Milano. 2002

Poloncarz, Marek. Die Evakuierungstransporte nach Theresienstadt (April-Mai 1945). S.242-262 In : Miroslav Kárný und Raimund Kemper. Theresienstädter Studien und Dokumente 1999. Metropol Verlag. Berlin. 1999

Siegert, Toni. 30000 Tote mahnen! Die Geschichte des Konzentrationslagers Flossenbürg und seiner 100 Außenlager von 1938 bis 1945. Verlag der Taubald'schen Buchhandlung. Weiden. 1987

Spingarn, Odette. J'ai sauté du train. Fragments. Editions Le Manuscrit. Paris. 2012

Spingarn, Odette. My leap to freedom. Fragments. Editions Le Manuscrit.Paris.2013

Szalmuk, Mira. From Tragedy to Triumph. Puma Press. Melbourne. 1997

Weinmann, Martin. Das nationalsozialistische Lagersystem. Zweitausendeins. Frankfurt am Main. 2001

Bundesarchiv Koblenz. Gedenkbuch. Opfer der Verfolgung der Juden unter der nationalsozialistischen Gewaltherrschaft in Deutschland 1933-1945. Koblenz. 2006

Autorenkollektiv. Geschichte der Stadt Zschopau. Entstehung bis 1945. Leipzig. 1989

Archivalien

Bundesarchiv Berlin und Außenstelle Ludwigsburg:

Barch, B 162 / 3853
Barch, B 162 / 3854
Barch, NS 4 / Flossenbürg 393

CEGESOMA – Brüssel:

Mikrofilm 14878

DEGOB – Deportáltaktat Gondozó Országos Bizottság – Budapest:

Protokoll 193, 794, 1277, 1667, 1807, 3177

Sächsisches Staatsarchiv Chemnitz:

StAC 31050 AU 170, AU 275, AU 559, AU 587, AU 763,
StAC 31050 AU 3187, AU 3867, AU 4942

StAC Obj.14ZB54/053
StAC Obj.14ZB55/233

Shoah Visual History Foundation (SVHF) – Los Angeles

Interviews: 451, 1785, 3827, 3854, 4741, 6310, 7222, 11962, 12667, 13593, 14093, 17435, 18562, [19241], [22631], 22780, 23991, 31005, 31055, 31474, 32485, 33327, 33583, 34806, 37619, 37975, 39241, 39314, 39334, 40266, 40557, 42519, 45325, 51087, 51658, 51815

NARA – National Archives and Records Administration – Washington:

NARA, M-1935 R1, M-1935 R-2, M.1935 R-3, M-1935 R-4

Fotos:

Privatarchiv Carsten Beier: FS2, F6, F7, F8, F9, F18, F19, F20, F22
Privatarchiv Jörg Buschmann: F4, F5
Privatarchiv P. Cziborra: Titelfoto, F1, F12, F13, F14, F15, F16, F21
Familienarchiv Motulski / Miron: FS1 vgl. SVHF 19241
Stadtarchiv Zschopau: F2, F3, F10, F11, F17
United States Holocaust Memorial Museum – Photo Archives: FS3

FOTINI TZANI

Zwischen Karrierismus und Widerspenstigkeit - SS-Aufseherinnen im KZ-Alltag

ISBN: 978-3-938969-13-7 140 Seiten 19,95€

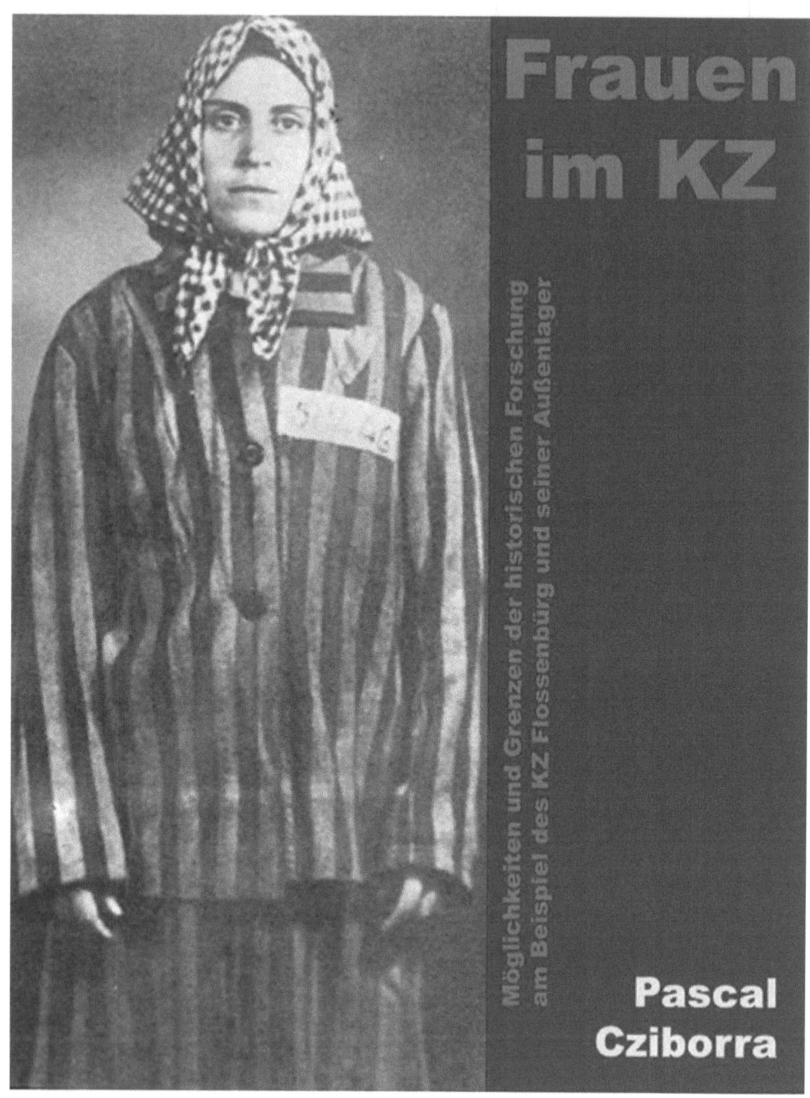

ISBN: 978-3-938969-10-6 **460 Seiten** **29,95€**